Anonymous

Pfalzbairisches Museum

Dritter Band

Anonymous

Pfalzbairisches Museum
Dritter Band

ISBN/EAN: 9783743395879

Hergestellt in Europa, USA, Kanada, Australien, Japan

Cover: Foto ©Thomas Meinert / pixelio.de

Weitere Bücher finden Sie auf **www.hansebooks.com**

Pfalzbairisches
Museum.

Dritter Band.
Sechstes Heft.

Inhalt.

Mannheim, 1789.

Ankündigungen.

Kurzgefaßte historische Religions=Kunde.
Ein gemeinnütziges Lesebuch.

Unter diesem Titel habe ich eine kleine Schrift verfaßt, die ich des Inhalts wegen ein gemeinnütziges Lesebuch nenne. Denn es ist wol vielen daran gelegen, zu erforschen, worin der vorzügliche Unterschied, der so sehr verschiedenen Religionspartheyen bestehe, und wie ihre Gottesverehrung eingerichtet sey, und zu wissen, welche Länder des Erdbodens mit seinen Glaubensgenossen, und welche mit andern bewohnt sind. Meine Religionen = Kunde wird daher die Geschichte der bekanntesten öffentlichen Religionen dieses Erdbodens, mit unpartheyischer und getreuer historischer Wahrheit (ohne alle Polemik) in möglichster doch hinlänglicher Kürze beschreiben, und die Länder ihrer Wohnplätze dabey angeben. Eine aufs Buch passende Titelvignette wird dasselbe mit auszieren helfen. Den Inhalt desselben habe ich auf folgende Art geordnet:

Einleitung. — enthält einige Vorerinnerungen die Religion betreffend.

Anzeige der benuzten Quellen und Hilfsbücher.

1. Abtheilung. Das Heidenthum — eine kurze Beschreibung einiger Gottesverehrungen der Völker, die mehr als einen Gott und unter Bildern anbeten.

2. Abtheilung. Das Judenthum.

Anhang. Von den noch übriggebliebenen Samaritern.

3. Abtheilung. Das Christenthum. Nach einer kurzen Einleitung:

1. Kap. Von der Katholischen od. Römischen Kirche.

Anhang. Von den Maroniten.

Fortſetzung von Pasquin,
Eine dramatiſche Satyre über die Zeiten, worin die
Proben von zwey Schauſpielen vorgeſtellt werden, näm⸗
lich ein Luſtſpiel, betitelt: Die Parlamentswahl
und ein Trauerſpiel, betitelt: Leben und Tod der
geſunden Vernunft, von H. Fielding, Esquire.
Aus dem Engliſchen.

Der Prologue.

Hat des Todes ſcharfe Sichel den Helden
weggemähet, ſo erwecket ihn die Muſe wieder
für den Nachruhm. Sie ſagt dem ſtolzen
Schickſal ”deine Pfeile ſind ohne Wirkung.”
ſie gebietet dem Helden zu leben, und wieder
daherzuſtrotzen. Doch, ſie ſtellt nicht nur
den Hingeſchiedenen wieder her; ſie ſchaft,
was nie zuvor erſchaffen war. Sie durchwühlt
das Reich der Einbildung, und ſchaft was
nie im Gehirn des Schickſals war.

Aus dieſem Reiche bringt ſie, um Euch
heute Abend zu unterhalten, eingebildete Kö⸗
nige und Königinnen: befiehlt der geſunden
Vernunft perſönlich aufzutreten, und dem
Harlekin in tragiſcher Wuth zu lärmen. Brit⸗
tannier, merkt auf! zeigt anſtändige Ehr⸗
furcht der Göttinn, die atheniensiſche Buſen
belebte, die von unbezwungenen Römern ver⸗
ehrt, und hier, in Schakspear’s Zeiten an⸗
gebetet wurde. Kann alles dieſes der Göt⸗
Mm

tin keinen Beifall erwecken, nun so laßt ein
Wunder Eure Herzen rühren und O! liebt sie,
wie ihre Schwester Ungeheuer dieses Zeitalters.

Hohnschn. Da hat Ihr Freund in Wahr=
heit einen sehr schönen Prolog gemacht.

Bomb. Glauben Sie das? — Nun so
will ich so offenherzig seyn und Sie versichern,
daß dieser Freund kein andrer ist, als ich selbst.
— Izt zum Trauerspiel. Meine Herren,
ich muß bitten, daß Sie alle die Bühne räu=
men, denn ich habe einige Scenen, für die
mir die Bühne wirklich viel zu klein ist.

(Der 2te Schauspieler kömmt und flispert Wiß=
fallen ins Ohr.)

2ter Sch. Es ist eine Frau braußen, die
mit Ihnen zu sprechen verlangt.

Wißf. Hat sie eine Sänfte?

2ter Sch. Nein, sie hat eine Nebelkappe
und bringt Ihnen ein sauberes Hemd.

Wißf. Ich komme gleich — Herr Bom=
bast, Sie werden mich einige Augenblicke ent=
schuldigen. Eine vornehme Dame schickt und
läßt etliche Logen bestellen. (Geht mit dem 2ten
Schauspieler ab.)

Einhelf. (zum Bombast) Die gesunde Ver=
nunft möchte gerne mit Ihnen im grünen Zim=
mer sprechen.

Bomb. Sogleich.

Hohnschn. (für ſich) Das iſt deine Pflicht, denn es iſt der erſte Bote den ſie Dir ſchickt.

(Sie gehen alle ab.)

(Es kömmt eine Tänzerinn.)

Tänz. Herr Einhelfer, ich will als erſte Göttinn tanzen: ich tanze nicht unter Jungfer Mirwot; ich laſſe doch den Zuſchauer mehr ſehen, als irgend eine Tänzerinn auf dieſer Bühne.

Einhelf. Das geht mich nichts an.

Tänz. Ich weis nicht, wen es angehen mag, allein ich denke doch, daß das Publicum die Verdienſte einer Tänzerinn beurtheilen ſollte: das Publicum iſt auf meiner Seite, und wenn man mich nicht beſſer behandelt, ſo gehe ich nach Frankreich: denn wir haben itzt alle ihre Tänzerinnen hier, vielleicht ſind ſie auch froh, wenn ſie einige von den unſrigen bekommen. (Man hört einen Lärm drauſſen.)

Einhelf. He! zum Henker! was giebts da?

(Ein Schauſpieler.)

Schauf. Der Autor und die geſunde Vernunft zanken miteinander im grünen Zimmer.

Einhelf. Nun, das verdient eh’ geſehen zu werden, als dies Trauerſpiel. (Geht ab.)

Tänz. Hol der Teufel dies und alle andre Spiele; die Tänzer ſind doch die einzigen, die dieſe Schaubühne aufrecht halten. Wären wir nicht, ſie müſſen ihren Schakſpear leeren Bänken vorſpielen.

Vierte Handlung.

Erster Auftritt.

Bombaſt und Hohnſchnauber.

Bomb. Dergleichen Kleinigkeiten, Herr
Hohnſchnauber ereignen ſich oft. Ein Dichter hat unendlich viel zu leiden, eh' er bis
zur dritten Vorſtellung gelangt: zuerſt von
den Muſen: das ſind launigte Dinger, die
aufgewartet haben wollen: denn wenn es ihnen in den Kopf kommt davon zu laufen, ſo
pumpt man ſein Gehirn umſonſt; weiter von
dem Direktor des Schauſpielhauſes, um es
aufführen zu laſſen: dieſem können Sie gemeiniglich ein Vierteljahr nachlaufen, ehe
Sie zu wiſſen kriegen, ob er's annehmen will
oder nicht: nach dieſer Zeit ſagt er Ihnen
vielleicht, daß er's nicht brauchen kann, giebt
Ihnen das Stück wieder, behält inzwiſchen
den Stoff und den Titel, und macht bei erſter
Gelegenheit eine Pantomime daraus. Nimmt
er es an: ſo müſſen Sie dafür ſorgen, daß
alle Rollen ins reine geſchrieben und die Proben vom Stück gehalten werden. Endlich
kömmt es zur Hauptprobe: jezt giebts weit
unruhigere Auftritte mit den Schauſpielern:
einigen gefällt, ihre Rolle nicht, alle aber

plagen Sie ohne Aufhören mit Abänderungen. Zulezt, nach dem Sie durch alle diese Schwü= rigkeiten durchgewandert sind, kommt das Stück auf die Bühne: da zischt der eine aus Groll gegen den Verfasser: ein andrer, weil er ein Feind dieser Schaubühne ist: ein dritter weil ihm der Schauspieler mißfällt; ein vierter aus Mißvergnügen über das Stück selbst: ein fünf= ter um des Spaßes willen: und ein sechster um allen Gesellschaft zu leisten. So stehts mit dem Verfasser: seine Feinde mißhandeln ihn, seine Freunde verlassen ihn, das Stück wird verdammt und der Autor fährt zum Teufel: so endiget sich die Farze.

Hohnschn. Sagen Sie lieber die Tragö= die, Herr Bombast. Aber wo ist Wizfall geblieben?

Bomb. Vermuthlich davon gelauffen: ich wußte, daß er nicht da bleiben würde: Sein eignes Werk hindert ihn, eines andern seines anzuhören. Nun, Einhelfer, wird die Tragödie nie anfangen.

(Der Einhelfer kömmt.)

Einhelf. Ja, Herr, sie sind alle bereit. Zieht den Vorhang auf.

Feuerbrand, Rechtsgelehrtheit und Arzneykunst.

Hohnschn. Um Verzeihung, Herr Bom= bast, was stellen diese Personen vor?

N u 3

554

Bomb. Der in der Mitte ist Feuerbrand, Priester der Sonne; der zur Rechten stellt die Rechtsgelehrtheit vor, und der zur Linken, die Arzneykunst.

Feuerbr. Ihr günstigen Sterne, wendet diese Vorbedeutungen ab!

Bomb. Was für Vorbedeutungen! wo, zum Teufel! bleibt der Donner und der Blitz?

Einhelf. He! warum laßt Ihr den Donner nicht rollen, und blast euren Harz nicht durchs Licht? (Donner und Blitz.)

Bomb. Itzt fangen Sie an, wenn's beliebt — Einhelfer, man muß eine größere Donnerkugel anschaffen, und für zwey Pfennig mehr Blitz, wenn die Vorstellung ist. — Jezt, wenn's gefällig ist.

Feuerbr. Ihr günstigen Sterne, wendet diese Vorbedeutungen ab! O Rechtsgelehrtheit! O Arzneykunst! Als ich gestern Abend spät den heiligen Weyhrauch im Tempel opferte, ward der Tempel erschüttert: seltsame Wunderzeichen erschienen. Eine Kaze in Stiefeln tanzte einen Rigodon, während ein ungeheurer Hund auf der Geige spielte. Zitternd stand ich am Altar. Stimmen wurden in der Luft gehört; sie schienen zu sagen: Erwacht meine schläfrigen Töchter, und schlafet nicht länger: das muß etwas bedeuten! — *)

*) Anspielungen auf Stellen eines berühmten Trauerspieles. Anm. des Uebers.

Rechtsgel. Gewiß, es muß — Wir haben auch unsre Vorbedeutungen! Jüngst stürzte eine mächtige Sündfluth so brausend in unsre Halle, als wenn sie alle Rechtsge= lehrtheit wegwaschen wollte. Rechtsge= lehrte wurden genöthigt, sich auf Lastträ= gers Schultern zu setzen. Einer von ihnen, o wunderbare Vorbedeutung! purzelte her= ab, und er und alle seine Papiere und Do= cumenta wurden zerzaust. Wenn ich izt meine Meynung dürft erklären, so find ich es nicht schwer die Bedeutung zu errathen.

Feuerbr. Rede kühn! ich beschwöre Dich bei den Mächten, denen ich diene. Du redest ohne Gefahr, solltest Du auch gegen die Götter reden, nur rede nicht gegen ihre Priester.

Rechtsgel. Was können denn die Mächte anders durch diese Vorbedeutungen anzeigen, als daß Sie uns aus der einschläfernden Ge= walt der gesunden Vernunft erretten wol= len. Was sind wir, so lange diese träge Königinn ihre Regierung behauptet.

Arzneyk. Große, erhabne Rechtsgelehrt= heit! Du sprichst meine Gedanken. Denn obschon ich die Larve der Treue und der An= hänglichkeit trage, und äußerlich der Köni= ginn Ehrfurcht erzeige, so hasse ich sie doch im Herzen; ja, beim Himmel, sie setzt meiner

ſtolzen Ehrfurcht Gränzen! hält mich zur
Erde gebückt, wenn ich auf Adlersflügeln
mich emporſchwingen, von der Himmelshöhe
herabſchauen und die Welt purgiren möchte.

Rechtsgel. Große, erhabne Arzneykunſt!
Du weißt, daß ich von undenklichen Zeiten
durch Herkommen das Vorrecht hatte, meine
Edicte in unbekannten Sprachen, oder vielmehr in gar keiner durch die Welt zu ſchi-
cken, als dieſe ſtolze Königinn, die geſunde
Vernunft, meine Macht ſchwächte, und
machte, daß mich alle Menſchen verſtehen
konnten.

Arzneyk. Das Gerüchte geht bei Hofe,
daß du von einem Geſchlechte entſproſſen ſeyſt,
das mit der Königinn verwandt iſt. Der Verſtand, ſagt man, ſey der mächtige Stifter
deines Hauſes.

Rechtsgel. Vielleicht iſt es ſo — Allein
wir haben uns ſelbſt ſo hoch empor erhoben
und dieſen Stifter ſo weit von uns abge-
ſchüttelt, kaum würdigen wir uns noch unſern Urſprung zu bekennen.

Feuerbr. Große, Erhabene, ich habe
Euch beiden mit vollkommnem Beyfall zuge-
hört. Ich kenne Euch. Ihr ſeyd von edlem
Muth und Geiſt beſeelt, geſchickt zu glorreichen Unternehmungen; ich will mich entdecken: Wiſſet, unter dieſer Larve, die ich trage,
um den Pöbel zu blenden, bin ich ein Feind der

gefunden Vernunft; doch nicht aus irrdiſchen,
ehrgeizigen Abſichten, ſondern um den Gottes=
dienſt der Sonne zu erweitern. Ihren Prie=
ſtern einen gerechten Grad der Gewalt, und die
Hälfte der Einkünfte des Landes mitzutheilen;
O! meine Große, meine Erhabene! ſteht mir
bei, ſo kann es trotz der geſunden Vernunft
geſchehen.

Rechtsgel. Sage, wie!

Feuerbr. Hier, lies dieſes Verzeichnißt
du findeſt da gewiſſe Namen von Perſonen,
Die die ſicherſten Freunde von der geſunden Ver=
nunft ſind. Dieſe müſſen wir ſorgfältig als die
größten Feinde der Götter und der geſunden
Vernunft abſchildern. Doch, ſtille, die Köni=
ginn kömmt.

Die Königinn mit zwo Hofdamen.

Bomb. Was! nur zwo Hofdamen!

Einhelf. Herr, ein Jude iſt mit der dritten
durchgegangen: bei der Vorſtellung werde ich
ſchon mehrere ſchaffen.

König. Erhabene Rechtsgelehrtheit: ich
habe Dich rufen laſſen: mir iſt eine ſeltſame
Bittſchrift überreicht worden. Zwey Perſonen
hatten kürzlich einen Proceß über ein Gut, den
ſie beide verloren haben, und ihre Anwalde
theilen izt das Gut unter ſich.

Rechtsgel. Gnädigſte Frau! dergleichen
Dinge ſind bei den Rechten nicht ungewöhnlich.

Mm 5

König. So! dann wäre es besser, daß wir keine hätten. Doch ich habe auch einen süßen Vogel singen hören, daß Leute, die unfähig waren ihre Schulden gleich zu bezahlen, nach kurzen Mahnen angegriffen worden sind, und mit dem besten Willen und Vermögen zu bezahlen, ihre übrige Lebenszeit auf ihre Kosten im Kerker zugebracht haben.

Rechtsgel. Das ist vielleicht der Fall irgend eines Elenden, der zu niedrig ist, um seine Klagen vor Dein Ohr zu bringen.

König. So lange ich Königinn bin, ist keiner zu niedrig oder zu arm, um nicht Schutz und Hülfe zu erlangen. Weiter bin ich berichtet, daß deine Rechte so sehr angewachsen sind, und noch täglich so zunehmen, daß das hohe Alter des alten Methusalems kaum hinreichen würde, alle Deine Statuten zu lesen.

Feuerbr. Eine weit wichtigere Angelegenheit verdient Deine königliche Vorsorge: seltsame Vorbedeutungen sind erschienen, Gesichter sind gesehen und Stimmen sind gehört worden; die Götter sind ergrimmt, und müssen besänftiget werden: ich weiß keinen leichteren Weg, als daß man zuerst ihre Priester besänftige, die nach Gewalt seufzen, und nach Ehre schreyen.

König. Die Götter haben Ursache zu zürnen: es soll ihnen Opfer gebracht werden: willst Du aber diese Opfer willkommen ma-

chen; Priester, sey sanftmüthig, leutselig, gü=
tig, liebe die Menschen. Beschimpfe die Sonne
nicht, die Du anbetest, indem Du Menschen an
der Glückseligkeit hinderst, die Du doch selbst
von ihr begehrst.

Es kömmt ein Officier.

Königinn. Was bedeutet diese Eilfertig=
keit in Deinen Blicken?

Officier. Verzeih, große Königinn!
wenn mein Mund um Deinetwillen Neuig=
keiten verkündiget, die mein Herz verab=
scheut. Die Königinn Unwissenheit ist mit
einer großen Macht von Sängern, Geigern,
Tänzern, Luftspringern und Seiltänzern in
deinem Reich gelandet.

Königinn. Laßt unser ganzes Heer sich
gleich in Bereitschaft halten: wir selbst wol=
len uns an seine Spitze stellen. Erhabener,
es ist Euer Nutzen, Euch mit uns dieser
auswärtigen Macht zu widersetzen, wir er=
warten, daß Ihr alle Eure Truppen mit
den unsrigen vereiniget. Geh, Priester,
jage alle fürchterliche Vorbedeutungen von
hinnen; sie dienen nur, den Pöbel zu schre=
cken, die Götter aber werden gewiß auf Sei=
ten der gesunden Vernunft seyn.

(Sie geht mit ihrem Gefolge ab.)

Feuerbrand. Die Götter kennen ihren
Nutzen besser: zum wenigsten kennen ihn ihre

Priester für sich, und ihre Götter. O! Er=
habene, die Königinn Unwissenheit, von der
Ihr eben eine so scheusliche Schilderung ge=
hört habt, ist die liebreichste, die frömmste
Königinn: sie fürchtet die Götter so sehr,
daß Sie alles glaubt, was ihre Priester be=
haupten. Bei der Sonne! der Glaube ist
kein Glaube, wenn man das nicht glaubt.
Ich möchte unfehlbar seyn! allein die ge=
sunde Vernunft wird mir das nie zugeste=
hen — ich verwerfe sie also und nehme mich
der Sache der Unwissenheit an. Izt, Er=
habene, jeder auf seinen Posten — ich be=
steige das Rostrum; Erhabene Rechtsgelehrt=
heit, geh nach Deinen Höfen, und Du große
Arzneykunst begieb Dich zur Königinn, fühl
ihren Puls und spare keine Pulver und
Pillen.

Arzneyk. O! nein guter Herr, hätte ich
Zutritt zu der Königinn; wollte sie meinem
Rath folgen; Du brauchtest gewiß keine
fremde Macht sie zu stürzen; Ja, bei den
Göttern! mit einer kleinen Pille hebe ich
ihre Seele aus den Angeln und reiße sie aus
dem Leibe. Allein sie hat einen tödtlichen
Haß wider meine Kunst, und behauptet öf=
fentlich am Hofe, daß Habergrützenbrühe der
beste Arzt sey. Wird unser Kollegium ihr
das vergeben, oder die Oberherrschaft der
gesunden Vernunft erkennen; so ist mein

Wunſch, daß wir alle gezwungen werden
mögen, unſre eigne Recepte einzunehmen.

Feuerb. Erhabene Arzeney, Dein Muth
hat meinen Beifall. Ja, bei der Sonne!
mein Herz lacht laut in mir, wenn es ſieht,
wie die Welt betrogen wird; wie die ge=
ſunde Vernunft durch Menſchen geſtürzt wird,
vor denen alle bei der Naſe herumgeführte
Nazionen bekennen, daß ſie die ſtärkſten
Stützen ihres Thrones ſind.

(Feuerbr. Rechtsgel. und Arzneyk. gehen ab.)

Bomb. So endiget ſich mein erſter Act.

Hohnſchn. Wie ich ſehe, mein lieber
Herr Hohnſchnauber, ſo iſt Ihre Tragoedie
emblematiſch: glauben Sie denn, daß die Zu=
ſchauer ſie verſtehen werden?

Bomb. Mein Herr, ich kann für die
Zuſchauer nicht ſtehen: doch denke ich, die
Lobſprüche darinnen ſind ſehr deutlich, und
gut angebracht.

Hohnſchn. Was für Lobſprüche?

Bomb. Auf unſre Geiſtlichkeit, mein
Herr: zum wenigſten auf die beſten unter ih=
nen: um den Unterſchied zwiſchen einem heid=
niſchen und einem chriſtlichen Prieſter zu zei=
gen: da ich nichts insbeſondre berühre, ſon=
dern überhaupt rede, ſo wird man doch nicht
von mir denken, daß ich was ungebührliches
auf die Bühne bringe, denn das vermeide ich
ſehr ſorgfältig.

Hohnſchn. Allein, iſt nicht Ihre Satyre
über die Rechtsgelehrtheit und die Arzney ein
wenig zu allgemein?

Bomb. Was hier geſagt wird, kann weder
einem ehrlichen Rechtsgelehrten noch einem gu=
ten Arzt ſchaden: dergleichen können ſeyn; ja ich
kenne ſelbſt ſolche: giebt es aber der ſchlechten ei=
ne größere Anzahl, ſo kann ich nicht helfen: was
die Advokaten und Aerzte ſelbſt betrift, ſo habe
ich eben nicht Urſache ihr Freund zu ſeyn, denn
ſie traten einſt beide in eine Verſchwörung wi=
der mich.

Hohnſchn. Wie ſo?

Bomb. Der Apotheker brachte mir einen
langen Zettel, und der Advokat machte, daß
ich ihn bezahlen muſte.

Hohnſchn. Ha, ha, ha! eine artige
Verſchwörung.

Bomb. Izt zum zweiten Act: meine
Tragoedie beſteht aus dreyen.

Hohnſchn. Das iſt wider die Regeln, wie
ich meyne.

Bomb. Das kann ſeyn: allein ich habe ſie ſo
lange hinaus geſponnen, als ich die geſunde Ver=
nunft, ja ſo lange, als ich ihren Geiſt beim Leben
erhalten konnte. Izt fangt den zweiten Act an.

Der Vorhang wird aufgezogen, und man
ſieht die geſunde Vernunft ſchlafend.

Hohnſchn. Was liegt da auf dem Ruhe=
bettchen, Herr Bombaſt?

Bomb. Wissen Sie das nicht einmal! das ist die gesunde Vernunft schlafend.

Hohnschn. Ich hätte vielmehr vermuthet, daß sie an der Spitze ihrer Armee gewesen wäre.

Bomb. Wahrscheinlich vermutheten Sie das: allein Sie verstehen die besondern praktischen Regeln nicht so gut, als ich. Die erste und größte davon ist Auseinanderdehnung: das ist die Spinnkunst, ohne welche der Stof eines Stücks die Haupteigenschaft jedes andern Stofs verlieren würde, nemlich die Verlängerung; sonst kann kein Stück möglicher Weise länger, als eine halbe Stunde dauren. Wie ich sehe, Herr Hohnschnauber, so sind Sie einer von denen, die keinen Karakter auf der Bühne haben wollen, der nicht zum Hauptzweck des Stücks gehört — ich auch nicht; allein der Hauptzweck eines Schauspiels ist, wie mich deucht, zu belustigen, jeder Karakter also, der belustiget, gehört mit zum Hauptzweck des Stücks.

Hohnschn. Allein, wie können sich die Zuschauer eine wahrscheinliche Ursache für diesen Schlaf denken?

Bomb. Gut, mein Herr. Die Königinn hat über den izigen allgemeinen Frieden von Europa nachgedacht, bis sie durch langes Anstrengen der Gedanken nicht mehr fähig war, ihn völlig zu begreifen: sie ward also überwältiget, und — fiel in festen Schlaf. Wohlan, klingelt dem ersten Geist, daß er heraufsteige (Der Geist steigt herauf.) Sie kennen doch diesen Geist?

Hohnschn. Bei meiner Ehre nicht; ich kann mich seiner gar nicht erinnern.

Bomb. Das wundert mich, denn Sie müssen ihn oft gesehen haben: es ist der Geist der Tragoedie, mein Herr: er ist seit verschiedenen Jahren auf allen Bühnen von London herumgegangen. — Aber Geist! warum sind Sie nicht mit Mehl bestreut? Wo zum Teufel ist der Haarkräusler?

Der Geist. Er ist nach der Schaubühne in Druryplane gegangen, um den Sultan für die neue Komoedie zu rasiren.

Bomb. Nun Geist, fang an.

Der Geist. Aus den finstern Gegenden der unterirrdischen Reiche kommt der Geist des Trauerspiels mit Extrapost, Dir, gesunde Vernunft! tausend wichtige Dinge zu sagen. (Der Hahn krähet.)

Aber Ach! der verfluchte Hahn scheucht mich von hinnen: ich bin zu spät abgereißt, und muß also mein Geschäfte auf einander Mal verschieben.

(Der Geist fährt hinunter.)

Hohnschn.

Hohnschn. Dies wird wohl auch ein Ka‐
rakter seyn, der zum Belustigen nothwendig
ist: denn ich sehe gar nicht, daß er was aus‐
gerichtet hat.

Bomb. Wo ist der zweite Geist?

Hohnschn. Der Hahn hat ja schon ge‐
krähet.

Bomb. Man darf ja nur setzen, daß ihn
der zweite Geist nicht gehört habe. — Herr
Einhelfer, gebe er hübsch Acht: Den Augen‐
blick, wo der erste Geist hinunterfährt, muß
der zweite herauffahren; sie sind in diesem
Stücke wie zwey Zwillingsterne.
(Der zweite Geist erscheint.)

Zweit. Geist. Erwache, Große gesunde
Vernunft, und schlafe nicht länger. Sey auf
deiner Hut, denn damals, als ich erschla‐
gen ward, da traf der Streich auch dich:
glaube nicht, daß Du meine Ermordung
überlebest. Denn so lange Du auf Erden
bist, kann der Rechtsgelehrte den Menschen
ihre Rechte nicht rauben; der Arzt ihre See‐
len nicht vom Leibe wegpurgiren: des Höf‐
lings Versprechen wird nicht geglaubt, und
bankerutirten Bürgern nicht getraut wer‐
den. Tausend Zeitungen, in welchen gar
keine neue Zeitung ist, können nicht beste‐
hen. Die Schaubühnen können nicht blü‐
hen, so lange sie sich unterstehen, dem Un‐

sinn den Namen Unterhaltung beizulegen.
Du wirst nie zugeben, daß Schakspear,
Johnson, Dryden, Les, und Rowe der
Bühne zu Saddler's Wells weichen sollen.
Du wirst nicht dulden, daß Männer von
Geist und Wiß Hungers sterben, und Nar=
ren, blos, weil sie Narren sind, im Ueber=
fluß leben. Du wirst nicht leiden, daß Ver=
schnittene mit großen Summen bestochen
werden, unverschämt zu seyn.

(Der dritte Geist erscheint.)

Drit. Geist. Lieber Geist, der Hahn hat
gekrähet: Du kannst keine Meile tief untern
Boden kommen, ehe es Tag wird.

Zweit. Geist. Gehorsamster Diener also;
ich darf nicht bleiben. (Fährt ab.)

Bomb. Donner und Bliz, Donner und
Bliz: vergeßt's doch nicht, wenn's aufgeführt
wird.

Hohnschn. Sagen Sie mir doch, Herr
Bombast, warum muß ein Geist immer im
Sturm mit Donner und Bliz erscheinen: ich
habe vieles von der Geisterlehre gelesen, allein
ich finde nirgend, daß solche Verzierungen an=
gebrachc worden wären.

Bomb. Das mag wohl seyn: sie sind
aber doch sehr nothwendig: eigentlich sind es
die Paraphernalien eines Geistes.

Hohnschn. Was war denn dies für ein Geist?

Bomb. Wer sollte es anders seyn, als der Geist der Komoedie. Ich glaubte nicht, daß ich Ihnen das mehr zu sagen brauchte, nachdem Sie wusten, daß der erste der Geist der Tragoedie gewesen war. Nun, gesunde Vernunft erwacht izt und reibt die Augen.

König. G.V. (erwachend) Wer ist da?

Eine Hofdame kömmt.

Hörtest oder sahest du nicht etwas wunderbares?

Hofd. Nein, Ihro Majestät, ich sah nichts.

König.G.V. Mir träumte, ich hörte meinen Geist.

Hofd. Ich war im nächsten Zimmer; wäre ein Geist hier gewesen, ich hätte ihn hören müssen.

Feuerbrand kömmt.

König.G.V. Priester der Sonne, Du kommst zur gelegenen Zeit. Hier giebts furchtbare Erscheinungen. Als ich hier auf meinem Ruhebettchen lag, dünkte mich, ich sähe einen Geist.

Hohnschn. Sie schläft also mit offenen Augen.

Bomb. Hm! Wollen Sie denn, daß die
gesunde Vernunft anders, als im Schlaf,
einen Geist sehe, he! das wollen Sie doch
wohl nicht?

Feuerbr. Und wenn dergleichen Dinge
weiter geduldet werden, wie Du izt ausübest,
so wird in kurzem Dein Hof, ein Hof von
Geistern seyn. Mache einen großen Schei=
terhaufen, und verbrenne alle Ungläubigen.
Die Geister lassen sich lieber aufhängen, als
daß sie sich einem Feuer nähern sollten.

König.G.V. Die Menschen können sich
selbst zum Glauben nicht zwingen; soll ich
sie denn durch Qual und Folter dazu
zwingen?

Feuerbr. Die Sonne will es so haben.

König.G.V. Wie weis ich das?

Feuerbr. Ich, ihr unfehlbarer Priester
hab' es Dir gesagt.

König.G.V. Wie weis ich, daß du un=
fehlbar bist?

Feuerbr. Ha! zweifelst Du daran?
wenn Du daran zweifelst, so will ich nichts
beweisen — Aber mein Eifer treibt mich Dir
zu sagen, daß Du selbst eine Todfeindin der
Sonne bist, und daß alle Ihre Priester die
größte Ursach haben, zu wünschen, Du wä=
rest nie geboren.

König.G.V. Ha! sprichst Du so, Pfaffe:
so wiffe, ich ehre die Sonne und bete sie an;
sehe ich ihr Licht, oder fühle ich ihre Wärme,
so glüht mein Herz aus Dankbarkeit gegen
Sie. Aber wiffe, ich werde nie einen Pfaffen anbeten, der das Gesicht des Hochmuths
unter der Carve der Religion trägt, und aus
der Frömmigkeit einen Haken macht, um dem
Menschengeschlecht seine Freyheiten zu stehlen.
Pfaffe! So lange ich lebe, überlaffe ich deinen
Händen keine Gewalt.

Feuerbr. Unfre Gewalt stammt nicht
von Dir, noch irgend einem Andern her.
Die große Sonne selbst sandte sie uns in einer Schachtel — die Fracht war bezahlt.
Phaeton brachte sie uns, als er den Sonnen-
wagen ins Meer warf.

König.G.V. Zeig mir das Instrument,
damit ich's lese.

Feuerbr. Du kannst es nicht lesen: es
fiel in die See, und ist vom Salzwaffer ver-
dorben: nur Priester können es seitdem
lesen.

König.G.V. Denkst Du, ich könnt ein
solches Mährchen glauben:

Feuerbr. Ich befehle Dir es zu glauben,
und Du mußt.

König G. V. Stolzer, herrschsüchtiger Pfaff! ich kann es nicht glauben. Der Himmel bestimmte die Religion, die Rechte und die Arzney zum höchsten Segen des Menschengeschlechts: aber Pfaffen, Advokaten und Aerzte machen diese allgemeinen Güter zu ihrem Privathandel: mit jeder dieser Wohlthaten rauben und plündern sie, und verkehren unsern Segen in unsern Fluch.

(geht ab.)

Feuerbr. Rechtsgelehrtheit und Arzney! Wo ist die Rechtsgelehrtheit?

(Es kömmt die Arzney.)

Arzney. Die Rechtsgelehrtheit ging so eben ein wenig auf die Gaße vor das Schauspielhaus, und ward auf gerichtlichen Befehl Schulden wegen in Verhaft genommen.

Feuerbr. Nun, so laßt uns ohne sie fortfahren.

Bomb. Nein, nein, wartet einen Augenblick; ich muß jemanden suchen, der die Rolle hersaget. Der Henker hole meinetwegen alle gerichtliche Befehle! hätte ich doch das zuvor gewußt, ich würde die Rechtsgelehrtheit zehnmal ärger satyrisirt haben.

Fünfte Handlung.
Erster Auftritt.

Bombaſt, Hohnſchnauber, Einhelfer, Feuerbrand, Rechtsgelehrtheit, Arzney.

Bomb. Es iſt mir lieb, daß Sie entwiſcht ſind; nur bezahlen Sie die Schuld, ehe mein Stück aufgeführt wird. Izt, Herr Feuerbrand, fahren Sie fort, wenn's gefällig iſt.

Den Augenblick, wo die geſunde Vernunft abgeht, treten Rechtsgelehrtheit und Arzneykunſt auf!

Feuerbr. O! Ihr guten Herren der Arzneykunſt und der Rechtsgelehrtheit! wäret Ihr ehe hieher gekommen, Ihr würdet gehört haben, wie die hochmüthige Königinn der geſunden Vernunft uns alle geſcholten hat.

Rechtsgel. Ich kenne lange ſchon den Haß, den Sie gegen mich trägt — doch ſtille davon — denn izt kommt die kriegeriſche Königinn der Unwiſſenheit mit ihrem Ge=

folge von Ausländern, alle Feinde der ge=
funden Vernunft, zu Koventgarden an. Um
ohne Verzug alle unsre Macht mit der ihri=
gen zu vereinigen, paradiren bei Tempelbar
einige Regimenter; die Obersten Clifford,
Thaves und Surnival führen ihre Truppen
durch Holborn nach Drurylane. Alle No=
tarien mit Erzt bewafnet, haben sich mit Ge=
richtsdienern, Bütteln, Richtern, Häschern
und Henkern vereiniget.

Arzney. In Warwicklane erwart ich
meine Macht; hundert Wagen, bei jedem
einen Heerführer, berühmt durch Mord und
Blutvergiessen, in seiner Hand trägt er einen
gefiederten Pfeil, der selten in seinem Flug
irret. Nach ihnen folgt eine Bande auser=
lesener Apotheker, jeder mit tödtlichen Pil=
len bewafnet: ein Regiment Wundärzte ma=
chen den Nachtrab, alle bereit, erst zu tödten,
und dann zu zerschneiden.

Feuerbr. Erhabene! Ihr erwerbt Euch
große Verdienste um die Königinn Unwis=
senheit, sie wird Eure Thaten belohnen. Ich
prophezeyhe, daß durch ihren Einfluß die
Menschen noch dahin gebracht werden sollen
(was kaum glaublich ist,) Euch mit großen
Summen zu ihrem Verderben zu bestechen.
Seyd glücklich in Eueren glorreichen Unter=
nehmungen! ich gehe, um es von der Sonne

zu erbitten. Mein Amt hindert mich bei der
Schlacht zu seyn, allein ich bin wieder bei
Euch, eh die Beute getheilt wird.

(Sie gehen alle drey ab.)

Bomb. Izt, lieber Herr Hohnschnauber,
fängt mein dritter und letzter Act an, und ich
glaube, daß ich allen Dichtern, die je geschrieben haben oder noch schreiben werden,
trozen kann, dergleichen aufzuweisen. Herr,
es ist so voll von Trommeln und Trompeten,
Donner und Blitz, Schlachten und Geistern,
die Zuschauer werden gewiß nachher keine weitere Unterhaltung nöthig haben, es ist so voller Schmuck und Prunk, wie Merlin's Höle
— und was den Witz betrift, — kein Seil-
tanzen oder Luftspringen erreicht dies. Nun
fangt an.

(es wird ein lächerlicher Marsch gespielt.)

Die Königinn Unwissenheit, begleitet
von Sängern, Geigern, Seiltänzern,
Luftspringern, zc.

König. U. Hier pflanzt unsre Standarte.
Wie nennt man diesen Ort?

1r. Begleit. Koventgarten, große Frau,
ist sein Name.

König. U. Ha, so haben wir uns zu weit
gewagt: wir sind zu nahe bei jenen Schaubühnen, wo die gesunde Vernunft ihre mächtige Besatzungen hält. Sollten die einen

Nn 5

574

Ausfall auf uns thun, ehe wir alle vereini=
get sind, mit der Rechtsgelehrtheit und der
Arzneykunst! — wir kämen übel davon.

(man hört eine Trommel.)

Ha! was bedeutet dies Trommeln.

1r. Begl. Es ist eine Unterredung, nicht
das Zeichen zum Angriff.

(Es kömmt Harlequin.)

Harleq. Zu Dir, große Königinn der Un=
wissenheit, komme ich als Gesandter von bei=
den Schaubühnen. Sie wünschen Dir Glück
zu Deiner Ankunft, und um Dich zu über=
zeugen, wie herzlich und aufrichtig sie um
Dein Bündniß flehen, so senden sie Dir hier
ihren auserlesensten Schatz, den Du so lange
als Geißel zurück behalten sollst, bis Sie Dich
überzeugt haben, daß sie nicht weniger Feinde
der gesunden Vernunft sind, als Du es bist.

König. U. Wo sind die Geißel?

Harleq. Große Frau! ich habe einen
Katalogum mitgebracht, alles was darin
verzeichnet ist, soll auf Deinen Befehl getreu=
lich verabfolgt werden. Bedenke, mächtige
Königinn! daß sie Dir ihr Alles anbieten,
und die geringste von diesen Sachen gerne ge=
gen ihre Dichter und Schauspieler wieder aus=
tauschen würden.

König. U. Lies den Katalogum.

Harleq. (ließt) Einen großen Mann und eine große Frau, beide zu hohen Preisen gemiethet.

Einen starken Mann, außerordentlich theuer.

Zwei Hunde, die auf den hintern Füßen gehen, und menschliche Geschöpfe so natür= lich vorstellen, daß man sie dafür halten möchte.

Ein menschliches Geschöpf, das einen Hund so natürlich vorstellt, daß man ihn für einen halten könnte.

Zwo menschliche Katzen.

Eine seltne Sammlung junger Hunde.

Ein Paar Tauben.

Eine Gesellschaft Seiltänzer und Luft= springer von Saddlerswells.

König. U. Genug, genug. Ist es mög= lich, daß sie in Bündniß mit meinen Freun= den in Saddlerswells stehen? Dann sind sie ge= wiß Feinde der gesunden Vernunft, und ich bin ihnen Verbindlichkeit schuldig; nimm ihre Geißel zurück, denn sie können sie vielleicht nöthig haben: und nimm auch dieses Schau= spiel; sage, daß sie es gleich aufführen: es ist weder Kopf noch Fuß darin.

Harleq. Große Königinn! sie werden
es mit tiefstem Dank annehmen. Der Ka=
rakter, welchen Du dem Stücke beilegest,
würde es empfehlen, wenn es auch von einer
weniger mächtigen Hand käme.

König. U. Das Ehepaar nach der Mode,
ist der Titel: ich selbst habe dabei als Gevat=
terin gestanden, und will es gegen das Pub=
licum vertheidigen.

1r. Begl. Die Königinn gesunde Ver=
nunft nähert sich mit ihrer Macht.

König. U. Stellt meine Truppen in Ord=
nung. Ich will ihr entgegen gehen, wie es
sich gebührt. Heute soll der lange Streit zwi=
schen uns entschieden werden.

Die Königinn gesunde Vernunft mit einem Trommelschläger.

Bomb. He! zum Teufel! wo ist die Ar=
mee der gesunden Vernunft?

Einhelf. Herr, ich habe in der ganzen Stadt
herum geschickt, und keinen einzigen Soldaten
für die gesunde Vernunft anwerben können:
diesen Trommelschläger ausgenommen, der
kürzlich von einem Irrländischen Regiment
weggejagt worden ist.

Trommelschl. Bei meiner Seele! Herr,
seit zwanzig Jaren bin ich Trommelschläger,

und habe noch keinen Krieg gesehen: und doch
möchte ich gerne etwas von meinem Handwerk
lernen, ehe ich sterbe.

Bomb. Schweig, Schlingel; sey nicht
witzig: das ist nicht in Deiner Rolle.

Trommelschl. Herr, ich weiß nicht, was
in meiner Rolle ist: aber ich möchte doch Etwas
darin haben, denn ich bin schon lange müde,
nichts zu thun.

Bomb. Stille!

König. G. V. Was bewegt Dich, mit
diesen feindlichen Waffen in meine friedliche
Reiche zu fallen.

König. U. Deine Unterthanen von der
schrecklichen Unterdrückung zu befreyen, un=
ter der sie seufzen, die sie nicht länger ertra=
gen können, und deswegen meine Hülfe an=
rufen.

König. G. V. Können denn meine Un=
terthanen sich beschweren? Niederträchtige,
Undankbare! Worüber beklagen sie sich?

König. U. Sie sagen, Du legtest Ihnen
eine Taxe von Gedanken auf, die für Ihre
Seelen zu stark wären.

König. G. V. Wolltest Du denn die
Menschen vom Denken befreyen?

König. U. Ja, denn Denken macht den
Menschen nur elend. Die Glückseligkeit bleibt

578

immer das Loos der Narren. Warum sollte
der Weise wünschen zu denken, da der Ge=
danke seinen Stolz beleidiget? Troz aller sei=
ner Kunst, wird das boshafte Glück, durch
eine glückliche Reihe Zufälle alle seine Ent=
würfe vereiteln, und den größten Pfuscher
über ihn erheben.

König. G. V. Brauchst Du das zur Ein=
wendung gegen mich, wovon Du selbst die
gottlose Ursache bist? was Deine Macht, Deine
Kunstgriffe, Deine Lieblinge gethan haben?
Herrschte die gesunde Vernunft allgemein, so
könnte nie ein Narr groß werden.

König. U. Was ist denn diese Narrheit,
die Du so gerne mit schwarzen und abscheu=
lichen Farben schildern möchtest? Ist es nicht
das, was das Schicksal überhaupt allen Men=
schen schenkt? Obschon einige mit höherem
Verstande prahlen, werden sie nicht eben des=
wegen von den übrigen seltsame Kerl geheis=
sen? Wenn sich dieser höhere Verstand in ir=
gend einer Wissenschaft zeigt, Menschen
Wahrheiten lehrt, und sich bemüht, sie von
Wegen abzuleiten, auf welchen ihre groben
Vorfahren irrten, hat er denn nicht flugs
das allgemeine Geschrey wider sich?

Hohnschn. Die Unwissenheit scheint sehr
viel zu wissen, Herr Bombast.

Bomb. Ja, mein Herr, fie weiß das, was fie fo oft gefehen hat: Sie fehen aber, daß fie fich in der Urfache irret, die die gefunde Vernunft nie in fie hinein prügeln kann.

König. U. Vernunft ift immer die Mutter der Furcht. Der Fuchs, das weife Thier, das die Falfchheit der Menfchen kennet, flieht ihre Gefellfchaft und laufcht in Wäldern, während die arme Gans in Glückfeligkeit und Ruhe in feinem engen Stalle fett wird, und denkt, die Hand, die fie füttert, fey ihre Freundin. Ergieb Dich alfo, gefunde Vernunft, und wage kein Treffen gegen eine überlegene Macht.

Könlg. G. V. Wiffe, Stolze, ich werde nie die Sache aller diefer meiner Anhänger aufgeben: wenn ich an der Spitze fo vieler Helden Verzicht auf meine Rechte thue, fo fey mein Name verflucht und von der Erde verbannt.

Hohnfchn. Mich dünkt doch, daß die gefunde Vernunft es izt aufgeben follte, da fie Niemand mehr zu ihrer Vertheidigung hat.

Bomb. Es fcheint in der That izt ein wenig wunderlich: aber gegen die Zeit der Aufführung will ich fchon eine Armee zufammen bringen. Fahrt fort. —

König. U. So also, schleudre ich Trotz und Hohn in Dein Gesicht! zieht alle Eure Schwerdter.

König. G. V. Zieht, Ihr Herren!

König. U. Greift an! nimm Dich in Acht!

König. G. V. Und Du Dich! (ein Gefecht.)

Bomb. O! Pfuy! O! Pfuy! ich habe in meinem Leben keine jämmerlichere Schlacht auf der Bühne gesehen. Um des Himmels willen, meine Herren, tretet doch einige von Euch auf die Seite der gesunden Vernunft, sonst fechtet Ihr ja mit der Luft.

Hohnschn. Die Soldaten sind Schweizer, es gilt ihnen gleich, auf welcher Seite sie fechten.

Bomb. Izt fangt von Neuem wieder an, und fechtet; Mein, fechtet doch, als wenn's Euch Ernst wäre. Fechtet, haut, haut zu! zum Teufel! Einhelfer, die Soldaten hat Er von der Landmiliz hergenommen; sie fürchten sich sogar im Spaß zu fechten. So izt, darauf zu, izt geht's gut: bravo! bravo! — Denken Sie nicht, Herr Hohnschnauber, daß wir endlich eine gute Schlacht herausgebracht haben?

Hohnschn. Ich kann in der That nicht sagen, daß ich je eine bessere gesehen hätte —

Bomb.

Bomb. Sie scheinen doch nicht recht da=
mit zufrieden zu seyn.

Hohnschn. Ich bin eben kein großer Be=
wunderer von diesem Theil des Trauerspiels.
Meine Einbildungskraft kann sich weit besser
aus einer geschickten Erzehlung einer Schlacht,
eine Idee davon bilden, als aus dergleichen
Vorstellungen: denn mein Geist kann die
Bühne nicht in eine große Ebne umschaffen,
und eben so wenig ein halb Duzend Menschen
zu viel Tausenden vermehren.

Bomb. Gehorsamer Diener, mein Herr!
schrieben wir blos um Ihnen, und ein halb
Duzend Andere zu gefallen; wer sollte denn
die Unkosten der Vorstellung bezahlen? Wenn
sich die Zuschauer, statt allen Marionetten und
Gaukeleien, die man Ihnen unter dem Na=
men Unterhaltungen giebt, mit einer oder ein
Paar Feldschlachten befriedigen wollen —

Hohnschn. Um Verzeihung, Herr Bom=
bast, wie kam es denn, daß sie ihren panto=
mimischen Farzen den Namen Unterhaltungen
beilegten?

Bomb. Aus einer Bescheidenheit, die
ihnen ganz besonders eigen ist. Sie geben
damit zu verstehen, daß, wenn die Zuschauer
durch die dummen, einfältigen Werke eines
Schakspears, Johnson's, Vanbrughs und
anderer ermüdet worden sind, sie mit einer von

D 9

582

diesen Pantomimen wieder unterhalten werden
müssen, wovon der Herr der Schaubühne,
zwey oder drey Maler und ein halb Duzend
Tanzmeister die Zusammensetzer sind. Worin-
nen diese Unterhaltungen bestehen, brauche
ich Ihnen nicht zu sagen, denn Sie haben sie
gesehen; allein ich habe mich oft wundern
müssen, wie es einem Geschöpfe von menschli-
chem Verstande möglich seyn kann, nachdem
es drey Stunden mit den Geistesgeburten eines großen Genies belustiget worden ist, sich
dann noch drey andre Stunden hinzusetzen und
eine Menge Pöbel hinter einander auf der
Bühne herumlaufen zu sehen, die nicht eine
Sylbe sprechen, sondern mancherley Luft=
sprünge machen, die man bei Falks weit bes=
ser sehen kann. Hiervor, mein lieber Herr,
zahlen die Zuschauer nicht allein mehr, als
was gewöhnlich ist, sondern sie verlieren auch
herrliche Stellen aus den besten Stücken, die
vorsetzlich ausgelassen werden, um besagten
Farzen Platz zu machen.

Hohnschn. Das ist sehr wahr: doch hun=
dert haben mir schon das nemliche gesagt, die
doch niemals fehlten bei dergleichen Farzen
gegenwärtig zu seyn.

Bomb. So lange dies geschieht, wer=
den sie der Stadt alle Unterhaltungen auf=
zwingen — (der Geist der gesunden Vernunft steigt
empor.) Tod und Teufel! was bedeutet das;

Madame: Sie lassen eine ganze Scene aus.
Kann denn etwas ungereimter seyn, als daß
Ihr Geist erscheint, noch ehe Sie ermordet
sind?

Der Geist. O, mein Herr Bombast, ich
bitte um Verzeihung. Das Schlachtgetüm-
mel machte, daß ich vergaß wieder zu kommen, und mich zu tödten.

Bomb. Gut, Madame, lassen Sie mich
das Mehl von Ihrem Gesichte wischen: so, izt
spielen Sie diese Scene: aber, machen Sie
ja dergleichen Verstoß nicht noch einmal, das
Stück würde ganz gewiß ausgepfiffen werden.
Izt treten Sie ab und kommen dann wieder
herein, als wenn Sie die Schlacht verloren
hätten.

König. G. V. Schaut hier den Geist der
gesunden Vernunft.

Bomb. Das ist zum krepiren! besinnen
Sie sich doch Madame, daß Sie noch kein
Geist sind, daß Sie noch leben.

König. G. V. Wohin fliehe ich Verlas-
sene, Verfolgte! Die Schlacht ist verloren,
und alle meine Freunde auch.

(es kommt ein Poet.)

Poet. Nicht alle, Königinn, Du hast
noch einen Freund übrig.

König. G. V. Wer bist du?

Poet. Ich bin ein Dichter.

O o 2

König. G. V. Sey, wer du willst: bist
Du ein Freund des Unglücklichen, so ver-
wirft Dich die gesunde Vernunft.

Poet. Ich wurde ausgepfiffen, als wäre
ich Dein Feind, und doch bewarb ich mich
beständig mit aller meiner Kunst um deine
Freundschaft.

König. G. V. Thor! Du wurdest verdammt, weil Du Dich für meinen Freund
ausgabst; hättest Du, gleich dem Zurlo-
thrumbo mir kühn entsagt, oder, wie eine
Oper oder Pantomime die Sache der Unwissenheit öffentlich behauptet, so wäre es Dir
geglückt, denn die Menschen können auch
selbst den Anspruch auf mich nicht ausstehen.

Poet. So nimm dann ein Billet, wenn
mein Stück zum drittenmale aufgeführt
wird.

König. G. V. Ich will noch mehr thun:
ich will ganz von dem Schauspielhause weg-
bleiben, so wirst Du gewiß nicht ausgepfiffen.

Poet. Ha! Sagst du das? Bei meiner
Seele, nie kam ein besseres Stück auf die
Bühne. Doch, Du unterstehst Dich mich zu
verachten. Gut; ich will mein Stück der
Königinn Unwissenheit zueignen, und sie die
gesunde Vernunft nennen. Ja ich will sie
in deinen ganzen Pomp kleiden und schwö-

ren, die Unwiſſenheit wiſſe mehr als die ganʒe Welt. (geht ab.)

(Feuerbrand kömmt.)

Feuerbr. Dank ſey der Sonne für dieſe gewünſchte Zuſammenkunft.

König. G. V. O! Prieſter, alles iſt verloren; unſre Völker ſind geſchlagen: einige liegen in Zügen, doch die meiſten ſind geflohen.

Feuerbr. Das wuſte ich alles zum voraus; ich ſagte Dir ja, daß die Sonne ſchon lange ungehalten auf Dich wäre.

Kön. G. V. Wie! legſt Du es denn der Sonne zur Laſt, daß alle dieſe Feigen mich und meine Sache verlaſſen haben?

Feuerbr. Alle dieſe Feigen waren die frömmſten Menſchen. Sonne, beleuchte ſie mit Deinen Strahlen!

Kön. G. V. Unverſchämter! darfſt Du mir in's Angeſicht —

Feuerbr. Ich darf noch mehr — Die Sonne ſchenkt Dir dies, welches ich, ihr treuer Bote überlieferte.

(er erſticht ſie.)

Kön. G. V. O! Verräther! Du ermordeſt die geſunde Vernunft. Fahre wohl, eitle Welt! ich überlaſſe Dich der Unwiſſenheit; ihr bleyerner Scepter wird regieren.

Do 3

Izt, Pfaffe, laß Deiner wilden Ehrsucht den
Zügel schießen. Die Menschen werden Deine
Entwürfe liebkosen, sie an ihren Busen drü=
cken, bis Du den ganzen Gottesdienst der
Sonne auf Dich gezogen hast. Künftig wird
alles verkehrt gehen. Die Arzeney wird
tödten, die Rechte werden die Welt in Fes=
seln legen, Bürger werden Stutzer werden,
und Geschmack an welschen Liedern finden.
Höflinge werden Actienhandel an der Börse
treiben. Bedienungen, die Gelehrsamkeit
und große Talente erfordern, werden alle in
einen Hut geworfen, geschüttelt, und von
Menschen gezogen werden, denen es an bei=
den mangelt. Staatsmänner — doch die
kalte Hand des Todes läßt mich nichts mehr
sagen.— errathet das übrige. (stirbt)

Feuerbr. Sie ist tod: aber ach! es wird
mir übel anstehen, wenn ich als ihr Mörder
erscheine: ich will also diesen Dolch neben sie
legen: nun wird das Gericht sie des Selbst=
mords beschuldigen. Ich will ihr eine Lei=
chenrede halten, ihren Verlust mit Thränen
beweinen, und sie mit meiner ganzen Bered=
samkeit loben. Die fromme Unwissenheit
wird alles glauben. (geht ab.)

Die Königinn Unwissenheit.

Kön. U. Blaset zum Rückzug, das Feld
ist unser. Die Völker der gesunden Vernunft

find alle geschlagen: die noch übrig blieben, sind mit der Königinn geflohen.

Hohnschn. Herr Bombast, ich wünschte, daß in dieser Rede auch gesunde Vernunft seyn möchte.

Bomb. Wie ist das möglich, da sie todt ist. Spottet und kritisirt man doch immer die besten Sachen im ganzen Stücke!

Harleq. Sieh, wie sie, sich wälzend, in ihrem Blute lieget —

Hohnschn. Auch diese Zeile müssen Sie entweder außlassen, oder doch wenigstens abändern.

Bomb. Keines von beiden. Ich will lieber alles außlassen, nur die Hauptschönheiten meines Stücks nicht.

Harleq. Siehe den blutigen Dolch neben ihr liegen, mit welcher sie die That begieng.

König. II. Es war edel gehandelt! Ich beneide ihr ihren Hintritt, und will ihrem Staube alle Ehre erweisen. — Tragt ihren Leichnam weg, und laßt ihn im Rath beim Puppenaufzug liegen.

Ein Bote.

Bote. Mächtige Königinn! ich komme von Kranecourt, als Gesandter jener großen Versammlung in Kranecourt der Gaukler, Puppenspieler, Seiltänzer rc. Dir zu Deinem Siege Glück zu wünschen; Sie bittet um ein festes Bündniß zwischen Deiner Gesellschaft

588

der Baukelfanger und allzeit fertigen Poeten
und der ihrigen. Sie wünschet und bittet
vielmehr, daß sie Alle in Eine vereiniget
werden mögen. Sie hoffet auch, daß Deine
Majestät geruhen wird, gewiffe Seltenheiten
anzunehmen, die diefer große Korb in fich
schließt. Hierin wirst Du finden: Einen
Roßschweif, der hundert Haare mehr, als
fonst gewöhnlich ein Roßschweif enthält, fer=
ner einen Elephantenzahn, der völlig einen
halben Zoll zu lang ist, nebst einem Chaufee=
zeichen, das einer alten Münze gleich sieht.

König.II. Wir nehmen dankbar ihre gü=
tigen Geschenke an, und werden sie mit ge=
höriger Sorgfalt aufbewahren laffen, bis auf
unfern Befehl für diefe kostbaren Läppereyen
ein schickliches Gebäude aufgeführt worden ist.
Sagt Eurer Gefellschaft, daß wir immer ih=
ren Werth sehr hochschätzten, und sie für unfre
theuerfesten Freunde hielten, und sagt ihnen,
es fey unfer Wohlgefallen, daß sie sich rü=
sten, einen Menuet vor uns zu tanzen.
(Der Bote geht ab.)

Erhabene Rechtsgelehrtheit und Arzeney!
Ihr follt mich nicht undankbar gegen Eure
geleisteten Dienste finden. Gegen Dich, Har=
lequin, und Deinen Bundsgenoßen, auch ge=
gen Dich, süßer Krickskowanelley, will ich
eine höchstgnädige Königinn feyn. — Aber
ach! (Mufik unter der Bühne.)

was für eine scheusliche Musik, oder was
für ein Todtengeläute ist das? Es ist gewiß
der Geist irgend eines elenden Operntons.

Hohnschn. Der Geist eines Ton's, Herr
Bombast!

Bomb. Ja, mein Herr, haben Sie noch
nie einen gehört. Ich hatte einmal Lust, die
Erscheinung der Musik in Person auf die Bühne
zu bringen, und zwar in der Gestalt einer
englischen Oper — Nun, Herr Geist des
Ton's, wenn's gefällig ist in dem Ton sanfter
Musik zu erscheinen, und den Geist der gesunden Vernunft nach eben dieser Musik herauf-
steigen zu lassen.

(Der Geist der gesunden Vernunft steiget
nach sanfter Musik herauf.)

Der Geist. Siehe, der Geist der gesunden Vernunft erscheint. Niederträchtige Sklaven! hinweg mit Euch, oder ich fege euch
hinaus und reinige das Land von solchem
höllischen Ungeziefer.

König. U. Ein Geist! ein Geist! ein
Geist! schleichet, fliehet davon, meine Freunde! Wir haben den Körper getödtet, der
Geist wird gewiß kein Mitleiden mit uns
haben.

Alle. Ein Geist! ein Geist! ein Geist!

(sie laufen davon.)

Oo 5

Geist. Die Küste ist leer, die bloße Unwissenheit ist mit ihrem ganzen Gefolge in ihre angeerbten Reiche geflohen; von da wird sie sich nie wieder erkühnen uns zu überfallen. Hier, obgleich ich ein Geist bin, will ich meine Macht behaupten, und alle Freunde der Unwissenheit sollen finden, daß sie zum wenigsten meinen Geist von hier nicht verbannen können. Ihr, die Ihr hinführo die gesunde Vernunft ermordet, lernet aus diesen Scenen, daß, obschon Ihr mit gutem Erfolg pralet, Euch doch ihr Geist verfolgen wird.

Hohnsehn. Es ist mir herzlich lieb, daß doch die gesunde Vernunft zuletzt die Oberhand behält. Ich war erschrecklich um ihre Moral bekümmert.

Bomb. Bei meiner Treue, mein lieber Herr, dies ist fast das einzige Stück, wo die gesunde Vernunft die Oberhand behalten hat.

Warum ist ein Wunsch werther, als eine Krone.

Young.

von Herrn Sambuga.

So fraget Young: und es war mir, als wenn er auch an mich, unter seinen unzähligen Lesern, diese Frage stellete, und ich empfand Muth, diesem weisen, tugendhaften, nachsichtvollen Manne zu antworten; weil es die Eigenschaft des wahren Weisen ist, auch das mißlungene Streben nicht zu verachten.

Wer die Geheimnisse der Seele des Menschen noch wenig belauschet, und ihre Handlungsart noch wenig kennet; wer die Krone als die letzte Stufe des Genusses ansieht, wird freylich nicht begreifen, was ich in der Folge sagen werde. Eine Krone! das erhabene Zeichen der Majestät und Herrschaft, dem Millionen huldigen, und dem hunderttausende in einem Taumel von Freude ihr Blut aufopfern. Sie, um welche sich Völker drängen, und in ihrem Strahle sich gleichsam sonnen; vor deren Winke sich alles beugt, deren milderer Blick schon Gnade ist, deren Gnade beseliget. Die einen fast unbegrenzten Genuß darbietet, für welche unzählige Hände be-

schäftiget sind; unzählige Köpfe denken; un=
zählige Triebfedern in Gang gesetzt werden;
Flüsse und Meere fruchtbar sind; alle Ge=
genden der Erd=gebären, und für welche der
kalte Nord die Eigenschaft des Südlandes an=
nimmt, und Früchte giebt, die nur dort ge=
deihen. Sie, die der Mensch so gern für
übermenschlich ansieht; wo auch den Weisen
oft seine Denkkraft verläßt; wo auch der
Menschenkenner oft vergißt, daß sie auf dem
Scheitel eines Menschen sitze; daß ihr Glanz
nur das Werk eines Künstlers sey; wo er oft
seine Lobsprüche unedel verschwendet, und da=
durch den Pöbel zur Vergötterung hinreißt.
Sie, von deren Gnade und Verwerfung, Leben
und Tod ausgehet. Die Krone, das Ein=
zige, das Gesuchteste, das Bewundertste in
der Welt: — und ein Wunsch soll schätzba=
rer seyn!

Der Wunsch ist ein Verlangen nach einer
abwesenden Sache: und die Krone ist Besitz.
Der Wunsch sehnet sich nach einem vermißten
Gute: die Krone ist wirklicher Genuß. Der
Wunsch ist eine Geburt der Dürftigkeit: und
die Krone die höchste Stufe der Glückselig=
keit. Und dennoch soll ein Wunsch schätzba=
rer, werther seyn, als eine Krone!

Aber lasset den Wunsch den hagern Ab=
kömmling der Dürftigkeit seyn; er sey das
Kind ihres Kummers, daß sie in der Stunde

ihres Mangelgefühles gebar: das fürchterliche Bild verschwindet, so bald wir das Kind
aus den Armen der Mutter nehmen, und seines holden Anblickes ohne Hinsicht auf die
Mutter genießen. Die Dürftigkeit ist freylich die elende, Schauer erregende Mutter
des Wunsches; aber so, wie aus einem ver-
elendeten Keime die liebliche, farbenreiche
Blume hervorbricht: so ist der Wunsch der
angenehme, hoffnungsvolle Abkömmling der
Dürftigkeit. Doch nein! lassen wir den
Wunsch in den Armen der Dürftigkeit; denn
Mutter und Kind gewinnen durch ihre Zu-
sammenstellung. Der Wunsch wäre lange
das beliebte, reizvolle Kind nicht, wenn es
nicht in den Armen eben dieser Mutter läge:
und die Dürftigkeit würde die Verzweiflung
darstellen, wenn nicht ihr Söhnchen so freund-
lich an ihrem Halse lächelte.

Bey dem fürchterlichen Gedanken von
Mangel, von Abwesenheit des Nöthigen,
wo mir alle Hülfsquellen versiecht zu seyn
scheinen; wo alle Aussichten für mich geschlossen sind; wo ich nur für meine Noth zu leben
scheine; wo meine Gefühle mir zur Marter
werden; wo die Unempfindlichkeit des Stei-
nes mir eine Gnade wäre, und nicht Leben
der heißeste meiner Wünsche; wo ich, wie im
Sturme an eine unbewohnte Insel verschla-
gen, vom Schauer des Leeren, Unbelebten

umgeben bin: in diesem so trostlosen Augen=
blicke des menschlichen Lebens erwachet der
gleichsam in meinem Busen schlafende Wunsch,
schmieget sich liebkosend an meine kummervolle
Brust; und ich bin gerettet. Wie die von
der heftigen Winterkälte erstarrten Glieder
bey der allmähligen Annäherung zum gelinde=
ren Feuer neues Leben, verjüngte Kräfte er=
halten: so erhohlet sich die Seele von der ge=
fährlichen Betäubung, in welche sie der Ge=
danken von Mangel und Noth versetzet hatte.
Die gespannte Brust athmet nun freyer; der
stockende Kreislauf der Säfte findet die will=
kommenen Kanäle; die losgespannten Nerven
empfinden Erleichterung, wie wenn Steine
und Felsen von der gedrückten Brust gesunken
wären.

Hier fängt eine ganz neue Lebensfrist für
mich an. Ich komme in ganz neue Verhält=
nisse; ich genieße mein Leben auf eine ganz
verschiedene Weise; und die ganze Welt wir=
ket anders auf mich, als vorher. Das wun=
derwirkende Vielleicht entwickelt sich wie eine
schöne Aussicht nach einer lange durchirrten
Wüste. Man sinket aus seiner vorigen Un=
ruhe, wie ein ermüdeter Wanderer, in süßen
Schlaf und Traum. Was uns an Wirklich=
keit abgehet, ersetzet die Einbildungskraft.
Sie machet uns mit dem Gegenstande unsres
Wunsches so bekannt, so vertraut, so einver=

ſtanden, daß wir ſeine Abweſenheit kaum
fühlen. In ſüßen Träumen durchirret man
paradieſiſche Gefilde, und gelanget in eine
Zauberwelt, ohne von ſeiner Stelle gekommen
zu ſeyn.

Wir wollen ſetzen, ein Armer falle auf
den ihm ſo nahe liegenden Wunſch, ein Reicher zu ſeyn. Lebte dieſer Wunſch gerade in
einem Augenblicke auf, wo ihm der Weg in
das Innerſte deſſelben gebahnet war; ſo hängt
ſich bald ſeine ganze Seele an ſeinen Wunſch.
Er fängt an, ſeine vorige Bekümmerniß zu
vergeſſen; er kriechet gleichſam aus dem Staube hervor, in dem er ſich immer ſah; er dichtet ſich in eine ganz andere Lage, in geän-
derte Verhältniſſe, in neue Verbindungen.
Seine Blöße iſt bald mit behaglichen Kleidern
bedeckt; ſein Hunger mit gewählteren Speiſen genähret; ſeine Wohnung unter die erſten
ſeiner Mitbürger verſetzet. Kurz, er iſt ſchon
reich: und er wäre verſucht, das Gegentheil
für einen Traum zu halten, wenn er ſich nicht
in der Stunde der Abſpannung wieder mit ſeinen elenden Kleidern bedecket, von ſeiner zer-
fallenen Hütte umgeben, von Ablegung und
Mangel gedrücket fände, wie er ſich verlaſſen
hatte.

So ſehr es auch der Wünſchende in ge-
wiſſen Augenblicken empfindet, daß ſein Genuß nur Täuſchung, das Bild ſeines Vergnü-

gens nur Schatten sey: so erwachet doch sein
gefälliger Wunsch von Zeit zu Zeit wieder in ihm.
Oder vielmehr, er kommt selbst wieder zu seinem Wunsche zurück, wie ein Freund zu dem
andern, in dessen Gesellschaft er Erleichterung
und guten Muth genoß.

Das Vergnügen, womit er von ihm zu-
rückkehrete, treibet ihn von selbst wieder dahin, wo seine Seele Labung, Zerstreuung,
Zufriedenheit fand.

Die Einbildungskraft der Menschen läßt
nichts mangelhaft, nichts unausgemalt. Sie
entdecket nach und nach alle auszeichnende,
hervorstehende Merkmale an ihrem Gegenstande, und machet den größten Aufwand von
Farben und Lichte, die wünschenswerthe Sache in ihrer ganzen Schönheit darzustellen.
Sie sieht und erhebet alle Auszeichnungen an
ihrem Wunsche. Ein jedes neue Merkmal
scheint ihr der wichtigste Vorzug. Sie machet Vergleiche, und findet ihn unendlich
werther, als Alles, was sich gegenüberstellen
läßt. Mit jedem Schritte wächst ihr Stau-
nen, Bewundern, Erheben. Sie wird durch
das öftere Anschauen immer mehr begeistert,
und wirft selbst ihr Feuer, zu welchem sie
aufflammet, auf den Gegenstand, der sie be-
schäftiget.

Mit jeder neuen Aushebung von noch un-
gesehenen, ungekannten Merkmalen bereitet
sich

sich ein neuer Genuß zu. Die Zahl der Freude vermehret sich; die Vergnügungen häufen
sich an. Sein Daseyn wird in diesem Augenblicke lauter Genuß. Je leerer seine Seele
ist, und je ärmer sie sich an Wirklichkeit und
Besitze fühlet; desto hastiger greifet sie nach
dem selbstgeschaffenen Reichthume. Sie vergißt den Zustand des Mangels und der Abwesenheit, weil es ihr angenehm geworden ist,
Reichthum zu träumen. Und da sie alle Merkmale entfaltet, die eine Sache für sie wün-
schenswerth machen: so glaubet sie, ihr Schicksal sey in ihren Händen, weil es in ihrer
Vorstellungskraft ist. Hier entfallen dem Gefangenen die Fesseln, und er lustwandelt unter seinen Freunden die er sieht, nennet, grü-
ßet, und seiner nicht gewahr worden; hier
speiset sich der Hungrige mit Manna und die
brennende Kehle des Dürstenden schlürfet Göt-
tertrank. Hier decken sich die abgezehrten
Glieder des Schwindsüchtigen wieder mit Fleische, das seinen welken Körper nie mehr kleiden wird.

Wer kehret nicht gern zu einem Gegenstande zurück, der ihm so oft Freude und Vergnügen gemacht, und ihn in ein angenehmes Vergessen seiner Uebel versezt hat? Aber jeder
neue Genuß leget auch neuen Werth auf die
Sache, weil sich neue Vollkommenheiten zeigen. Da die Einbildungskraft durch das öf-

P p

tere Darstellen, Bemerken, Nachsinnen immer erhöhet wird: so erhält sie nach und nach eine Lebhaftigkeit, die nichts mehr in ihrer wahren Gestalt steht. Sie denket sich lauter überzeichnete Grössen, lauter Seltenheiten, lauter Wunderwerke, Einziges. Wer kennet die übertriebenen Farben nicht, womit die Heimatsliebe zeichnet? Setzet den in Eis und Schnee geborenen Grönländer in die wollüstigen Gefilde des Vesuvs; wieget ihn dort in dem Schose des immerwährenden Frühlinges; weidet ihn im Genusse der geschmackvollsten Früchte; entzündet sein Aug durch den bezaubernden Aufwand der Natur; lasset Alles, was die Kunst noch der Natur zugesellet hat, auf seine Sinne wirken, und dann den einzigen Wunsch nach seinem Vaterlande lebhaft auf ihn wirken: und ihr werdet sehen, wie Europens Elysium nach und nach so tief unter Grönlandes ewige Eisdecken sinket. Die überreiften einsamen Stauden, die mit Eise bedeckten Felsen, die so lange in Schnee gehüllte Erde werden ihm reizender vorkommen, als die blumichten Felder, fruchtbarsten Thäler, und ewig grünen Stücken der Berge Apuliens. Er wird hungrig nach den geräucherten sowohl, als halb modernden Fischen seyn, die er verlassen hat, und keine Speise, keine Frucht, keine Nahrungsmittel des wollüstigen Kampaniens damit zu vergleichen wissen. Weil

lieblicher wird ihm das zerlaffene Fett aus
Meerfischen schmecken, als der Falerner Jta-
liens.

Ich darf das Verhältniß der Liebenden
nur nennen, um zu zeigen, wie gern die Einbildungskraft Maas und Ziel übersteige. Wären ohne diese die unzähligen Thorheiten der
Liebenden wohl möglich? Woher jene außer-
ordentliche Vorstellungen, wo der Kaltblütige
kaum einiges Verdienst unterscheidet? Woher
jene überspannte Hochschätzung, die oft an
Vergötterung grenzet? Woher Glück oder Unglück des Lebens, die auf den Gewinn eines
geneigteren Blickes gesetzet sind? Woher Ei-
fersucht, Todeskämpfe, Meuchelmorde? Es
sind lauter Spiele der Einbildungskraft, die
Alles aus Altem schaffet.

Es sey mir erlaubt, dieses noch durch
mehrere Beyspiele zu bestättigen. So sieht
der an Vorstellungen reiche Geist eines Jüng-
linges nichts, als angenehme, reizende Züge
an der Einöde und an dem Klosterleben. Aus-
gezeichnete Kleidung, Gebete, gottselige Ue-
bungen, Entfernung von der Welt, Versen-
kung in sich selbst, reiner Selbstgenuß, un-
gestörter Umgang mit Gott, sind die angenehmen Züge, mit welchen er sich das Klosterleben schildert. Seiner Vorliebe für das
Wunderbare kommt die für einen Jüngling oft
genug blendende Beredsamkeit eines Ordens-

bruders zu Hilfe, der noch den Schrecken auf
dem Angesichte zu tragen scheint, welcher ihn
aus der Welt verscheuchet hat; und mit seinen an die Erde gehefteten Augen mehr das
Grab, als den Genuß zu suchen scheint.
Selbst der begeisterte Maler hilft durch seinen
Pinsel diese Täuschung auf das Höchste zu
bringen. Lichtstrahlen von dem Himmel, die
in dem Geiste des Forschenden das Anschauen
Gottes erleichtern; liebkosende Engel, die
der Ewige seinen Günstlingen aus den Wolken herab zusendet; Entzückungen, Erhebun-
gen: indem der Geist die Bürde des Fleisches
gleichsam zernichtet hat; Wunder, wozu ihr
Gebet den Himmel vermöget hat, und wegen
welchen die Begnadigten zu ihren Füssen liegen; verklärte Ordensbrüder, die er in einem
übernatürlichen Lichte neben den Thron der
Gottheit reihet, sind eben so viele Mittel die
Reize dieses Standes zur wirksamsten Lebhaftigkeit zu erheben. Selbst die Blöße an dem
Einsiedler, die Armuth, die Geiseln, die
Haarkleider bekommen durch das malerische
Talent ein Ausfehen, welches reizet, und nicht
schrecket. Der Jüngling, welcher noch so gern
auf Abentheuer ausgehet, liebt hier das Auf-
serordentliche. Er trennet die Empfindung
von der Darstellung. Die Kunst, welche ihn
begeistert, siegt über das Unangenehme, welches er noch nicht empfunden hat; und indem

er die Zauberkraft des Pinfels bewundert, vergißt er, die Wirkung auf die Gefühle zu be-
rechnen.

: Umgekehrt verhält es sich mit dem Or-
densmanne. Eben so beredsam spricht ihm
sein Herz für die Welt, wie es andern für
die Einöde sprach. Der Besitz hat das Feuer,
welches ihn in die Klostermauern trieb, ge-
mäßigt: und in dem Augenblicke der Kaltblü-
tigkeit bereuet er es, daß er es so unvorsichtig mit der Welt gebrochen habe. Er träu-
met sich nun die Welt als ein Paradies der
Ergötzlichkeit, aus welchem er sich durch die
Sünde eines eingebildeten Genusses an dem
Baume der Einsamkeit, selbst verdränget habe. Seine Mauern, hinter welchen er Tren-
nung von der Welt suchte, scheinen ihm ein
Gefängniß zu seyn, so oft er einen freyen
Weltmenschen sieht. Er hält es nun für eine
Ueberspannung der Geistmänner, daß ihm die
Welt so gefährlich, so sündenvoll vorgekom-
men sey. Er ist versichert, die Fallstricke zur
Sünde, welche auf jedem Pfade des Welt-
wandels lägen, seyen nur von der erhitzten
Einbildung des Betrachters gesehen worden.
Seine Armuth, die ihn reichlich nährt, wird
ihm lästiger, als wahre Armuth; weil er
Menschen sieht, die sich nähren, wie sie wol-
len. Er übersieht aus dem Fensterchen seiner
Zelle die schönen Auen, die grünen Thäler,

das Gewühl der Menschen; und das Opfer
der Freyheit reuet ihn, welches er auf den
Altar gelegt hat.   Er dichtet sich ein Vergnü=
gen, eine Seligkeit in dem Umgange mit der
Welt, das jene selbst nicht finden, welche die
Welt genießen.   Er verbindet eine Freyheit
mit derselben, welche Weltbewohner eher in
dem Kloster suchen würden.   Er sehnet sich
nach Weltgenuß: und der Bürger nach der
Klosterstille.   Kurz, wie der Jüngling in der
Welt das Kloster nicht kannte: so kennet der
Bruder in dem Kloster die Welt nicht: und
beyde vergessen überdem, was sie wünschen,
das Gute, welches sie genießen.

Vergeblich zeiget sich Mangel in dem Bilde
unsrer Neigung.   Entweder sieht der durch
die Einbildungskraft begeisterte den Mangel
nicht, und die Aufmerksamkeit, die auf das
stärkste an das Geliebte, Gesuchte, Gewünschte
geheftet ist, hat nicht Zeit die Flecken, den
Schatten, den Abgang zu sehen: oder er re=
det die Sprache des Weisen, der den Man=
gel und Abgang auch in dem Weltgebäude
sieht, und dem es den Werth der Schöpfung
eben so sehr erhöhet, wie dieses der Schatten
dem Lichte auf dem Gemälde leistet: und dem
sein Gegenstand vielleicht ohne diesen Flecken
eben so wenig behaglich wäre, wie unsern Au=
gen ein Gemälde, das lauter Licht ist, wenn
eben diese Dunkelheiten nicht wären.   Ein ho=

ßer Grab der Liebe und Zärtlichkeit liebt selbst
den Mangel: und man findet Vergnügen daran, auch das zu lieben, was von dem Gegen=
stande seiner Neigung unzertrennlich ist.

Was ist aber nun Glückseligkeit, wenn
dieses keine ist? Ist nicht die Glückseligkeit
meistens ein Werk der Einbildung, das ist,
der Art nur gewisse Vorstellungen zu machen?
Wenn nach Seneca *) nichts daran liegt,
welches dein Zustand sey, wenn er dir ein=
mal als böß vorkomt: so dürfen wir auch
durch einen Gegensatz erwiedern: was liegt
daran, welches der Zustand sey, wenn er
dir einmal als gut vorkommt! Finden wir
es anders in dem Reiche der Wirklichkeit?
Wer ist glücklicher, der Amerikaner, welcher
um ein Spiegelchen eine Platte Gold hin=
gibt, oder der Europäer, der seinen reichen
Tausch bang und besorgt über Meere und Länder schleppet?

Womit wollen wir aber ein wünschendes
Herz für seine Wünsche schadlos halten? wo=
mit ihm den Preis seiner Wünsche ersetzen?
Was soll dem Vergnügen seines Genusses
gleichkommen, oder es bey ihm in Vergessen-
heit bringen; denken wir uns den Wünschenden in den Besitz aller Schätze des Kröſus;

Pp 4

*) Quid refert, qualis ſtatus tuus ſit, ſi tibi vi-
deatur malus. Ep. 9.

laſſen wir ihn über Babel und Rom herrſchen;
verſetzen wir ihn in die Palläſte des Salomon
und der Herren von Memphis; machen wir
ihn zum Beherrſcher der Welt und ſeinen Wil=
len zum Geſetze der Erde: was haben wir
ihm gegeben, das neben ſeinem Wunſche be=
ſtehen könne? So weinet Alexander, der
Erbe Macedoniens und aller Länder, die Phi=
lippus erobert hatte, bey der öftern Nach=
richt der Siege und Eroberungen ſeines Va=
ters; weil er fürchtete, es möchte für ſeine
eigene Eroberungsluſt nichts mehr übrig blei=
ben, und weil ihn der Wunſch, ſelbſt zu ſie=
gen, ſelbſt zu erkämpfen mehr, als der Beſitz
des Eroberten reizte.

Die Krone iſt freylich in den Augen der
Sterbl chen das letzte Gedenkbare von der irr=
diſchen Glückſeligkeit. Huldigungen von Tau=
ſenden empfangen, iſt eine angenehme Scene;
daß Länder und Reiche ſich unter ſeinen Zepter
ſchmiegen, iſt ein feyerliches Bild ſeiner Größe;
daß man Befehle als Gnade anſehe, und die=
nen dürfen als Ehre, iſt Götterrang in der
Hülle eines Sterblichen; daß man vor ſeinem
Zorne, wie vor dem Donner fliehe; die Un=
gnade wie den Tod verabſcheue, iſt Götter=
macht in einer Menſchenhand. Mit der Krone
iſt Reichthum und Ueberfluß jeder Gattung
verbunden. Was die Eingeweide der Erde
edles und glänzendes in ſich verborgen haben,

geben sie zu ihrem Schmucke her; was in der
Tiefe des Meeres von Kostbarkeit und Werthe
begraben liegt, kommt auf ihren Befehl hervor. Die Erde erschöpfet ihre Fruchtbarkeit,
um ihrer Eßlust zu dienen: die Gewürze ver-
vielfältigen und erhöhen den Geschmack, um
durch Abwechselung die Sättigung zu entfernen. Mehr Sorge haben sie, um Hunger für
ihre Speisen zu bekommen, als andere Noth
empfinden, sich Speisen zu verschaffen.

Und dennoch sinket die Krone mit ihrem
ungeheuern Werthe auf der Wage der For-
schung neben dem Wunsche. Ja, wenn die
Krone täglich neu wäre; wenn nach dem Ver-
laufe von Jahren der Gedanken: du trägst
eine Krone! noch so selig, so einzig wäre.
Wenn man nicht endlich auch gewohnt würde,
Kronen zu tragen, wie der gemeine Mann seinen Hut trägt; wenn man sich nicht mit der
Zeit um die goldenen Stühle weniger umsähe,
als der Hirt um seinen grünen Rasen; wenn
man die tiefen Verbeugungen nicht endlich müder würde, als eben dieselbe Speise alle Tage; kurz, wenn Kronentragen nicht auch Gewohnheit, Lebensart würde, wie ein jeder
andere Stand; wie eine jede andere Lage:
so wäre die Krone immer was sie zu seyn scheinet. Aber der Gedanken: du bist König!
veraltet, wie ein Gewand, das man lange
am Leibe trägt. Die Begriffe von Größe und

Herrlichkeit, welche man im Anfange damit
verband, verlieren durch ihren Genuß alle
Reize und Vorzüge. Selbst auf den angebe-
teten Purpur fällt Staub, wenn man sich nicht
bemühet, ihn davon zu reinigen.

Stimmen wir das Herz eines Königes
nicht zur völligen Unempfindlichkeit herab; lassen wir es noch eines Wunsches fähig seyn;
setzen wir, es wünsche wirklich; es sehne sich
wirklich nach Etwas; nach einer Freude, nach
einer Verbindung, nach der Ausführung ei=
nes großen Planes, nach einer Kleinigkeit:
und sehet dann, was ihm sein Wunsch; se=
het, was ihm seine Krone ist!

Ein neuer Wunsch, der sich in die Seele
schleichet, bemächtiget sich nach und nach jeder
Kraft derselben. Er gewinnet die Einbildungskraft, die ihm ihren Zauberpinsel leihet, und
gibt sich dadurch die reizendsten Züge; er ge=
winnet den Verstand, der Gründe für seinen
Werth aufsuchet, und unzählige für ihn fin=
det, weil wir das, was wir wollen, so leicht
rechtfertigen. — Mit den wiederhohlten Dar=
stellungen der gewünschten Sache wächst die
Begierde, sie zu besitzen. So oft man das
Auge seines Geistes darauf wirft, heben sich
neue Merkmale hervor: zeigen sich mehrere
Züge seines Werthes; entwickeln sich mehrere
Gründe zu begehren; versprechen sich neue Zu=
sätze des Genusses. Unsre Einbildungskraft,

die auf ihrem Gegenſtande wie eine Henne
auf ihren Eyern brütet, wird von Tage zu
Tage feuriger, lebhafter: und ſie iſt bald keines andern Gedankens, keines Wunſches,
keiner Freude, keines Strebens mehr fähig,
als die auf ihren Gegenſtand führen.

Nun iſt der Wünſchende von der übrigen
Welt abgeſchnitten. Er iſt von ſeinem Gegenſtande wie von einem Elemente umgeben,
und lebet nur für dieſen. Er iſt einſam in
dem zahlreichſten Kreiſe von Menſchen. Eine
jede Freude wird ihm ſchal ohne das Bild ſeines Herzens; eine jede Mittheilung Armuth
ohne ſeinen Wunſch; ein jeder Genuß Mangel, weil ihm das Einzige fehlt.

Setzen wir nun in dieſer Stimmung eine
Krone auf das Haupt eines Menſchen, in
deſſen Herz ſich ein Wunſch geſchlichen hat:
was wird ihm ſeine Krone ſeyn? Was alle
Herrlichkeiten, die in ihrem Gefolge ſind?
Was ſein Thron, was ſein Purpurgewand?
So bald er wünſchet, weis er nicht mehr,
daß er König iſt; daß er Völker beherrſchet;
daß er gebietet. Er iſt arm, wie ein Bettler; gehorſamet, dienet wie ein Sklave; kurz,
er weiß nur, daß es ihm mangelt. Der
Glanz, welcher ihn umgiebt; die Größe, die
alles um ihn her betäubet; ſeine Gewalt, die
alles zu Boden wirft, iſt ihm ein Gerippe
ohne Seele, weil ihm das Leben von allem

fehlet. Er wohnet öde in seinem Pallaste, wo tausend Diener um ihn her stehen; er empfindet lange Weile in einem Wirbel von Zerstreuungen, die ihn fortreißen; er bleibt ungesättiget bey allem Aufwande für die Sinnlichkeit; weil er wünschet.

Unerwartete Erscheinung! Aber worinn hat sie ihren Grund? — Die Seele bleibet, während dem Einflusse eines Wunsches bey dem reichesten Ausgusse des Glückhorns ohne Theilnahme, und der Körper genießet ohne die Seele nicht mit Bewußtseyn. Die Seele hat sich an ihren Gegenstand geheftet; und sobald dieses ist, erhöhet sich gleichsam eine Scheidewand zwischen ihr und dem Körper. Von diesem Augenblicke an höret jenes wundermäßige Ueberströmen der äußern Empfindungen in die Seele fast gänzlich auf; die Eindrücke sind nicht mehr so deutlich; die Bilder nicht mehr so genau gezeichnet, so wahrgenommen, so bleibend; die Seele ist zerstreuet; sie hängt ihrem Gegenstande nach; sie lebet, sie wirket für nichts, was nicht ihr Wunsch ist. Sie gleichet einem tiefen Denker, der an die Thore seiner Vaterstadt kommt, und nicht weiß, daß Feinde sie berennen. So kann die Seele sich in ihrer Hülle ihr eigenes Leben schaffen.

Was ist nun für den König der unschätzbare Aufwand für die Sinnlichkeit? Was sind die rührendsten Spiele der Tonkunst, von denen man in Versuchung zu glauben gerathen möchte, daß sie ihre Empfindungen selbst den Säulen der Palläste mittheileten? Was ist Glanz, Reichthum, Völle, Zierde, Herrlichkeit? Hinüber in das Gezelt der Seele dringet nichts von diesem Aufwande der Kunst und der Einbildungskraft. Das Gewebe ist zerrissen, welches durch unzählige Schwingungen, ganz unerklärbar, ihr jedes Daseyn und Einwirken verkündigte. Der Körper allein unterscheidet nicht, empfindet nicht, genießet nicht. Der Körper des Königes ohne Empfindung gleicht einer Puppe, die Königlich gekleidet ist.

Wie leicht ergiebt sich dieses wundersame Spiel, das uns so selten zu seyn scheinet. Der lange Besitz und Genuß einer Sache, so theuer und werth sie uns auch ist, veranlasset ohnehin schon Sättigung. Es gehet damit, wie mit einem veralteten Gemälde. Es löschet sich ein Zug nach dem andern daran aus; und Augenblicke reißen die Züge wieder los, welche der Pinsel so mühesam und in seiner ganzen Stärke aufgetragen hatte. Auch in den Königen erstirbt nach und nach das prachtvolle Bild ihrer Größe und Herrlichkeit. Die Gewohnheit Könige zu seyn, machet, daß sie nicht mehr wissen, daß sie es sind. — Setzen wir zu dieser Wirkung der Natur die so viel mächtigere Wirkung der Leidenschaft. Laffen

wir in der Seele des Gekrönten eine Neigung,
von was für immer einer Gattung, erzeuget
werden: wie schnell wird sie aus dem Zustande
ihres Schlummers, der daraus entstehet, weil
sie nichts Neues mehr umgibt, nichts Unge=
nossenes reizet, nichts Ungewohntes in Be=
wegung setzet, durch die Macht des Wunsches
gewecket werden. Ein Wunsch gibt gleichsam
neues Daseyn; setzet in neue Verhältnisse;
läßt die Körperwelt auf eine neue Weise auf
uns wirken; gibt der genußmüden Seele
neue Lust, neue Thätigkeit; wirket gewalti=
ges Hinstreben nach seinem Wunsche; Auf=
wallen und Begeisterung dafür.

Daraus erkläret sich die Völker in Erstau=
nen setzende Ereigniß, daß Könige selbst ihrer
Kronen müde werden, und sie einem sehnli=
chen Wunsche aufopfern. Diokletian ver=
tauschet eine Welt mit einem Garten; und
nachdem er lange über unzählige Völker ge=
herrscht hatte, glaubte er erst zu leben, da
er in dem engen Raume eines Gartens Pflan=
zen ordnet und die Blumen pfleget. Wer
kennet Karl V. nicht, nach welchem keiner der
Kaiser mehr so viele Reiche beherrschet, so
vielen Völkern geboten hat? Er war als
König geboren, und trug eine so vielfältige
Krone bis in sein Alter mit einer Würde, um
die ihn viele beneiden mögen, die aber noch
von wenigen erreichet worden ist. Und diese

seine Kronen wurde er müde, sobald sein
Sohn im Stande war, sie zu tragen. Er gab
sie hin für die Einsamkeit. Seine grossen, mit
mexikanischen und peruanischen Reichthümern
geschmückten Palläste vertauschte er mit einer
Mönchszelle bey St. Justus. Seine Krone
mit einer Klostermütze. Ueber dem Wunsche
nach Einsamkeit wurde ihm sein Zepter lästig.
Er versprach sich durch ihre süße Ruhe mehr
Vergnügen, als bey den lärmenden Freuden
des Hofes. Sie schilderte ihm die Zelle als
einen Haven, wo er den Ueberrest seines Lebens, das in einem immerwährenden Sturme
vor ihm hingewallet ist, noch retten könne.
Und da der Mensch so leicht von einem Ende
zum andern überspringet: so vergaß er über
seinem Wunsche nach Ruhe, nach Selbstgenuß, nach Weltflucht — seine Krone.

Was lesen wir, Freunde! in dieser wunderbaren Erscheinung? Worauf führet dieser
Mangel in uns bey der Völle außer uns? dieses Leere bey dem Uebermaße der Glücksgüter? Ist es nicht ein Sinnbild, an dem wir
verdeckte, vielleicht hohe Wahrheiten entzif-
fern können? Sollte es nicht die weiseste Anstalt des allerbesten Schöpfers seyn, der das
Verlangen für die jetzige Lage uns angemessener hielt, als Sättigung? Was kann von
schuldlosen Erscheinungen an uns seyn, in
uns gefühlet werden, das nicht aus ihm ist,

von ihm nicht gewollt ist? Also lag auch in dem erhabenen Plane der Schöpfung, daß jeder Genuß durch die Zeit verlieren müsse; jeder Besitz durch sich selbst zerstöret werde; jedes Eigenthum der langsame Tod des Vergnügens abgebe. Warum dieses?' Sollte uns nicht dadurch unsre eigne Vernunft auf die Vermuthung einer neuen Anstalt nach diesem Leben führen? Sollten wir nicht daraus, daß sich aller Genuß hienieden in unserer Seele, wie ein Tröpchen Wasser in dem Ozean verlieret, schliessen: daß eine neue Dauer auf dieses Leben, und ein neuer Genuß auf diesen Hunger folgen werden? Kann mich wohl der unendlich Reiche verlangen lassen, um mich niemals zu sättigen? So vielen Raum einem Begehrungsvermögen anschaffen, um ihn niemals zu füllen? Warum erzeuget der letzte Hauch meines Lebens den Wunsch der Unsterblichkeit? warum der letzte Genuß an den seichten Ruinen der Erdengüter das Verlangen nach dem reichern Genusse aus der unverstechlichen Quelle des Guten selbst? — Verzeihen Sie mir, Freunde! diese Ausschweifung, wenn sie gewagt seyn sollte!

Aber ganz versichert bin ich von ihrer Beystimmung, wenn ich sage: die Natur behauptet ihre Rechte. Sie führet Menschen, die gleich geboren sind, immer wieder auf ihre ursprüngliche Gleichheit zurück, wenn sie gestöret

ſtöret worden iſt. Sie verwahret ſorgfältig
ihre Kinder gegen die Ungerechtigkeit des
Schickſales; und ſie ſtellet das Gleichgewicht
wieder her, welches Schmeicheley oder An-
maßung in Unordnung gebracht haben. Der
König genießet darum nicht mehr, als der
Bettler. Wer die Menge der Speiſen und
Glücksgüter hier rechnet, betrüget ſich. Das
Gefühl der Erleichterung, der Befriedigung,
des Wohlbefindens iſt der wahre Maaßſtab,
nach welchem die Menge des Genuſſes berech-
net werden muß. Schmecket nicht dem Armen ſein Brod ſo ſüß, als den Groſſen die
nieblichſten unter ihren unzähligen Speiſen?
Wird nicht der König oft müder in ſeinem
vergoldeten Wagen, den ſchnelle Roſſe ziehen,
als der Läufer, der vor ihm her hüpfet, und
ſeine Gröſſe verkündet? Wer erhohlet ſich bey
dieſer Betrachtung nicht, wenn er bey der An-
wandlung einer unphiloſophiſchen Laune die
Natur angeklaget hat, daß ſie ihre Güter ſo
ungleich ausgetheilet habe? Wer liebet ſie
nicht als eine zärtliche Mutter, bey welcher
keine Vorliebe Platz hat? Oder vielmehr:
wer bewundert nicht die Weisheit des Allmäch-
tigen, der durch den Ekel dem Groſſen wieder
nimmt, was ihm das blinde Glück zugetheilet
hat: und dem Armen durch den Hunger wieder
giebt, was er ohne ſeine Schuld verloren hat?

J. A. Sambuga.

Q q

Alxingers sämtliche Gedichte, 2 Theile.
Klagenfurt und Laybach bey Ign. Edlen
v. Kleinmayer 1788.

Nach dem ausgezeichneten Lobe, das der
Herausgeber des deutschen Merkurs diesen Gedichten beylegte, wäre es überflüßig,
sie dem Publikum anzupreisen. Wir begnü-
gen uns, einige davon auszuheben, um durch
Beweise das Urtheil zu bestätigen, das die
meisten Rezensenten über diese Gedichte gefällt
haben.

An Pyrrha
nach dem Horaz I. 5.

Wer ist es, welcher itzt, umströmt von Salben-
duft,
Schön und im ersten Lenz der Jahre,
Dich auf ein Rosenbett in traute Grotten ruft?
wem lösest du den Knoten blonder Haare,

Bezaubernd ohne Prunk? bald wird in Wehgetön
sein Stolz sich wandeln und in Reue;
er wird von keinem Gott sich angelächelt sehn,
mit Falschheit nur vergolten seine Treue,

Den Wonnehimmel jäh von einem Sturm geschwärzt,
dein Herz zu andern hin gekehret.
Noch ahndet es ihm nicht, noch herzend und geherzt,
wähnt er, der Thor, daß dieses ewig währet.

Weh dem, den du entzückt, eh er dich ganz gekannt;
ich selbst bin kaum dem Sturm entgangen;
seht ihr mein Opferbild, seht ihr mein naß Gewand
an dem Altar des Wellengottes hangen?

Die Vorzüge der Liebe.

Man tadelt mich, daß meine Leyer
um keinen Beyfall sich bemüht,
als nur Amaliens, und all mein Dichterfeuer
auf Amors Opferhand verglüht;
doch werd' ich wohl mit Recht getadelt?
Ich glaube, nein; denn die Bewundrung fand
nie einen würdigern, erhabnern Gegenstand
als Liebe, die das Herz verwahrt, beschützet, adelt.
Sagt, zieht nicht ihre Mutterhand
den Jüngling oft, der hastig bis zum Raab.
des schön beblümten Abgrunds schreitet,
mit Macht zurück, und hält ihn, wenn er gleitet?
Hat nicht schon oft durch sie der Männer Herrscher=
recht,
wenn es gemißbraucht ward, der Klugheit weichen
müssen?
Gelangs nicht oft durch sie dem sanfteren Geschlecht,
uns Irrende zur Pflicht zurückzuküssen?
Auch muß ein Jünglingsherz, das nicht der Rosen=
schild
der Liebe deckt, hart werden oder wild,

Qq 2

Darum, wenn mancher rast, wenn er die offne Stirne
mit einem Myrthenkranz entehrt;
wenn er im Schandbett sich herumwälzt, wo die Dirne
ihn alle Wohllustgruppen lehrt;
wenn er, von Trunkenheit von jedem Sinn zerrüttet,
Bey einem septisch tollen Mal
Aus dem geräumigen Pokal
den Tod in seine Kehle schüttet;
wenn er, zum Pharao von Geldgier hingejagt,
der Ahnen Schweis auf einer Karte wagt:
Da dank' ich es dem zärtlichsten, dem besten
der Mädchen, daß ich nicht der Thorheit Sklave bin,
entfernt von Phrynen, Bachusfesten
und niedrer Liebe zum Gewinn.
Da sing' ich ihr, von Schwätzern unbelauschet,
wo nur der Kuß verschämter Liebe rauschet,
in dunkler Laub' ein von Cupid,
dem Polyhistor mir ins Ohr gesagte Lied;
Les' ihr Musarions und Sandalins Geschichten,
Les' ihr, was Vater Hagedorn
und Gleim und Uz von Liebe nicht blos dichten;
und lache, wenn mit ungerechtem Zorn
Bigotterie und Heucheley uns richten:
So bleibet unumwölkt mein Sinn,
so stehlen sich die Tage meines Lebens
in Unschuld und Vergnügen hin.
Sey froh! ruft die Natur: sie ruf es nicht vergebens!
Dem Gott, der selbst die Allgewalt
zur Dienerin der Güte machte,

der alles in so liebliche Gestalt
nicht darum kleidete, damit's der Stolz verachte,
dem trägt man einen Theil von seinen Schulden ab,
wenn man mit Maß genießt, was er aus Liebe gab.

Zum Champagner zu singen.

Schenkt ein, doch gießet nicht darneben,
und, Freunde, geht auch mit dem Leben
sorgfältig um, wie mit dem Wein:
theilt und genießt, was Gott beschieden,
denn Wohlthun nur ist Pflicht hienieden,
und nichts ist Weisheit, als sich freun.

Auftrag an Amor.

Fern ist mein Mädchen, fern von mir;
drum, lieber Amor fleug zu ihr:
frag', ob sie mein gedenke,
bring dies ihr zum Geschenke.
Daß es ein Versebüchlein ist,
das weißt du wohl, du Schalk, du bist,
so lang ich dran geschrieben,
mir nicht vom Leib geblieben.
Eil' über Hals und Kopf und halt
dich nirgends auf, und bringe bald
mir, als ein Recepisse,
drey ihrer Honigküsse.

Q q 3

Weiberungerechtigkeit.
Nach dem Englischen.

Ich war, als sich mein Abentheuer
mit Doris anfing, lauter Feuer,
und schwur ihr damals Stein und Bein:
Ich würde stets der Ihre seyn.

Umsonst! sie wies mich stolz zurücke,
mit hoher Nas' und dräundem Blicke,
und schwur mir damals Stein und Bein:
Sie würde nie die Meine seyn.

Doch endlich gab sie meinem Kusse
sich hin; ich aber im Genusse
ward lau, dann kalt, dann ungetreu;
wem schmekt ein ewig Einerley?

Nun, da ich meinen Eid vergessen,
nun tobt, nun schimpft sie, wie besessen,
und brach zuerst doch ihren Eid;
O Weiberungerechtigkeit!

Gespräche

zwischen einem deutschen Kraftgenie und
einem Franzosen.

von A. K.

Der Deutsche.

O! schweig vom Arouet, Corneil und Racine!
Nun herrschet höh're Kraft auf Deutschlands Helden=
bühne;
In uns weht Brittengeist. All eure Heldelein,
in Dram' und Epope'n sind deutscher Kunst zu klein.
Wir lieben Adlerflug, den keine Sphär' beschränket —
Genie, das innrer Drang, kein Spruch des Flaccus
lenket —
stets wirket, stets erschaft, nie sich durch denken
schwächt —
elektrische Gewalt, die schnell durch Herzen dringet,
jetzt uns in Schweiß versetzt, jetzt zum Erbrechen
zwinget —
Styl, reissend wie der Sturm, vom Joch der
Schule frey —
Gemälde, markichter als Guidos Pinseley —
Kurz! Helden, wie kein Aug in Frankreich sie gesehen,
seit Despreaux Genie's auf Krücken zwingt zu
gehen.
Auch Deutsche hinkten nach: Dank dir Brittannien!
Du lehrtest aufrecht uns durch eigne Schnellkraft
gehn!

Qq 4

Der Franzos.

Glück zu! — doch wolltest du von den berühmt'sten
Helden
nach brittisch=deutscher Art, mir nicht die Namen
melden?

Der Deutsche.

Im Drama Göz und Moor — im epischen Gedicht
Klopstock's Herr Jesu Christ.

Der Franzos.

Leb wohl!

Der Deutsche.

Ha! gehst schon, armer Wicht?

Der Knabe und die Lerche.

von A. K.

Der Knabe.

Du grüßest nicht den schönen Morgen,
    der dir vom Himmel lacht;
Freundin! deinem Lied zu horchen,
    bin ich so früh erwacht.

Du flatterst hier auf niedern Zweigen,
    steigst nicht zur Sonne hin?
bey so viel Reiz wie kannst du schweigen,
    du Frühlingsängerin!

Hör an der Quell, in Buchenhainen
der andern Vögel Scherz;
dein Ton ist dumpf und gleicht dem Weinen;
sprich, Liebe, hast du Schmerz?

Die Lerche.

Ach! ich bin Mutter, guter Knabe!
O! kennst du Mutterqual?
so höre, welches Leid ich habe,
wer meine Freuden stahl.

Ich wurde Mutter unter Schmerzen,
doch Schmerz war bald vorbey,
ich brütete an meinem Herzen
der lieben Jungen drey.

Ich pflegte sie mit Muttersorgen;
ich koste, herzte sie;
da scholl mein Lied am schönen Morgen,
und schwieg am Abend nie.

Ich kannte nichts als Freuden, Freuden
durch meine Kinder blos;
jezt bin ich Mutter — denk mein Leiden —
und — weh mir! Kinderlos.

Am Abend gestern kam der Räuber,
nahm Nest und Junge mir;
es war ein Mensch! der böse Räuber
glich, guter Knabe, dir.

Der Knabe.

(Was that ich Unmensch!) o verzeihe!
der thats , der mit dir spricht!
Ich bring sie wieder ; denn ich freue
bey andrer Leid mich nicht.

Bey Rudolph Gräffer und Compagnie
sind neu an das Licht getreten des Hrn.
Cornelius von Ayrenhoff Kaiserl.
Königl. General-Majors sämmtliche
Werke in 4 Oktav-Bänden auf gro=
ßem Schreibpapier mit Breitkopfi=
schen Lettern gedruckt, welche zusam=
men 4 Alphabeth und 12 Bogen aus=
machen. Diese complete Sammlung
besteht theils aus ganz neuen, theils
aus neu überarbeiteten oder verbes=
serten Schriften des Hrn. Verfas=
sers. Jeder Band ist mit einer Ti=
telvignette von Mansfeld geziert, und
ist der Preiß 1 kaiserl. Dukaten, oder
4 fl. 30 kr. Währung. Wien und
Leipzig 1789.

Inhalt:

Erster Band. Aurelius. Hermans
Tod. Anthiope. Kleopatra und An=
tonius. Irene. Trauerspiele.

Zweyter Band. Der Postzug. Die
gelehrte Frau. Alte Liebe rostet
wohl! Erziehung macht den Men=
schen. Die Freundschaft der Weiber.
Die große Batterie. Lustspiele.

Dritter Band. Tumeclius, Trau=
erspiel mit Chören. Der Nationen=
Streit, Lustspiel mit Gesang. Das
Reich nach der Mode, allegorisches
Lustspiel. Alceste, Parodie. Das Nach=
spiel, Parodie. Schreiben über das
Werk de la litterature allemande von
Friedrich den II. Schreiben über Deutsch=
lands Theaterwesen und Kunstrichterey.

Vierter Band. Ganz neue Briefe
über Italien, an den Hrn. Grafen Max
von Lamberg.

Herr General von Ayrenhof hat mit dieser
Herausgabe seiner sämtlichen Werke un=
sern Vaterland ein herrliches Geschenk gemacht.
Die Vorreden zu den Theaterstücken, und die
kritischen Aufsätze über die Schaubühne müssen
dem Leser von Einsicht und Geschmack so wich=
tig seyn, als die Schauspiele selbst. Er un=
terscheidet sich in beyden von den meisten,
ich darf sagen, beynahe von allen Schriftstel=
lern der deutschen Bühne, durch Gefühl des
wahrhaft Schönen, durch die Grundsäze der

reinsten Aesthetik, und durch einen ausgebildeten Geschmack. In seinen prosaischen Auf-
sätzen athmet durchaus ein Geist, der durch
Lesung der besten Muster alter und neuerer
Zeiten genährt ist: wenn Hr. von Ayrnhof vielleicht zuviel Vorliebe für den Reim in Trauer-
spielen äußert, so muß man seine Gründe hören, und durch Gegengründe entkräften, ehe
man es waget, seine Meynung zu verwerfen,
wie es einige Schriftsteller thaten. Ich will
es in der Folge versuchen, ob ich dieser besondern Meynung, die für mich das einzige An-
stößige in seinen Werken ist, hinreichende Gründe
entgegensetzen kann. Seine Briefe über Italien
sind einzig in ihrer Art. Er läßt uns Italien
aus einem Gesichtspunkt betrachten, aus dem
es uns noch kein anderer Schriftsteller zeigte.
Ehe ich von seinen Schauspielen etwas Aus-
führliches sage, will ich meine Leser mit seinen
Grundsätzen bekannt machen. Man höre ihn
selbst:

Anmerkung zum Trauerspiele Anthiope.

Poesie fodert Verse. Und welche Gattung
der Poesie ist dieses Aufwandes würdiger, als
das heroische Trauerspiel? Die Ursache, warum Poesie Verse fodert, ist meines Erachtens
klar, denn ich erachte, der Vers sey für die
Poesie eben das, was Accompagnement für den

Gesang ist. Man kann auch ohne Accompagnement Opernlieder singen, und sie werden, von
einer Banti oder Mara gesungen, ganz gewiß nicht mißfallen: allein dieser Gesang hat
noch lange nicht die hohen Grade der Wirkung,
Schönheit, Vollkommenheit, die er durch die
Begleitung der Instrumente erhält — die hohen
Grade, die man allen Werken der Kunst zu
ertheilen sich bestreben muß, wenn man als
wahrer Künstler geachtet werden will. Verschiedene von unsern Dichtern und Kunstrich-
tern haben sich zwar noch nicht vom Strome
der Mode dahinreissen lassen, und bleiben noch
gleich mir überzeugt, daß Poesie Verse fodert,
allein sie sind nicht über die Versart einverstanden, in welcher die Tragödie geschrieben
werden soll. Einige lieben mehr den gereim-
ten Alexandriner, andere den fünffüßigen
Jambus. Ich glaube man sollte die Auflösung dieses Zweifels dem Ohre überlassen. Mein
Ohr hält den Alexandriner, theils wegen des
Reims, theils wegen seiner viel bestimmtern
Cäsur, für ein harmonischeres Accompagnement, als den Jambus. Unser Alexandriner
ist schön. Er ist numeroser als der französische,
und nicht so hüpfend wie der italienische, den
man gemeiniglich il Martellano nennt und
zu vielen Dramen gebraucht hat. Sein Gang
ist ernst und edel, und doch leicht genug für
den Dialog. Er scheint mir durch alle diese

Eigenschaften für die tragische Diction recht geschaffen zu seyn. , Warum also ihn verbannen wollen ? Die Schwierigkeit ihn zu machen, erkenne ich nicht für hinreichenden Beweggrund. Wer viel und geschwind schreiben will, schreibe lieber etwas anders, als Tragödien. Racine gesteht, daß er zwey Jahre an seiner Phedre gearbeitet: dafür wird aber seine Phedre unzählbare Jahre ein Muster schöner Versification bleiben. Eine andre Ursache, warum ich den Alexandriner dem Jambus vorziehe, ist, weil uns leider die Erfahrung lehrt, daß die mehrsten unsrer Jambendichter diesen Vers für eine Freystadt aller Sprachunrichtigkeiten betrachten. Man erlaubt sich in diesen Versen Inversionen und Verwerfungen der Construktion, die unsrer Sprache unnatürlich sind, und die man sich in keiner andern Versart erlaubt — ich will des Bombasts und der in der Ferne aufgesuchten Ausdrücke und Metaphern, oder Concetti, gar nicht erwähnen, denen man daselbst gleichsam durch Convention, einen privilegirten Wohnplatz angewiesen zu haben scheint. Und über dies alles ist der Alexandriner dem Schauspieler zum Memoriren bequemer. Würden wir also nicht sehr gut gethan haben, wenn wir bey der Versart, welcher sich Schlegel, Kronegk und Weiße bedienten, geblieben wären, und nur getrachtet hätten, unsre Vorgänger im Wesent-

ſichern zu übertreffen? — Aber Vernünfteley
und der Kitzel etwas Neues zu ſagen, haben
in unſrer Litteratur ſchon manchen Schaden
angerichtet.

Schreiben über das Werk: De la Litterature allemande.

Schlegel, Cronegk, Weiſe betraten ſchon
vor dreyſig Jahren mit löblichem Muthe
die lorberreiche Bahn der Sophokles, Euripides, Corneile, Racine und Voltaire. Sie
lieferten uns bereits Stükke, die in Abſicht auf
Plan, Charaktere und Diktion, ihre Schönheiten hatten, und die wir mit Vergnügen vorſtellen ſahen. Wären unſere Dichter auf dieſer Bahn geblieben, ſo iſt nicht zu zweifeln,
daß ſie nicht ſchon durch manches Meiſterſtück,
unſerer drückenden dramatiſchen Armuth abge-
holfen hätten. Aber ſieh! da erſcheinen ein
paar Sonderlinge, denen dieſe Bahn zu ſchwer
wird, die aber doch gerne die Erſten am Ziele
ſeyn möchten. Sie ſuchen darum einen andern Weg — freylich einen Weg, den nie ein
Mann von Geſchmack — von keiner Nation —
einſchlagen wird. Da wurden auf einmal alle
Regeln der Kunſt (welche doch tiefer aus der
Natur genommen ſind, als die Regeln irgend
einer andern Kunſt) da, ſag ich, wurden alle
Regeln in den Staub getreten, alle tragiſche

Würde und Form verachtet, Aristoteles und
Horaz für Pedanten erklärt, und der majestä-
tische Tempel der Melpomene in eine bunt
übermalte Gauklerbude verwandelt. Es war
leicht vorherzusehen, daß diese Gauklerbude
von einer Nation, deren Geschmack noch nicht
ausgebildet ist, weit mehr angestaunt werden
würde, als der herrliche Tempel, der nur für
Kenner Schönheiten hat. Die Unternehmer
befanden sich also ganz wohl bey den neuen
Stücken unsrer Genies — wie sie selbst untereinander sich betitelten — und der grosse Hau-
fe, der lieber Waide für seine Augen als für
seinen Verstand zu suchen pflegt, fand ebenfalls seine Rechnung dabey. Was nur (im
Vorbeygehen gesagt) an diesen Theaterstücken
in Schakspears und Hans Sachsens Manier,
bemerkenswürdig scheint, ist, daß ihre Schöpfer gemeiniglich so billig sind, dieselben mit
dem unterscheidenden Namen Schauspiel zu be-
nennen — vermuthlich aus Ueberzeugung, daß
sie dieselben blos des Schauens und Guckens
wegen erschaffen. Indessen haben diese ab-
scheulichen Stücke (wie Friedrich sie nennt) die
regelmäsigen Dichter zum Schweigen gebracht.
Seit ihrer Erscheinung ist, soweit ich mich
erinnere, keine wahre Tragödie an den Tag
gekommen — denn ich erkenne unsre Bürgerlichen Trauerspiele und Dramen eben so wenig
für Tragödien, als einen Roman für eine Epo-
pee.

pee. Alle Gattungen haben ihren Werth; aber Erhabenheit des Inhalts, Erhabenheit der handelnden Personen, Erhabenheit der Sprache machen einen eben so auffallenden Unterschied von einer Gattung zur andern, als der Unterschied zwischen dem Kothurn und einem Dragonerstiefel.

Schreiben über Deutschlands Theaterwesen und Kunstrichterey, an Hrn. Schink, f. 395.

Man sagt gemeiniglich, es habe Shakspearn an Geschmacke gemangelt. Dies hätte nun wohl seine vollkommene Richtigkeit. Ein englischer Gelehrter behauptet sogar, es gebe keinen Pavian in Afrika, der nicht mehr Geschmack hätte, als Shakspear. Ich will das weder bekräftigen, noch widersprechen: aber ich glaube, daß er ohne allen Geschmack, bloß durch Leitung der gesunden Vernunft, die sich oft herrlich genug an ihm zeiget, kein sogar elender Heldenzeichner würde gewesen seyn, wenn er es nicht hätte seyn wollen. Mir scheint, es habe Shakspearn ergangen, wie es noch itzt so manchem Theaterdichter ergeht. Sein größtes Bestreben war, viel beym großen Haufen zu gelten. Nach dem damals allgemein herrschenden spanischen Geschmacke der Haupt- und Staatsaktionen, war er gezwungen, Kö-

Rr

nige, Prinzen und Helden auf die Bühne zu
bringen; da aber solche Charaktere, mit Wür=
de geschildert, für den grossen Haufen wenig
Reiz haben, mußten ihm seine Helden selbst,
als Lustigmacher dienen, indem er sie als
Trunkenbolde, Wahnsinnige und Narren, Pos=
senzeug und Quodlibete sprechen ließ. Hamlet
selbst scheint ein Geschöpf dieser Gattung zu
seyn. Denn zu welchem andern Zwecke muß
er durch das ganze Stück den Wahnsinnigen
spielen? Welchen Vortheil erreicht er dadurch?
Welchen sucht er zu erreichen? — Gewiß kei=
nen andern, als den ich so eben angezeigt habe;
sonst würde der Dichter ihn uns bekannt ge=
macht haben. — Wenn nun diese Vermuthung
eben so wahr wäre, als sie wahrscheinlich ist,
wie herzlich müßte Shakspear noch in jener
Welt lachen — wenn man ja dort noch lächet —
daß zweyhundert Jahre nach ihm eine Menge
deutscher Kunstrichter eben dasjenige am aller=
meisten an seinen Werken bewundern, wodurch
er nur vom Pöbel seiner Zeit bewundert wer=
den wollte. — — —

Sollte sich aber dessen ungeachtet nicht
auch etwas zum Lobe derselben (der Charaktere
Shakspears) mit Grunde sagen lassen? Wäre
es wohl möglich, daß so viele Charaktere dieses
Dichters mit so vieler Kraft, auf so viele Leser
und Zuschauer, selbst auf Leser und Zuschauer
von Gefühl und Kenntniß, wirken könnten,

wenn sie nicht ihre gute, lobenswürdige Seite
ihren wahren malerischen Werth hätten? —
Ich will ihnen hierüber meine Meinung sagen,
und diese recht deutlich zu machen, die Maler-
kunst zu Hilfe nehmen. Breugel (den man
den Höllen-Breugel nennt) und Hogarth sind
allgemein beliebte Maler, und verdienen es
auch zu seyn. Ihre Kunst besteht in Schilderung von Karrikaturen. Karrikatur nennt
man in der Malerey alles dasjenige, was über
die Natur hinausgeht, die geschilderten Gegenstände mögen von komischer oder tragischer
Art seyn. Shakspear ist vielleicht der größte
poetische Maler dieser Gattung: und dies ist
eben kein kleines Lob für ihn, ob es sich gleich
sehr von demjenigen unterscheidet, welches
sie, mein Herr, in eben so schwankenden als
als hiperbolischen Ausdrücken ihm beylegen.
Shakspear ist ein elender Schilderer, solange
er, gleich dem Raphael und Corregio, dem
Titian und Mengs, schöne Natur schildert;
aber er steigt zu einer erstaunlichen Größe empor, wenn er seine Gegenstände über die Ordnung der Natur hinaussetzet. Imbecille,
wahnsinnige und delirirende Helden, Gespen-
ster und Zauberer ꝛc. sind Geschöpfe ausserhalb
der Ordnung der schönen Natur, durch deren
Nachahmung sich Raphael und Corregio den
Ruhm der größten Maler der Welt verdienet
haben; aber sie sind hinreissend, bezaubernd

für den Nichtkenner und Halbkenner; und haben allerdings auch ihren Werth für den wahren Kenner, wenn sie vortreflich ausgeführt sind. Shakspear — dessen imbecille, wahnsinnige und delirirende Helden über die Natur tragischer Helden hinausgehen, weil der Stand des Imbecillen und Narren nicht mehr der Stand des natürlichen Menschen ist — dieser Shakspear gehöret in Absicht auf Charakterzeichnung, an die Spitze der dramatischen Breugel und Hogarth, so wie Sophokles und Euripides, Racine und Voltaire zur Klasse der dramatischen Raphaele und Corregio's gehören. Ob man nun den vortreflichsten dramatischen Karrikaturenschilderer den vortreflichsten dramatischen Dichter nennen könne, wie sie und viele andere deutsche Kunstrichter zum Nachtheile der Kunst so unbedachtsam es thun, daran werde ich zweifeln, so lange ich überzeugt seyn werde, daß in der guten Tragödie wohl der höchste Grad der Leidenschaften, das Schöne der Charaktere ausmache, und die dramatische Rührung eine ganz andere seyn müsse, als diejenige, die wir in einem Lazarete oder Narrenhause empfinden.

Ueber Emilia Galotti insbesondere bleibt mir nicht viel zu sagen übrig. Ich berufe mich ihretwegen auf die kritischen Briefe in Engels Philosophen für die Welt, die sie zwar

mit viel Eifer bestreiten, aber keinerdings ent=
kräften. Denn wie sollte dasjenige, was sie
zur Vertheidigung des Charakters der jungen
Emilia vorbringen, die Zweifel heben können,
die der Briefsteller dagegen aufgeworfen hat?
Wie kann man sich mit der geheimen Leiden=
schaft abfertigen lassen, die Emilia in Petto
für den Prinzen soll empfunden haben können,
da der Zuschauer sie nur nach dem beurtheilen
darf, was er von ihr hört oder sieht? — nur
Schade! das Leßing an diese Leidenschaft gar
nicht gedacht zu haben scheint! Schade! sag'
ich; denn ich bin anderer Gründe wegen der
Meynung, daß er sehr gut würde gethan ha=
ben, wenn er seiner Emilia (da schon Sie, und
nicht lieber der Geck von Prinzen oder der
Bube von Kämmerling sterben sollte) wenn er,
sag' ich, seiner Emilia diese von Ihnen er=
träumte Leidenschaft wirklich gegeben hätte, sie
ihr auf eine Art gegeben hätte, daß der Zu=
schauer davon unterrichtet, besonders aber,
ihr Vater selbst davon überzeugt würde. Da=
durch würde die Katastrophe, die jetzt nach
allgemeinem Urtheile, ein viel zu schwach mo=
tivirter, grausamer Tochtermord ist, nicht
wenig gewonnen haben. Odoardo hätte durch
diese Entdeckung eine gegründete Ursache erhal=
ten, von der Leidenschaft seiner Tochter nach=
theilige Folgen für die Ehre seines Hauses zu
befürchten; und hätte überdem Emilien als

eine, wiewohl nur unwillkührliche Miturfache
an dem Tode ihres Bräutigams betrachten dürfen — Umstände, die feine widernatürliche
That gewissermaßen rechtfertigen könnten. Zu
geschweigen, daß diese Leidenschaft auch in
Emiliens unbedeutenden Charakter weit mehr
Leben und Regsamkeit gebracht hätte. — Er-
wägen sie meinen Einfall, ich glaube, sie werden ihn nicht ganz verwerfen.

Nebst den kritischen Briefen im Philosophen für die Welt, getraue ich mir, zu Be-
leuchtung der Emilia Galotti, auch den Mann-
heimer Dramaturgen in den rheinischen Bey-
trägen anzuführen, dem sie auf eine so un-
anständige Art mitgefahren sind. Seine Dia-
tribe ist keinerdings so schlecht, als sie, mein
Herr, sie zu beschreiben belieben. Sie ist
nach meinem Urtheil, eine weit bessere und
gründlichere Kritik, als ich noch eine von ihrer Hand zu lesen bekommen habe. Ich glaube darum ganz recht zu thun, daß ich dieselbe
bey dieser Gelegenheit meinen Lesern anem-
pfehle, und ihnen bekannt mache, daß sie
unter dem Titel: Ueber Leßings Meinung
vom heroischen Trauerspiel, und über Emilia Galotti, auch besonders abgedruckt zu haben ist. Ich meines Orts bin mit diesem Dramaturgen über das Meiste einverstanden, was
er von Emilia Galotti — und über Alles, was

er vom heroischen und bürgerlichen Trauer=
spiele sagt. Ich pflichte ihm vollkommen bey,
daß Leßing mit aller seiner kritischen Einsicht
sich sehr irrte, da er dem bürgerlichen Trauer=
spiele mehr Interesse zuschrieb, als dem he=
roischen, und dadurch die erhabenste von allen
Dichtungsarten herabwürdigte. Daß er das
aus eben der Ursache gethan habe, aus wel=
cher der Fuchs in der Fabel die Weintrauben
verachtet (wovon sein unvollendeter Henzi der
Beweis seyn soll) will ich nicht glauben. Es
scheint vielmehr, er ist auf eine ganz natürliche
und unzweydeutige Art, entweder durch seine
eignen, oder durch Diderots falsche Gründe auf
diesen Irrthum verleitet worden. — Gewiß ist
es indessen, daß Leßing für diesen seinen Irr=
thum nicht wenig sich selbst dadurch bestraft
hat, daß er seinen eignen Produkten vieles
von dem höhern Werthe entzogen, den er ih=
nen, ohne diesen Irrthum, hätte ertheilen
können.

Beyspiele davon sind Miß Sara, und die
berühmte Emilia Galotti. Die unter den Na=
men Emilia und Marwood in Bürgerkleider
gesteckte Virginia und Medea würden unter den
Händen eines Mannes, wie Leßing, weit mehr
Würde, Interesse und tragische Vollkommen=
heit erhalten haben, als wir ihme jetzt zuge=
stehen können.

Wenn Leſing ſchreibt: die Namen von
Fürſten und Helden können einem Stücke
Pomp und Majeſtät geben; aber zur Rüh=
rung tragen ſie nichts bey; ſo kann man ihm
nicht Unrecht geben; denn die Namen thun wohl
wenig zur Sache. Wenn er aber weiter be=
hauptet: macht ihr Stand (der Könige und
Helden) ſchon öfters ihre Unfälle wichtiger,
ſo macht er ſie darum nicht intereſſanter; ſo
ſagt er einen offenbaren Widerſpruch. Das
Wichtigere, das was ich ſelbſt für wichtiger
erkenne, wird und muß mich mehr intereſſiren,
als das was ich für minder wichtig erkenne.
Und zu beweiſen, daß das im gemeinen Leben
wirklich ſo geſchieht, braucht es gar keiner
metaphyſiſchen Gründe; die tägliche Erfah=
rung lehret es uns. Wer höret oder liest
nicht mit mehr Antheilnehmung die Nachricht
vom Tode eines Königes oder Helden, als die
Nachricht vom Tode eines unbedeutenden Men=
ſchen? Iſt es nicht blos die Wichtigkeit der
Perſon, was uns dieſe ſtärkere Antheilneh=
mung abzwingt? Warum ſoll ſich das, was
ſich im gemeinen Leben ſo verhält, auf dem
Theater nicht eben ſo verhalten? Verhält es
ſich aber wirklich ſo; bringt der bloſe Unter=
ſchied von Wichtigkeit der Perſonen ſchon die=
ſen höhern Grad von Antheilnehmung in uns
hervor; warum ſoll der tragiſche Dichter die=
ſen Umſtand nicht nützen? Warum nicht lieber

unglückliche Könige und Helden, als unglückliche Bürger auf die tragische Bühne bringen?
Was hindert ihn sodann, diese höhere Antheilnehmung noch mehr dadurch zu erhöhen,
daß er sich auch einen wichtigen Stoff wählet?
Daß er sich Begebenheiten aufsucht, oder er-
dichtet, worin der Unfall der Könige und Helden mit dem Schicksale ganzer Staaten verbunden ist, und dadurch noch unendlich wichtiger macht?

Aller dieser Vortheile hat sich Leßing bey
seinen tragischen Arbeiten selbst begeben. Wie
unrecht er that, würde sich auf die einleuch-
tendste Weise zeigen, wenn ein eben so guter
Kopf als Leßing war, den Stof der wahren
römischen Virginia bearbeitete, und anstatt
des unbedeutenden italienischen Principe den
Decemvir Appius, statt des noch weniger
bedeutenden Odoardo Galotti den verdienstvollen Helden Virginius, statt des Conte Ap-
piani, den feurigen Jcilius, statt des frommen Fräuleins Emilia die Römerin Virginia, statt der Domestiken, Maler, und Assas-
sini di strada römische Bürger und Tribunen
des Volks (erstre zwar aufgebracht gegen den
Frevel des Appius, aber schwankend in ihren
Entschließungen und ängstig über den Ausgang
der Unternehmung des Virginius; letztere aber
— wovon Jcilius selbst ist — voll Eifer, dem

Rr 5

Volke Muth einzusprechen, voll brennender
Begier das schimpfliche Joch des Decemvirats
abzuwerfen und Roms Regierungsform zu ver=
ändern) uns vor Augen stellte; sie uns in ei=
ner Handlung vor Augen stellte, welche das
Schicksal Roms, durch eine der wichtigsten
Revolutionen dieses wichtigen Staates ent=
schieden hat. Wie sehr würde nicht durch die=
se erhöhte Antheilnehmung eben die Katastro=
phe, die am Odoardo Galotti ein Abscheu er=
weckender Tochtermord ist, am Römer Virgi=
nius bis zu einer grossen, römisch erhabenen
Handlung veredelt werden! Und wer kann
zweifeln, daß oft die ähnlichsten Begebenhei=
ten durch die Verschiedenheit ihrer begleiten=
den Umstände sehr verschiedene Empfindungen
in uns erwecken? Man stelle sich auf einer
Seite einen Cato vor, der, um sich nicht un=
ter die Oberherrschaft seines Mitbürgers Cäsar
zu schmiegen, sich in sein Schwert stürzt; und
auf der andern den Rathsmann irgend einer
kleinen Reichsstadt, der aus einer ähnlichen
Ursache sich erhenkt. Nicht weil der eine Cato,
der andre — vielleicht Kunz heißt, sondern
weil die Umstände, die Cato's Handlung be=
gleiten, wichtiger sind, wird uns auch sein
Tod interessanter. Nur muß man nicht zum
Nachtheil dieser glücklichen Täuschung, die
Könige und Helden, die Augustus, Pompejus
und Agrippa auf dem Theater sich betrinken und

Trinklieder singen lassen, wie es der grosse Charakterschilderer Shakspear zu thun für gut befand.

In das Stammbuch des Herrn Zuccarini, Schauspieler in Hamburg, als er dieses Jahr im Ostermonate zu Mannheim einige Gastrollen spielte.

Dreymal sah dich mit Bewunderung,
dreymal, Künstler! rief begeistert
das Publikum dich zum Triumphe;
(man nennt es kalt, dies Publikum!)
wer es so nennt, kann der mehr sagen
zu deinem Ruhm — zu unserem?

Anzeigen.

Im verflossenen Jahre kündigte ich die Herausgabe meiner Gedichte auf die diesjährige Ostermesse an. Ehe ich sie dem Drucke übergeben wollte, sandt ich sie an einige unsrer vorzüglichsten Dichter und scharfsinnigsten Kunstrichter, um ihr Urtheil darüber beym letzten Feilen derselben zu benutzen. Einer meiner verehrungswürdigsten Freunde in Göt-

tingen sandte mir sie in einem Päckchen mit
verschiedenen Geschenken für meine Bibliotheck
durch die Vandenhöckische Buchhandlung zurück. Aber dies Päckchen erhielt ich, nachdem es von Göttingen nach Leipzig, und von
da nach Berlin an die Hrn. Haud und Spener,
und von Berlin wieder nach Leipzig geschickt
wurde, endlich durch die hiesige Schwan= und
Götzische Buchhandlung, eröffnet ohne meine
Manuscripte. Nach verschiedenen Schreiben
an die Vandenhöckische, Haud und Spenersche
Buchhandlungen hab ich von diesen Manuscri-
pten nicht die geringste Nachricht erhalten.
Ich habe also mein Versprechen gegen meine
Subscribenten diese Messe nicht erfüllen können.
Im Falle, daß diese Gedichte wären entwendet
und dem Drucke übergeben worden, nehm ich
mir die Freyheit, das Publikum vor dieser
Ausgabe zu warnen:

1) Weil sie kaum zween Drittheile der Gedichte enthalten kann, die in einer vollständi-
gen Sammlung künftige Herbstmesse erscheinen
werden. 2) Weil manche darunter in der von
mir zu veranstaltenden Ausgabe durchaus verbessert, und 3) weil verschiedene davon gar
nicht zum Drucke bestimmt sind. 4) Weil
den darinn enthaltenen Liedern nur in meiner
Ausgabe die Musik beygefügt wird. Diese
Gedichte, wenn sie etwa ohne Namen des

Verfaſſers gedruckt würden, will ich durch ei-
nige hierunten folgende Titel kennthar machen:
An die Weisheit.   Der Jüngling und das
Mädchen. Die Speculation. Empfindungen
des Doktor Fränklin bei einem Blicke in die
Natur. Das Gräschen. Beym Anblick eines
Wildnißgemäldes von Ruysdaal. Die Weis-
heit und die Thorheit. Die Nachtigall und der
Uhu.   Am Grabe meiner Geliebten. Gedicht
aus dem ſpaniſchen des Lopez de Vegua. Wer
das vierte Gebott hält, führt die Braut nach
Hauſe. Das Veilchen. An den Schlaf. Der
Kaufmann Wälder.   Die geſchminkte Myris.
Die ſtrenge Mutter, in vier Stadtidyllen.
Apoll und die ſogenannten Kraftgenien. Mann-
heim den 1ten May 1789.

Profeſſor Klein.

**Weſtenrieders, Lorenz 2c. Beyträge zur
vaterländiſchen Hiſtorie, Geographie,
Statiſtik und Landwirthſchaft, ſamt
einer Ueberſicht der ſchönen Litteratur.
München bey Joſeph Lindauer 1788.**

Da ſich der Herr Herausgeber das gewöhnliche zünftige Selbſtloben und Poſaunen ein
für allemal feyerlich verbeten hat: ſo folgt hier
ſogleich der Innhalt dieſes gegenwärtigen Bandes.

Geſchichte.

Landwirthschaft.

Gedanken über die Verbesserung der Lands-
kultur in Baiern.

Staatistik.

Gedanken über die heutige Bevölkerung der
Haupt = und Residenzstadt München.

1. Allgemeine Säze. Die Einwohner einer
Stadt sind a) reiche Gäste, einheimische, oder
reisende, zu welchen leztern auch das Militair
gerechnet werden kann, b) bedienstete Personen,
geistliche oder weltliche, vom Hof besoldete, oder
bürgerliche, c) handelnde, oder handthierende,
d) Tagwerker. — Die a) sind fast immer nützlich
und erwünschlich, bey b) ist jede Uebersetzung
schädlich.

2. Es ist ein grosser Unterschied zwischen dem
handlenden und handthierenden Bürger; die
Anzahl dieses leztern muß überall in verhältniß-
mäßigen Schranken gehalten werden. Die bey
den handthierenden Zünften üblichen Lehrjahre,
Wanderjahre, und Meisterstücke sind vortrefliche Erfindungen.

3. Die Einwürfe wider die Zunftinnungen
rühren aus Mangel von Ueberlegung, oder aus
eignem Interesse her.

4. Anwendung dieser Grundsäze auf München Beschwerden der Zünfte, welche beynahe
sämmtlich in Verfall gerathen. Ursachen und
Folgen davon.

5. Ob München zu einer größern Bevölkerung geeignet, und ob diese zu wünschen sey.

6. Ob die Bevölkerung, welche durch Koffee-
schenken, Bierzäpfler, Juden, Tändler, Ga-

lanteriekrämer, Pfuscher, Geldaufbringer, Hausknechte, Zeitvertreiber, Bettler u. d. gl. geschieht, eine wahre Bevölkerung sey.

Zum Andenken würdiger Baiern.

Gelehrte: Leben Sterzingers, von Lori, Limbrun, von Wolter, Steigenberger, Kollmann.

Künstler: Straub, Schega.

Beyträge zur vaterländischen Kunstgeschichte.

a) Auszüge ex Codice Tegernseensi.

b) Berichtigungen der Künstlerlexicone.

Schöne Litteratur.

a) Ob aus liederlichen Jungen brauchbare Männer werden.

b) Warum grosse Köpfe so gar oft seltsame Köpfe sind.

Die Auflage ist in groß Octav auf schönem Papier. Alle halbe Jahr wird ein Band 26 bis 28 Bögen stark richtig erscheinen, und mit dem Portrait eines baierischen Gelehrten, Künstlers, oder sonst verdienstvollen Inländers geziert seyn. Diesem ersten Band ist das sehr ähnliche Portrait des Herrn von Lori vorausgesetzt.

Der Verleger.

Von dem wechselseitigen Nutzen, welchen Männer, die in verschiedenen
Staatsämtern stehen, von der Vereinigung in eine deutsche gelehrte Gesellschaft ziehen können, und den diese
Gesellschaft von der Zusammensetzung
aus dergleichen Personen ziehen kann.
Von Herrn Bingner in der öffentlichen Sitzung der
deutschen gelehrten Gesellschaft vorgelesen, den
27ten Brachmonat 1789.

Als in Europa die Wissenschaften zu blü-
hen anfingen, und ihr wohlthätiger Einfluß sich nicht mehr auf Universitäten, und
auf Personen, welche eigentlich zum gelehrten
Stande bestimmt sind, einschränkte; bildeten
sich Akademien und gelehrte Gesellschaften,
worin Personen von verschiedenen Facultäten
und Ständen sich vereinigten. Der Haupt-
zwek derselben war, Kenntnisse und Erfindungen überall hin zu verbreiten — neue Winke
zu geben, die Muttersprache zu vervollkommnen, die schönen Wissenschaften zu cultiviren.
Jedermanns Sache schien dieses zu seyn. —
Die Italiener waren die ersten, welche,
nachdem Europa aus seiner alten Barbarey
trat, und der Geschmak an der schönen Litteratur durch die Griechen, die aus dem von
von den Türken eroberten Constantinopel sich
G 5

zu ihnen flüchteten, wie die Werthschätzung
der Muttersprache durch das schöne Licht,
welches die Werke des Dante, Petrarcha,
Tasso, Boccaccio darüber verbreiteten, sich
bildete, den übrigen Völkerschaften mit ih=
rem Beyspiele vorangiengen.

Es entstanden unter ihnen eine Menge
Akademien und gelehrte Gesellschaften unter
verschiedenen Namen. Lange hernach folgte
Frankreich. Der Kardinal Richelieu, der sich
nicht mit dem Ruhme begnügte, die alte Anar=
chie darinn besiegt zu haben; sondern auch
nach der Ehre strebte, der Schöpfer einer bes=
sern Sprache, und der Hersteller der schönen
Wissenschaften in diesem Reiche zu seyn, war
der erste Stifter. Er errichtete die Academie françoise, und weihte sie der Unsterblich=
keit (à l'Immortalité). Die Academie des
Sciences, welche die neuen Entdekungen in
der Naturlehre sammelte, sich aber nie zu ei=
nem Systeme bekannte, folgte. — Eben so
die Academie des Inscriptions, welche eigent=
lich die Denkmäler anordnen sollte, die Tha=
ten Ludwig des grossen zu verewigen, sich aber
weiter und über die ältere Geschichte ver=
breitete.

Deutschland ahmte diesen Akademien in
verschiedenen nach, besonders die Academie
des Sciences in der Academia Naturæ curio-
sorum. Die Akademien der Wissenschaften zu

Berlin, Göttingen und Mannheim entstanden.
Statt der Académie françoise entstanden meh=
rere deutsche Gesellschaften, welche aber, nicht
sonderlich begünstigt und von jungen Leuten
zusammengesezt, keine glänzende Dauer aus=
zeichnete. Die Kurpfälzische deutsche Gesell=
schaft, welche schon so viele Jahre besteht,
wurde aus Leuten von verschiedenem Range
und aus mehrern Stellen zusammengesezt,
und verspricht unter dem mächtigen Schuze,
dessen sie genießt, eine längere und glänzen=
dere Dauer.

Da ihre Zusammensezung sie von andern
unterscheidet: so habe ich mir vorgenommen,
meine Herren, Sie von derselben Vorzüglich=
keit zu unterhalten, besonders auch auszufüh=
ren: "Welchen Nuzen Männer, die in ver=
„schiedenen Staatsämtern stehen, von der
„Vereinigung in eine solche Gesellschaft ziehen
„können, und welchen Nuzen diese Gesellschaft
„von der Zusammensezung aus dergleichen
„Personen ziehen kann."

Welchen Nuzen können Männer von ver=
schiedenen Staatsämtern aus dieser Gesell=
schaft ziehen? —

Der Zwek unserer Gesellschaft ist Vervoll=
kommnung der deutschen Sprache und Aus=
breitung der schönen Wissenschaften in dersel=
ben; der deutschen Sprache, keiner fremden,
die dem Charakter der Nation nicht angemes=

fen ift, und worinn fich immer alle Begriffe
für den, der fie nicht mit der Muttermilch
eingefogen hat, in einen gewiffen Nebel ein-
hüllen müffen; der Sprache eines heldenmü-
thigen, offenen, von Falfchheit und Trug entfernten Volkes.

Wieviel gewinnt nicht hieben der Gefchäfts-
mann? — Werden nicht fchon allein durch
zwekmäfige Befchäftigung mit derfelben feine
Begriffe deutlicher, beftimmter und vollftän-
diger? wird nicht dadurch fein Herz offener
und edelmüthiger? — Wer erinnert fich nicht,
oft Zuflucht zu einer fremden Sprache genommen zu haben, wenn fichre Begriffe, mit eigenen Worten, in der Mutterfprache ausgedrückt, eine unwillkührliche Schaam ihm ab-
nöthigten? —

Eine Sprache wird vervollkommnet, wenn
man fich deutlich, richtig, zwekmäfig, kurz,
präcis und edel ausdrücket.

Welchen Nutzen hat diefes für einen Mann
der ein Amt im Staate befitzet? Drückt derfel-
be fich deutlich und richtig aus; fo vermeidet
er Zwendeutigkeiten. Der Ränkefucht werden
dadurch ihre Hauptfchlupfwinkel abgefchnitten.
Die Pflichten, welche gegenfeitig übernommen
werden, werden klar beftimmt. Man wandelt
alfo nicht im Dunkeln. Werden Gefetze gegeben; fo find folche fichre Leitfäden, keine Fall-
ftricke. Die Entfcheidungen über genommene

Verabredungen sind leicht, da solche nur einen Sinn leiden. Wird zweckmäsige Kürze beobachtet, so werden alle Geschäfte ungemein erleichtert. Man wird sogleich auf den rechten Punkt hingeleitet. Der Vortrag in zweckmäsiger Kürze gleicht der geraden Linie, welche immer am schnellsten zum Ziele eilt. Alle Schlangenkrümmungen, welche oft hin und her führen, und den Weg verdoppeln, werden abgeschnitten. Das Geschäft wird angenehm, und mit einer sichern Muße zurükgelegt.

Wird überall Adel im Ausdrucke beobachtet, so zeigt solches schon den innern Adel der Seele an. Selbst harte Verordnungen werden durch die Weise, wie sie gegeben werden, minder auffallend. Man sieht überall Würde und Edelmuth. Das Zutrauen des Volkes wird dadurch gewonnen; und es erkennt sich auch im innern kleiner, als denjenigen, welcher ihm gebietet.

Der Zweck der schönen Wissenschaften ist, durch verschönerte Sinnlichkeit im Ausdrucke, das Herz zu rühren. Ist man von diesem Grundsaze eingenommen, wieviel verschönert sich dadurch jede Laufbahn der Geschäfte?

Alle Geschäfte setzen vieles Detail, eine gewisse Kleinigkeit in ihrem Mannigfaltigen voraus. Diese wird dadurch erhoben, und immer auf große Zwecke geleitet. Alle Geschäfte, welche oft den Menschen nicht von

seiner treflichen Seite zeigen, und darinn
man sieht, wie weit die durch so viele ausser-
wesentliche Schranken eingeschränkte Wirklichkeit hinter dem Ideale zurükbleibt, bringen
zuletzt eine gewisse Härtigkeit des Herzens hervor. Wie glüklich ist der Geschäftsmann,
wenn er aus seinen Geschäften heraustreten,
in dem Reiche der schönen Wissenschaften höhere Ideale entdeken, und sich wieder mit der
Menschheit versöhnen kan! Er glaubet dadurch aus der Sandwüste von Zara und Ara-
bien in hesperische Gefilde versetzt zu werden;
— und wenn er dem Mismuthe und der Verzweiflung zum Raube überlassen ist, stärkt ihn
dieser Gesichtskreis mit neuer Lebenskraft. Er
tritt, wie aus einem verpesteten Gefängnisse
hinaus in eine schöne Frühlingswiese. Dieses
empfanden Cicero, Plinius, d'Aguesseau,
Friedrich und andere, und haben es in ihren hinterlassenen Schriften oft zu erkennen gegeben.
Wer kann ohne Bewunderung und Rührung
in Friedrichs hinterlassenen Werken lesen, welche Munterkeit des Geistes dieser grosse Mann in
seinen schwersten Kriegen noch Verlust der dem
Anscheine nach entscheidendsten Schlachten und
Provinzen beyzubehalten, und die er in diesem gefährlichsten Zeitpunkten durch erhabene,
auch lustige Gedichte, freundschaftliche Briefe, philosophische Abhandlungen zu äussern
wußte? Hätte die Liebe zu den schönen Wis-

senschaften nicht so tief Wurzel in seiner See=
le gefaßt; wie würde er alles über ihn daher=
rauschende Mißgeschik, welches ihn, der we=
der als Tyrann herrschen, noch als Sklave
sterben wollte, öfters der Verzweiflung na=
he brachte, haben aushalten können? Wer
wagt es, eine solche Gemüthsfassung Leicht=
sinn zu nennen, wenn er sie bey dem, der das
Eitle der menschlichen Politik so gut einzuse=
hen und zu schildern wußte, mit der rastlose=
sten Thätigkeit verbunden sieht. Welcher
Sterbliche hätte, ohne die Biegsamkeit des
Geistes, die eine besondere Wirkung der Be=
schäftigung mit den schönen Wissenschaften ist,
sogleich nach geendigtem siebenjährigem Krie=
ge den Lorbeer mit dem Oelzweige vertauschen,
alle seine Aufmerksamkeit auf die schiklichsten
Mittel, sein zu Grund gerichtetes Land wieder
empor zu bringen, richten, und nach ihm zu
reden, mit der Lanze des Achilles, welche es
verwundet, die durch ihn geschlagenen Wun=
den wieder heilen können? — Freylich dürf=
te mancher sagen: diese Gewandtheit gehört
nur für Könige, Beherrscher der Staaten; in
niedrigern Aemtern, im Privatstande braucht
man solche nicht. Aber hat nicht jeder Staats=
Amt seine Gefahren, jeder Stand seine un=
glüklichen Verwicklungen? .... Glüklich
ist derjenige, welcher in unbemerkter Muse mit
wenigem zufrieden von allem, was unmittel=

bar auf das gemeine Wesen einen Bezug hat,
sich entfernen, die Stürme des menschlichen
Lebens, alle dessen eitle Bestrebungen und
Ränke, wie der Weise, welchen Lucrez so
schön geschildert hat, von seiner Höhe ruhig
und in einer gehörigen Weite übersehen kann.
So dachten vor Alters die Anhänger des Epi-
kurs, welche sich von allem, was auf den
Staat Bezug hatte, entfernten; allein wie
kann eine Seele, welche

nihil humani a se alienum putat,

die die erhabene Freuden der Sympathie, des
Patriotismus geschmeckt hat, so denken! Welchen Gefahren setzt sich nicht der Geizhals aus?
Ist eine Niederträchtigkeit, in welche er nicht
verfällt? Und der Patriot sollte sich vor Gefahren fürchten? Man sollte ihm mißgönnen,
daß er, der menschlichste der Menschen, sich
nicht durch die der fühlenden Seele angemes-
senßten Beschäftigungen, die schönen Wissenschaften, stärken, durch sie trösten könne! Es
ergötzen sich andere an leeren Titeln, an köst-
lichen Schmausereyen, an ihrem zum Unglüke
anderer Menschen bey ihnen gehäuftem Golde,
an weibischen Tändeleyen. Laßt ihm die Freuden des Geistes; auch in dem Schrauben-
zwang von Formeln und Ziffern niedergedrükt,
umringt von bübischen Ränken, wird er die
Thätigkeit und Ruhe seines Geistes zu erhalten wissen. — Wer erkennet nicht am äußern

Anſtande den Mann, der lange Höfe beſucht
hat? Höfe bilden aber nur den äuſſern An-
ſtand; den innern, das feine Gefühl für alles
äſthetiſche und moraliſche Schöne können nur
die ſchönen Wiſſenſchaften ausbilden. Demjenigen, welchem es darinn gelungen iſt, der
ihr Milch und Honig nicht in Gift verwandelt
hat, ſchändet nicht Barbarey, Wildheit, Unempfindlichkeit und Selbſtſucht! — Warum
gefällt alles, was ſie ſchreiben? ſagt ein ſiche-
rer, vielleicht Freron zu Jean Jaques Rouſſeau.
Darum, weil ich nichts niederſchreibe, als
was ich empfinde.

Wenn Perſonen, welche zur Regierung von
Staaten berufen ſind, den moraliſchen Werth
der Menſchen abwägen, und man an jeder
Zeile ſieht, daß ſie empfinden, was ſie davon
ſagen, ſo kann man ſicher hoffen, daß, ſie ſtehen
auf welcher Stelle ſie wollen, der Stand, und
das Menſchengeſchlecht dabey gewinnen werden.

Sehen Sie, meine Herren! welchen Nuzen,
Männer, die Staatsämter begleiten, von
gelehrten Geſellſchaften haben.

Welchen Nuzen haben aber dieſe aus oben
angeführter Zuſammenſetzung? —

Sicherlich einen groſſen Nuzen. Würden
dieſe Geſellſchaften aus lauter Leuten von einerley Stande, einerley Berufsgeſchäften beſtehen: wie leicht würde das Schiboleth dieſes Stands, ſcholaſtiſche Alfanzereyen, der

Pedantismus, welcher immer dem Manne eigen ist, der nur in einem Fache arbeitet, solche verunstalten? Wie wenig würde der Reichthum der Sprache denselben dienstbar seyn, und von ihnen erschöpft werden; auf wie wenig Gegenstände würden die schönen Wissenschaften ihr heilsames Licht werfen können? —

Würden diese Gesellschaften aus lauter jungen Leuten bestehn; wie bald würden die Vergnügungen der Jugend, Wein und Liebe, ihre Hauptvorwürfe ausmachen? Vergleichen sie die Arbeiten der Deutschen nur mit denen der besonders etwas ältern Franzosen, der Boßuet, la Bruyére, Montesquieu, Buffon und anderer, welche uns so viele schöne Werke über Religion, Sittenlehre, Staatskunst geliefert haben. —

Junge Leute, in Gesellschaft vereint, würden vielleicht die Leidenschaft in solchen angefacht finden, welche grössere Erfahrung und Weltkenntniß glüklich zu dämpfen weis. Eine Zusammensetzung von andern, ältern Personen, veranlaßt langsamere, aber sichre Schritte. Wenn jene oft schwärmerische Ideen ausbrüten, und doch mit einer furchtsamen Heimlichkeit zu Werke gehen, ja vielleicht Stoff zu den in Deutschland so verschrienen, aus manchem Lande verbannten geheimen Gesellschaften geben: so handeln dagegen diese, mit mehr Selbstständigkeit versehen, offener, ihrer gu-

ten Sache bewußt, und ohne Menschenfurcht.
Sie pralen nicht mit ihrem Handeln zum ge=
meinen Beſten: Aus allen ihren Handlungen
leuchtet dieſer Zweck hervor. — Das Feuer
der Jugend, welches oft das heilſame der gu=
ten Vorhaben durch die Heftigkeit, womit es
dieſelben in das Werk ſezet, vereitelt; wel=
ches die Erfahrung des Alters noch nicht von
der Trüglichkeit deſſen, was man ihr mit der
gröſſeſten Härte in den Sinn gepreßt, oder
daß ſie, die Lehren der Aeltern verachtend,
ſich eigen gemacht, überzeugt hat, iſt in
ihnen gedämpft. Sie haben den Men=
ſchen aus verſchiedenen Standpunkten ken=
nen gelernt. Sie ſondern das innere deſ=
ſelben, den Charakter, den Stempel, wel=
chen die Natur ihme aufgedrukt hat, von
dem Gepräge ab, welches Vorurtheil, al=
le von Kunſt und Liſt erfundene Ordnungen
ihm gegeben haben. — Ihre Sorge, ihre
Wohlthätigkeit läßt ſich nicht in enge Schran=
ken einzwängen. Kommt es darauf an, Gu=
tes zu thun: ſo ſind ihnen alle Stände, alle
Verbindungen dabey gleich. Sie haben aller
Orten Schwachheiten, oft auch Bosheiten ent=
dekt. Sittliche, natürliche Schönheit hat bey
ihnen überall den Vorzug vor der ſittlichen
Schminke, worunter gekünſtelte Stufenordnun=
gen, ſittliche Häßlichkeit zu verbergen ſuchen.
Wie die Mitglieder der Akademie der Wiſ=

senschaften im physikalischen Fache Erfahrungen sammeln, berichtigen und ordnen, ohne die darauf oft zu willig gebauten Hypothesen und Systeme anzunehmen, eben so verfahren sie bey ästhetischen und moralischen Gegenständen. Sie ahnden den Gaukler, säße er auch auf noch so hoher Tribune, und hüllte er sich gleich noch so sehr in Weihrauchswolken ein. Sie ahnden den Feind des Vaterlandes und Menschengeschlechtes in dem Triumphator, betäuben gleich Jubelgesänge ihr Ohr, und zöhen gleich gefesselte Könige oder Weise seinen Triumphwagen. — Auch ahnden sie solchen oft in dem Reformator, wenn er neue Grillen an die Stelle der ältern, neue Mißbräuche an die Stelle der ältern setzt.

"Le bien est difficile a faire. Nous en acquerons chaque jour la triste experience; sagt Ludwig XVI, nachdem er bewogen worden, wohlthätige Verordnungen in den Civil=und Criminalgesetzen aufzuheben. — Diese Wahrheit ist auch ihnen oft aus der Erfahrung bekannt. Sie lassen sich aber nicht irre machen in den Gesinnungen, welche die Liebe zum gemeinen Besten ihnen einflößt, der Theilnahme an allem, was ihren Brüdern, den Menschen nahe geht; doch hüten sie sich sehr, über dieser alles umfassenden Denkungsart die besondere Stelle und Lage zu vergessen, worinn sie die Vorsicht gesetzt hat. Sie unterscheiden sich

durch Treue gegen ihren Fürsten und wahre Liebe zum Staate, durch Emsigkeit in ihren Be-
rufsarbeiten, Wahrhaftigkeit, Uneigennützigkeit
und Selbstverläugnung, und vereinigen durch
das Band, welches D. Hume für unauflöslich
erklärt, Fleiß, Wissenschaft und Menschlichkeit. — Hierdurch und durch eine von wilder
Ausgelassenheit, und sklavischer Kleinmuth,
Schwärmerey und Vorurtheilen befreyten
Handlungsweise erlangen Gesellschaften eine
Dauer, welche nicht, mit Horaz zu reden,
Arbitrio popularis Auræ,
von dem Winde, der vom Pöbel herweht, in die
Höhe gedunstet, noch darnieder gestürzt wird.
Ich zweifle nicht, meine Herren, daß durch
dasjenige, was ich bißher ausgeführt habe,
sie allesamt von der wechselseitigen nützlichen
Wirkung unsrer Gesellschaft auf derselben Mitglieder, und der Mitglieder auf dieselbe überzeugt sind. Fällt auch solche nicht manchem
so blendend in die Augen; so bedenke er doch,
welche Wirkung eine heitre Luft hervorbringt,
der man oft Gesundheit und Leben verdankt,
und die man weder betasten, noch in ihren
Theilen genau empfinden kann. Der Eifer,
welchen sie alle bißher bewiesen, ist niemanden besser, als uns selbst bekannt. Sie werden
darinn beharren. Regelmäßigkeit, zwekmäsi-
ge Ordnung, menschliches Gefühl wird sich
dadurch über ihre ganze Lebensbahn fernerhin

verbreiten. Ein neuer Geist wird sich hieraus
in sämtliche Theile des Staats ausgießen.

Und wodurch können wir besser den Erwartungen unsers Durchleuchtigsten Stifters ent-
sprechen, in dessen Pallaste wir unsre Versamm-
lungen halten, in dem Tempel, welchen er
der Wahrheit, den Wissenschaften, den Kün-
sten erbauet hat, rund umher umgeben mit
den herrlichsten Denkmälern seiner vorzüglichen Liebe zu denselben. Diese, ist gleich
seine erhabene Person von uns entfernt, zeigen Ihn doch immerhin in unsrer Mitte.

Unverrükte Sorge für das Wohl auch seiner entferntesten Länder, und Thaten der
Wohlthätigkeit, werden Ihn uns stets nahe
zeigen. — Schließen wir nur, zur Beförde-
rung heilsamer Absichten, uns immer auch näher aneinander. Der Genius ächter, biede-
rer Deutschheit belebe uns immerhin stärker;
doch verdränge er nie den Weltbürger.

So werden die Früchten unserer Bemühun-
gen nicht in engen Grenzmarken eingezäunt
bleiben; die Folgezeit wird nicht das Opfer
des jetzigen Augenblickes werden

Im Gegentheile wird, segnet die Vorsicht
unser aufrichtiges Bestreben, die Zukunft unter dem Schatten der griechischen Platanen,
welche aus dem nach und nach sich entwikeln-
den Keime hervorsprossen werden, in stolzer
Ruhe und Zufriedenheit wandeln.

Urtheil der Kurfürstlichen deutschen gelehrten Gesellschaft über die Preisschriften zur Beantwortung der für das Jahr 1789. aufgestellten Frage:

»Haben die lebenden, am meisten ausgebildeten europäischen Sprache Vorzüge vor der Deutschen, die dieser eigenthümlich gemacht werden könnten, ohne daß sie von ihrer Eigenheit verlöre?«

Unter den eingekommenen Preisschriften findet die Kurfürstliche deutsche gelehrte Gesellschaft bey wenigen so viel Verdienst, daß sie Anspruch auf den Preis machen könnten.

Die Abhandlung mit dem Spruche;

»Das Urbild ist der Baum,
    Die Nachahmung sein Schatten.«
                    Klopstock.

ist kaum der Prüfung werth.

Aus dem vorausgehenden Entschuldigungsschreiben könnte man schliessen, der Verfasser habe zu sehr auf Nachsicht gerechnet. Gleich in den ersten Blättern zeigt sich, daß er seiner Sprache nicht mächtig sey, und die Bearbeitung seines Werks nicht mit philosophischem Geiste unternommen habe.

Er theilt die Abhandlung in drey Theile durch die Fragen:

I. Welche sind heute die meistens ausgebildeten Sprachen, um Stoff zur Nachahmung zu verschaffen?

II. Welche sind die Vorzüge der italiänischen und westfränkischen oder französischen Sprachen?

III. In wie ferne bedarf der beyden die deutsche, ohne an ihrer Urheit Abbruch zu leiden?

Schon die Abtheilung zeiget, daß der Verfasser den richtigen Begriff von der Preisfrage nicht hatte. Es ist keine Frage von Bedürfniß. Der Sprache ist Ausbildung so lange Bedürfniß, als sie nicht an Reichthum und Kraft des Ausdruckes vollkommen ist.

Als meistens ausgebildete Sprachen betrachtet er die italiänische, die französische und engländische; setzet aber sogleich hinzu, daß die leztere nach ihrer Beschaffenheit sowohl, noch gänzlich der Ehre einer gebildeteren entsetzt werden müsse, als auch uns Deutschen niemals nützlich werden könne.

Der italiänischen Sprache räumt er zwar als wesentlichen Vorzug die Eigenschaft des Wohllautes ein: stellt aber zugleich auf die von bewährten Sprachforscher entlehnte Grundsätze ein ganz unzusammenhängendes Gemisch von Geschichte und Folgerungen auf.

Von

Von der französischen Sprache behauptet
er, daß sie durchaus ihr Daseyn der italischen
zu verdanken habe; ja er erbietet sich, in Betreff der Wortmenge die meisten und hauptsäch-
lichsten derselben von der italischen herzuleiten.
S. 87. 88. Auf gleiche Weise spricht er von
der Entstehung der englischen aus einer Ver-
mischung des Deutschen mit dem Französischen;
und sezt hinzu: Nicht nur, weil sämtliche
Wörter bey uns in der Folge mehr Geschliffen-
heit und Wohlklang sich zugeeignet haben, sondern auch wegen den häufigen Unvollkommen-
heiten, welche sich in den häufigen Abände-
rung- und Abwandlungen der engländischen
ergeben, ist es unnöthig der Untersuchung,
ob von ihr etwas in die unsrige überzubringen
schicklich wäre? ferner nachzuhängen; zu ma-
len, da wir äußerst bemühet sind und seyn müssen, die unsrige von allen fremden Einschü-
ben zu befreyen. S. 38.
Von der Deutschen sagt er: sie sey, besonders bey ihrem hohen Alter, sich selbst hinreichend genug. Hiezu setzet er einige äußerst
mangelhafte grammatische Beweise, und erklärt sie einer Bereicherung aus jenen zwey
Sprachen ganz unfähig: indem sie eher aus
der Urquelle der Griechen und Lateiner, als
aus solchen Behältern schöpfen müsse. Seine
S. 97. vorgeschlagene Art besserer Abwandlungen wäre wirklich neu, aber eben so lä-

cherlich, und in einer beſtehenden Sprache
eckelhaft.

Ueberhaupt verfehlt die ganze Abhandlung
den Verſtand und Zweck der aufgeſtellten Frage; bleibt weit unter der Würde des Gegen-
ſtandes, iſt ſchwach und unbedeutend am innern Werthe, und fehlerhaft in der Sprache.

Die Abhandlung mit dem Spruche:
Perfice te.

entſpricht der Abſicht der Kurfürſtl. deutſchen
Geſellſchaft noch weniger, als die vorherge-
hende.

Das Ganze iſt ohne Syſtem, ohne Philoſo-
phie behandelt; der Verfaſſer hängt als äuſ-
ſerſt ſchwacher Grammatiker blos an dem äuſſern Baue der Sprache; und ſelbſt ſeine Be-
hauptungen ſind theils gemein bekannt, theils
falſch, theils an der unrechten Stelle.

Den erſten Vorzug der fremden Sprachen
ſetzet er in den Gebrauch der lateiniſchen Buch-
ſtaben.

Den zweyten, daß die Franzoſen zwar
häufig Wörter aus andern Sprachen entlehnen; dieſe aber ſogleich nationaliſiren, ſie dadurch zu ihrem Eigenthume machen, und ſo
ſich ſelbſt bereichern.

Der dritte Vorzug ſey bey den Franzoſen
und Engländern die Behandlung der eigenen

Namen, welche solche nicht bis zur Undeut⸗
lichkeit, wie wir, declinirten; sondern unver⸗
ändert, in welcher Zahl es sey, stehen ließen.

Der vierte sey bey unsern Nachbarn der
sparsame Gebrauch der grossen Anfangsbuch⸗
staben. Jene übertráfen uns fünftens im Zäh⸗
len: da sie blos der einzelen Zahl die Ge⸗
schlechtsänderung annehmen; wir aber auch
bey zwey den Unterschied von zween und zwo
machten; und eben so bey den höhern Zahlen
diese nicht in ihrem gehörigen Stufengange
aussprächen; sonder anstatt zwanzig vier, vier
und zwanzig sagten.

Er stellt endlich die Franzosen uns zum
Muster auf, damit wir mehr Achtsamkeit auf
unsere Sprache verwenden sollten; da wir,
wie er glaubt, klaßische Schriftsteller im Ue⸗
berfluß hätten. Die Jugend sollte im Lesen,
und die Lehrer im Diktiren nach der reinen
sächsischen Mundart angewiesen werden.

Endlich empfiehlt er die Lesezeichen, den
Apostroph; die zween Theilungspunkte, das
Diviszeichen, und den Gebrauch der Accente.

Dieß ist der ganze Gehalt der Abhandlung,
ohne Ordnung und Folge untereinander ge⸗
worfen; theils alltäglich, theils falsch; so
schwach in sich, als troken im Aeussern, und
weit von dem Wege, der zum Zwecke führen
könnte.

Die Abhandlung mit dem Denkspruche:

Nemini, nisi Sapienti sua placent.

Senec. Epist. 9.

entspricht der Erwartung eben so wenig, als
die vorhergehenden.   Der Verfasser sagt selbst
im Eingange seiner Schrift, "daß er noch kei-
"ne litterarische Arbeit versucht habe; daß je-
"der Zweig der Wissenschaften von seiner Ge-
"burt an sein System geändert habe."

Danz zwecklos ist sein Eifer wider die in den
Wissenschaften begangenen Mißbräuche; und
nach zehen vollen Blättern kömmt er endlich
auf die Vorzüge der Französischen, Italiänischen, Englischen, Spanischen, Portugiesi-
schen, Holländischen, Pohlnischen und andrer
Sprachen.

Die Schlußfolge aus allem ist, daß die
deutsche Sprache wegen ihrer Verwandtschaft
mit den meisten europäischen Sprachen, selbst
der griechischen und hebräischen, und der daraus entstehenden Fähigkeit zu Uebersetzungen
aus allen, wegen so vortreflichen eigenen Ori-
ginalwerken, keiner andern gebildeten Sprache nachstehe, und daß einige Vorzüge der andern von den Vorzügen der deutschen aufge-
wogen werden; die Nationalisirung fremder
Vorzüge aber der Originalität der deutschen
Sprache nachtheilig seyn müßte.   Jede Sprache habe Vollkommenheiten und Mängel, al-

so könne die deutsche allein nicht vollkommen seyn.

Am Ende stellt der Verfasser zwey eigne Ueberfetzungen des Voltaire und Tasso als Muster auf; die es aber nicht sind.

Der Verfasser verräth zwar eine weitläufige Kenntniß der europäischen Sprachen; aber Plan, Bearbeitung und Schreibart beweisen, daß er noch nicht in der Schriftstellerey geübt sey. Nirgends findet man Spuren einer tiefen und gründlichen Einsicht in den innern Bau und Geist der Sprachen; er verweilt meistens nur bey den Redetheilen, deren Form Endungen und Abänderungen, die freylich einer jeden Sprache eigenthümlich seyn und bleiben müssen, und sich also auf keine andere anwenden lassen, ohne diese umzuschmelzen. Es trägt zur Auflösung der aufgestellten Frage gar nichts bey, zu wissen, ob in diesen oder jenen Redetheilen, und derselben Biegungen ein fremde Sprache vor der deutschen, oder diese vor jener vorzüglicher und reicher sey; sondern darauf kommt es an, wie ein deutscher Redetheil, so deutsch wie er ist, eine neue bisher noch nicht gewagte Anwendung nach dem Beyspiele einer fremden Sprache erhalten könne; ob er für sich und in seinen Biegungen eine Stelle in der Wortfolge nehmen könne, die er bisher noch nicht gehabt hat, wodurch der Sprache ein Zuwachs von

Tt 3

Kürze, Deutlichkeit, Bestimmtheit und Wohl=
klang erwachse. Von der Wortfügung aber
und dem Periodenbaue der fremden Sprachen,
woraus doch wohl am meisten zur Bereiche=
rung der unsrigen zu schöpfen wäre, schweigt
der Verfasser entweder ganz still, oder er
geht nur leicht darüber hinweg; damit zu=
frieden, daß er bald von einer fremden,
bald von der deutschen Vorzüge und Mängel
bemerket. Ueberhaupt ist diese Abhandlung
ohne philosophische Beurtheilungskraft, ohne
Blik in das Wesen der verschiedenen Sprachen,
und ohne das Verdienst einer guten Schreib=
art bearbeitet.

Die Abhandlung mit dem Spruche:

Non enim, cum. primum fingerentur
homines, analogia demissa cœlo formam
loquendi dedit: Sed inventa est, post-
quam loquebantur, & notatum in Ser-
mone, quid, quo modo caderet.

Quintilianus.

hat mannichfaltiges Verdienste.

Der Begriff von dem Wesen einer Spra=
che, welchen der Verfasser voransetzet, kommt
dem Gesichtspunkte der Preisaufgabe ganz
nahe. Er betrachtet die Sprache nicht blos
nach der Verschiedenheit ihrer Töne, welche
das Bedürfniß der Menschen, ihre Gedanken

ſich einander mitzutheilen, bildete; ſondern
er betrachtet ſie als den vollſtimmigſten Ein-
klang mit den Begriffen einer Nation, als
den Maasſtab der Kultur und Kenntniß derſelben, und gleichſam als den Katalog ihrer
Ausbildung, wo ſich die Stufe bezeichne, auf
der ſie im Reiche der Weisheit und Aufklärung ſteht.

Er theilt die ganze Abhandlung in zwo
Fragen: "welches der urſprüngliche Charakter einer und der andern gebildeten Sprachen
ſey — und worinn eine jede Vorzüge vor der
andern behaupten könne." Die eigentliche Frage: "Ob die deutſche Sprache ſolche vorzügliche Eigenſchaften erreichen und ſich eigen machen könne, läßt er aus ſeinem Plane; und
äuſſert endlich ſeine Meinung, daß er zwiſchen
ſolcher Ausbildung und der urſprünglichen Eigenheit unſrer Sprache einen Widerſpruch
fände.

So wenig dadurch der Zwek der aufgeſtellten Preisfrage erreicht ſeyn würde: ſo könnte doch dem Verfaſſer der Beyfall der Geſellſchaft nicht verſagt werden, wenn er ſeine Be-
hauptung mit hinreichenden Gründen unter-
ſtützt hätte.

Den urſprünglichen Charakter der Sprachen ſucht er in einer kurzen Geſchichte der gebildeten Sprachen, Italiens, Englands und
dann auch der Deutſchen auf: Und hier

Tt 4

enthält diese Abhandlung wahres Verdienst.
Die Geschichte der Französischen Sprache ist
in Rüksicht auf den Gegenstand in Kürze sowohl philosophisch, als rednerisch schön. Er
schildert den Charakter der Nation in der Pe-
riode von der Regierung Franz des Ersten
bis nach Heinrich dem Grossen und Guten, und
zeiget die Uebereinstimmung der Sprache mit
der Herzlichkeit, Biederheit und Energie der
Franzosen. Er sagt: in ihrem ganzen Betragen ehrliebend, wahrhaft fromm, treu und
und bieder waren die Franzosen auch in der
Sprache und Schrift. In den folgenden Zeit-
räumen der künstlichen und feinern Staatsver-
waltungen findet er in der Sprache wie in den
Sitten und Betragen derselben, jenes Be-
deutende und Kraftvolle verloren, und an dessen Stelle das Geschmeidige, Gekünstelte und
Abgeschliffene.... In dieser Gestalt sey sie in
ihrem goldenen Zeitalter unter Ludwig XIV.
durch die vielen weisen, schönen und fruchtba-
ren Geister zu einer ausgebildten, grazienvol-
len und angenehmen erhoben worden. Bey
diesem Zeitpunkte, wo ihr Grammatiken,
Wörterbücher, Akademien der Sprache u. dg.
Regeln und ein vollkommen festes Daseyn gegeben haben, bleibt er stehen, um ihre Eigenheiten und Vorzüge, wie ihre Fehler und
Schwächen zu betrachten.

Gleiche Blike wirft er in die Geschichte
Italiens und Englands: obschon er der en=
glischen Sprache wenige Vorzüge zugesteht;
sondern im Gegentheile von ihr behauptet, sie
habe an sich so wenig Empfehlendes und Schö=
nes, daß blos der Genius des englischen Na=
tionalcharakters in so tiefen Kenntnissen, küh=
nen und treffenden Ideen, und unverkennba=
ren Zügen eines vortreflichen schönen Genies
dafür entschädigen müsse. Unter allen sey sie
am unbestimmtesten, am meisten zusammen=
gesezt, am wenigsten auf Regeln zu brin=
gen, am schwersten auszusprechen; und.
als Sprache an sich habe sie keinen Einfluß
auf die Deutsche; und eben so wenig Vorzüge,
wenn man nicht die Geschwindigkeit dahin rech=
nen wolle.

Seine zweyte Betrachtung, nämlich: der
Vorzüge einer Sprache gegen die andern hat
er weniger glüklich ausgeführt. Den Charak=
ter der französischen Sprache setzet er in Fein=
heit, Flüchtigkeit, Rundung und Abgeschlif=
senheit: daher erhielt sie den Vorzug vor an=
dern im Ausdrucke des Witzes, des gefälligen
Scherzes, im Gesellschaftstone, daher der
Stachel in ihren Epigrammen, eine unnach=
ahmliche Rundung; damit führte sie in ihren
Madrigalen einen Hauptgedanken mit so be=
wundernswürdiger Leichtigkeit durch; so strit=
ten in ihren Liedern die Gottheiten der Liebe

Tt 5

und des Weins um die Wette; dadurch wurden ihre Gaſſenhauer zu Sinnbildern einer oft lermenden, aber ſelten groben Fröhlichkeit. Aber eben dies ſey auch die Urſache, daß ſie wenig ſonore Worte habe, deren voller Klang das Ohr reizten; und eben ſo wenig Kraft und Nachdruck; alſo daß ihr billig die Unfä= higkeit zur rührenden und erhabenen Tonkunſt, wie zu dem ernſten, majeſtätiſchen, feyerli= chen und kräftigen Ausdrucke zum Fehler an= gerechnet, und ihr im erſtern die italiäniſche, im leztern aber die deutſche Sprache vorgezo= gen werde.

Der italiäniſchen Sprache giebt er aber den Vorzug in dem Ausdrucke des Sanften, Rührenden und Zärtlichen: ihr Charakter lie= ge vorzüglich in den Wortendungen, welche nicht aus raſcher Ungeduld eines Franzoſen mit beflügelter Eile in die Lüfte hinſchwinden, ſondern der Sprache des Herzens gleichſam abgeſtohlen, Empfindung, Schöngefühl, und Geſchmak einig malten; durch Worte aus dem Lateiniſchen, durch ſüßen Geſang und zaube= riſchen Vollton aus dem Griechiſchen ſey ſie die Sprache der Muſik, und jeder ſanften ru= henden Empfindung geworden.

Mit ſolchen allgemeinen Sätzen ſchweifet dieſe Abhandlung allerdings aus, und liefert zu wenig einzele Bemerkungen, welche doch

die Unterfuchungen der Eigenheiten und Vorzüge erfoderten.

Bey der Betrachtung unferer Sprache
fcheint er mehr bedacht zu feyn, ihr Wefen zu
erforfchen: obfchon er auch hier deutliche Lü-
ken läßt.

Ihren Charakter nennet er den feften vollen Ton, ihre mit der Schrift übereinſtimmen-
de Ausſprache, ihre glückliche Mitte zwiſchen
Härte und Weichlichkeit. Zu ihren beſondern
Vorzügen rechnet er ihren Reichthum, ihre
Geſchicklichkeit zum Ausdrucke der Empfindungen, zu dem, des Zärtlichen, wie zu dem des
Starken und Erhabenen; obfchon ſie im erſtern der italiänifchen weiche. Mehrere Werke zeigten, wie glücklich ſie in der leichten und
flüchtigen Gattung des Witzes und der Tän-
deley könne gebraucht werden, obſchon ihr hier
die Franzöſiſche vorgehe. In den Ausdrücken
der tiefern Weltweisheit übertreffe ſie alle übrige an Reichthum.

Das Gedicht ſey in ihr vorzüglich der
größten Mannigfaltigkeit fähig.

Sie ſey vor allen leicht und allgemein zu
vervollkommnen; weil ſie durch die mit der
Ausſprache einſtimmende Schrift auf allgemein
verſtändliche Regeln gebracht, begriffen, ge-
prüft, und angenommen werden könne: und
hier verdiene der Dialekt des Meißner Krei-

fes Gesetzgeber der ganzen deutschen Schreibart zu seyn.

Einen ihrer wesentlichsten Vorzüge setzet
er darinn, daß sie dem Sprachorgane die Fähigkeit der menschlichen Bildung, einen jeden
Schall auf das genaueste nachzubilden, fast
in ihrem ganzen Umfange erhalte; also daß
der Deutsche zu Erlernung aller fremden
Sprachidiomen im reifen Alter wie am Anfange seines Lebens fähig sey: dahingegen der
Franzose, der Engländer, und auch der Ita-
liäner immer mehr oder weniger von ihren Dia-
lekten in die fremde Sprache mischten.

So weit gehet diese Abhandlung in das
Wesen unsrer Sprache ein. Es wird nicht
nöthig seyn, mehreres zum Beweise aufzustellen, daß in dieser Abhandlung zwar viele
Stellen richtig und mit Geschmacke vorgetra-
gen: das Ganze aber, wie die einzelen Be-
trachtungen, zu wenig auseinander gesetzet,
zu wenig ausgeführt seye, und überhaupt das
nicht enthalten, was zur Entscheidung der
Frage führen sollte.

Der Verfasser glaubt aber hierauf entscheiden zu können, daß es sich wiederspreche,
die deutsche Sprache durch die andern, von
denen sie solang unterschieden sey, auszubil-
den, ohne daß sie von ihrer Eigenheit verlieren sollte. Der Begriff Eigenheit sage so viel,
als Charakter, wesentliches Zeichen zum Er-

kennen und Unterscheiden. Daraus folge,
daß, wenn ein Ausdruck oder eine Redensart
einer fremden Sprache ihr nicht schaden solle,
sie ihr angemessen (Analog) seyn müsse; also
eben so ausgesprochen, wie geschrieben, und
der deutschen Veränderung fähig seyn müsse.
Dies aber sey nicht zu bewirken: entweder
werde das fremde Wort im Deutschen gesprochen, wie es geschrieben ist; dann sey dies gegen alle Regeln und Eigenheit unsrer Sprache;
oder man schreibe solches, wie man es spricht,
und dann sey dies eine Sünde gegen das
Idiom, seine Urquelle.

Ohne zu untersuchen, ob wirklich ein Wi-
derspruch gegründet sey: so ist doch gewiß,
daß diese Stelle äusserst unvollkommen dalie-
ge. In den ersten Sätzen ist von Charakter,
von Analogie die Rede, und als Folge hiervon bringt der Verfasser Schrift und Ausspra-
che des einzelen Wortes zum Beweise.

So ist aber überhaupt diese Abhandlung
im Ganzen und in ihren Theilen sich sehr ungleich. Wenn hie und da eine wichtige Bemerkung Vortheile verspricht: so findet man
sich in der Folge wieder tief unter dem Gegenstande und ausser der Erwartung.

Auch bleibt der Verfasser seinen eigenen
Grundsätzen nicht treu. Einmahl betrachtet er
die Sprache ganz richtig, nach ihrer Fähigkeit
an sich, Gefühle und Gedanken auszudrucken:

674

und dann bleibt er wieder bey dem äussern
Baue derselben, bey Wörtern und Buchstaben stehen; und findet die grösten Vorzüge,
die glüklichste Biegsamkeit zu jeder Gattung
des Ausdruckes vereint in jener Sprache,
worinn die Anzahl und Lage der Mitlauter so
beschaffen sind, daß sie die Schönheit und
den Wohlklang der Selbstlauter fühlbar machen, und gleichsam nur ein Ruhepunkt, ein
Augenblik der Absonderung unter dieser für
die Zunge werden; worinn hohe Kraft und
sanfte Nachgiebigkeit in jenem so vorzüglichen
Mittelwege zusammentreffen.

Am wenigsten kann die Gesellschaft seinem
Begriffe von den gebildeten Sprachen beytre-
ten; indem er hier jene versteht, die durch
Werke und Schriften in irgend einem Fache
der Litteratur einen solchen Einfluß auf die
Wissenschaften und die Ausbildung Europens
erlangt haben, daß ihre Erlernung einem Wiß-
begierigen Menschen zur Pflicht wird.

Die deutsche Gesellschaft nahm bey der
Preisfrage nicht sowohl Rücksicht auf Litteratur, als auf die eigene Bildung einer Sprache; wo nämlich Reichthum, Wohlklang,
richtige Darstellung der Begriffe, Deutlichkeit und Stärke mit Kürze verbunden, eine
originelle Gleichheit und hinreichende Verschiedenheit der Theile, das wahreste und schönste
Bild des Gedankens liefern.

Der Abhandlung mit dem Spruche:

"Wir sind gerecht; das sind sie nicht. Hoch
stehen sie, träumen's höher noch; wir
ehren fremd Verdienst."

Klopstock.

muß die Kurfürstliche deutsche Gesellschaft den
Vorzug vor allen übrigen einräumen. Sie
hat den zweckmäsigsten Plan; geht in das
Ganze, wie in einzelen Theilen aus dem rich=
tigsten Gesichtspunkte aus, ist am inneren
Gehalte die reichste, und durch grammatische
Zergliederung am meisten ausgeführt.

Der Verfasser betrachtet die Sprache als
einen Körper schön oder misgestaltet, je nach=
dem seine Gliedmaßen wohlgeformt und pas=
send sind. Ist er gebrechlich, so liege die
Schuld an der Unförmlichkeit einzeler Glieder,
oder an der Unpaßlichkeit der gesamten Glie=
der untereinander; und beydes könne seinen
Grund haben in angeborener Krüppelgestalt,
oder in Vernachläsigung der Anstrengung und
Bewegung. Denn Anstrengung und Bewe=
gung allein erhalte und erhöhe die Lebenskraft,
mache den ganzen Köper munter und warm,
gesund und fest. Fehle es an allem diesem
nicht, so könne ihn der Geist zum schönsten
Werkzeuge des Ausdruckes seiner Gedanken
machen, und durch ihn darstellen die beyden

Grundvollkommenheiten aller Gedanken: Deutlichkeit und Schönheit.

Wie der Verfasser aber die aufgestellte
Frage beantworten wollte, zeigt er sogleich im
Anfange durch diese drey Sätze:

Erstlich. Wenn eine reine Sprache eine weit
   isolirters Wesen hat, als eine gemischte:
   so sey es eher zu vermuthen, daß die Französische, italienische und spanische, gewissermaßen auch die englische von einander etwas Wesentliches entlehnen können, als
   daß die Deutsche sich nach einer derselben
   in wesentlichen Dingen bilden dürfe.

Zweytens. Wenn eine Sprache von uralten
   Zeiten her auf einerley Grund und Boden
   herrschend gewesen ist, und alle Veränderungen desselben mit erlebt hat, ohne daß
   von aussenher etwas Fremdes in ihr Wesen
   geschwemmt ist: so habe eine solche Ursprache mehr als eine andere Eigenthümlichkei-
   ten, die man anfassen müsse mit grosser Behutsamkeit, ehe man wage, etwas daran
   zu ändern; und dies sey der Fall mit der
   Deutschen.

Drittens. Wenn aber, wie die Erfahrung
   dergleichen gezeigt hat, eine gute Ursprache
   durch Faulheit erstarrt, und durch Nach-
   äffen verhudelt werde: so verdienten die
   Schriftsteller Lob und Dank, die eine solche
                                        Sprache

Sprache wieder zu ihr selbst zu machen bemühet seyen.

Diese Sätze hätten wohl etwas mehr Erläuterung aus der Geschichte erfodert, als
der Verfasser leistet. Herrlich und frisch sieht
er nun die deutsche Sprache unter ihren Schwestern dastehen, und schreitet zu der Untersuchung: ob sie nöthig habe, sich vor ihnen zu
bücken, oder als Bettlerin vor sie zu treten.

Ein vorzügliches Verdienst dieser Abhandlung liegt in der Abtheilung dieser Betrach-
tungen. Sie verbreiten sich über folgende
drey Punkte: 1) Ueber die Redetheile, 2) über
den Periodenbau, und endlich 3) über die
ästhetische Kraft der französischen, englischen,
italienischen, spanischen und deutschen Sprachen.

Die Redetheile untersucht er mit grammati-
scher Pünktlichkeit, räumt bey den meisten der
Eigenheit unsrer Sprache den Vorzug ein,
und findet kaum mehr, als der Italiener
Verkleinerung und Vergrösserung, durch deren Nachahmung sich die deutsche Sprache bereichern könnte. Auch wird er wohl keine Vorwürfe verdienen, wenn er unsre Schwäche in
manchem Betrachte einsieht: zum Beyspiele,
wenn er von den Zeitwörtern sagt: Feinheit
im Conjugiren der Zeitwörter beweise ursprüngliche Sinnesfeinheit einer Nation. Die Mannigfaltigkeit in dem, was man Modus und

Tempus nennt, ſey Schattirung der mannigfaltigen Zuſtände des Denkens und Empfin-
dens, woraus Handeln und Leiden entſteht.
Je reizbarer die Seele ſey, deſto gröſſer, deſto ſanfter ſey die Mannigfaltigkeit dieſer
Schattirung.   Daher die Feinheit in den Con-
jugationen der Griechen. Die Römer ſtünden
Ihnen weit nach; die Franzoſen, Italiener
und Spanier überträffen die Römer, und lieſ-
ſen uns Deutſche weit, und am allerweiteſten
die Engländer zurück.   Wir würden wohl mit
ihm ſchließen müſſen: wenn wir uns ſolche
Vorzüge eigen machen wollten, dann müßten
wir aufhören, deutſch zu reden.

Sehr beſcheiden ſchließt der Verfaſſer die
Betrachtung dieſes Theils mit der Bemerkung: Er ſehe wohl ein, daß dies ganze Kapitel vollſtändiger ſeyn könnte; aber er müſſe
geſtehen, daß es ihm an Geduld fehle, den
Sand, ſo goldhaltig er auch ſey, länger zu
ſieben: beſonders da man bey zu eifrigem
Suchen in Dingen dieſer Art, Gefahr laufe, etwas zu finden, wo nichts ſey.

Indeſſen iſt dieſer Theil der Abhandlung
reichhaltig an zwekmäſigen Bemerkungen, die
grammatiſch richtig behandelt ſind.

Bey dem zweyten Theile ſetzet er zur Vervollkommnung des Periodenbaues die Natür-
lichkeit der Conſtruktion zur Regel feſt. Er
erklärt es für eine grammatikaliſche Grille,

daß die Wörter in der Ordnung folgen müssen, wie eines das andere regiere. Wo man
zwischen mehrern Dingen zu wählen habe, da
nehme man zuerst die Hauptsache. Dies sey
Natur.

Daher erklärt er die Construction der Griechen und Römer für vollkommen natürlich;
von dieser römischen Constructionsfreiheit zeigte sich noch Veste bey den Italiener und Spa-
niern. Die Engländern und Deutschen seyen
auf verschiedene Art zur Hälfte, die Franzosen ganz gefesselt. — Seine Bemerkungen
bey diesem Theile sind kritisch und wohl geordnet; vollkommenes Genügen leisten sie jedoch
dem Sprachforscher nicht, der mit der Absicht,
seine Sprache zu bereichern, nicht bey den
herkömmlichen Regeln stehen bleibt; sondern
nach Freiheit sich umsieht, und wenn ihm die
Natur der Sache nicht widerspricht, er jedoch
einen gewaltsamen Sprung nicht wagen darf:
dann unter dem Ansehen der Schriftsteller nach
und nach eine allgemeine Aufnahme zu erwerben sucht.

Bey dem dritten Theile, von der ästhetischen Kraft der Sprache, betrachtet der Verfasser die äussern und innern Reize der Sprache. Was die äussern Eigenschaften, Wohlklang und Rythmus betrift: so muß unsre
Sprache bey erstern soweit zurückstehen, als er

fie in Anſehung des rythmiſchen Sylbenmaſſes
erhebt.

Auch hier hat der Verfaſſer den Beyfall
der Geſellſchaft nicht ganz erreicht. Richtig
indeſſen bemißt er ſolche innere Kraft einer
Sprache nach dem Verhältniſſe der Wörter
und Ausdrücke zu den Begriffen und Empfindungen. Er räumt nur jener Sprache hierinn
die Vollkommenheit ein, welcher keine Sub-
tilität des Verſtandes zu fein, keine Modu-
lation des Herzens zu ſtark oder zu zart wäre,
um ſie in verſtändlichen Worten durzulegen.
Der Ausdruck des Verfaſſers iſt lebhaft, blü-
hend, angenehm; jedoch billigt die Geſellſchaft die hie und da ausſchweifenden Metaphern nicht.

Aus dem wenigen hier angeführten zeigt
ſich, daß die Vorzüge dieſer Preisſchrift vor
den andern vielfältig ſind; und obſchon die
Geſellſchaft einiges hie und da mehr ausgeführt wünſchet, ſo muß ſie doch im Ganzen
dieſelbe als ein mit vieler Einſicht und Geiſte
bearbeitetes Werk erklären, dem ſie ihren Beyfall und die Ermunterung durch Ertheilung
des ausgeſetzten Preiſes nicht verſagen kann.

Ueber die sogenannten verzierenden oder müßigen Beywörter in der Poesie.

Man findet bey allen Dichtern, vornemlich bey den alten, als beym Virgil und andern, am meisten beym Homer, manche Beywörter, welche zum Gedanken und zur Darstellung des Ganzen sehr wenig, oder wie einige glauben, nichts beyzutragen scheinen. So findet man z. B. in der Iliade und Odyssee sehr oft dergleichen Beywörter bey dem Hauptworte ναυς Schiff, als Il. L. I. v. 12. θοας ἐπι νηας, bey den schnellen Schiffen; v. 26. κοιλησιν παρα νηυσι, bey den holen Schiffen; v. 89. ebenfalls κοιλης; v. 141. νηα μελαιναν, schwarzes Schiff; v. 170. συν νηυσι κορωνισιν, mit den geschnäbelten Schiffen; v. 300. stehen beyde κοιλη und μελαιηη bey νηι; v. 306. νηας εἰσας, gleichgezimmerte Schiffe; v. 421. heißt es νηυσι ὠκυποροισι, mit schnellhingleitenden Schiffen; und v. 439. ἐκ νηος ποντοποροιο, aus dem meerdurchwallendem Schiffe. Alle im nämlichen ersten Buch der Iliade. In den folgenden Büchern werden diese und andere Beywörter unzählige mahl von Homer wiederholt. Eben dieses ist der Fall mit ποδας ὠκυς, schnellfüssig, beym Achill, mit λευκωλενος, weißar-

mig, bey Juno, mit ἄναξ ἀνδρων, König
der Völker, bey Agamemnon, und mit vielen andern bey andern Personen und Sachen.

Ueber den Werth oder Unwerth dergleichen Beywörter hat man verschiedentlich ge-
urtheilt. Einige sagen, sie dienen zur Zierde
und zur feyerlichen Pracht eines Gedichtes;
andere, sie seyen da, um den Vers zu füllen,
und ihm jenen hohen, vollen, harmonischen
Gang zu geben; andere aber verwerfen sie
schlechterdings, als überflüßige und müßige
Zusätze, oder als Flickwörter, die keinesweges den Sinn oder die Darstellung des Ganzen befördern, sondern sie nur überladen und
verdunkeln. Auch den Uebersetzern sind sie
nicht selten ein Stein des Anstosses. So ließ
F. L. Graf zu Stolberg sie in der Uebersetzung der Iliade mehrmals weg; Bürger und
Voß aber gaben sich Mühe, sie so viel möglich,
in gleichbedeutende deutsche zu übertragen.
Ob der erstere wegen der Weglassung solcher
Beywörter zu entschuldigen, wo nicht zu loben, ist, und die beyden andern wegen der un-
nöthigen Mühe, sie zu verdeutschen, zu be-
dauern sind; das hängt ab, wofern man nicht
die Treue, auch in Uebertragung des Fehler-
haften oder Ueberflüßigen, für Verdienst halten will, von dem poetischen Werth solcher
Beywörter.

Um diesen gehörig zu bestimmen, muß man, dünkt mich, erst das Wesentliche einer poetischen Darstellung oder Schilderung entwickeln. Dieses hat Horaz in einer Aehnlichkeit mit wenigen Worten angegeben: Ut pictura poesis. Dieser Grundsatz ist, einige Verschiedenheit, die ich hernach anführe, abgerechnet, sehr richtig. Wie ein Gemälde, so die Poesie oder die poetische Darstellung. Wie ist denn nun ein vollkommenes Gemälde beschaffen? z. B. ein Gemälde von der, in dem ersten Buche des Jlias beschriebenen, Versammlung der Griechen, wo Achill den Seher Calchas befragt, dieser antwortet, Agamemnon ihn schimpft, und darüber mit dem Achill in Wortwechsel verfällt; oder auch ein Gemälde von der Abfahrt des Odüsseus mit seinen Gefährten übers Meer nach Chrysä, in eben dem Buche? — Man würde auf dem Vordergrunde die Hauptpersonen handelnd, und mit einander redend, in großer Statur, und mit hellen Zügen dargestellt, sehen; darunter befände sich der πόδας ωκυς, schnellfüßige, Achilleus, der ἄναξ ἀνδρων, der ἐυρυκρειων, der Führer der Völker, der weitherrschende, Agamemnon, und der Seher Calchas; dann sähe man etwas mehr entfernt, und in dichter Grüppe, die χαρκοκοωντας, hauptumlockten, und ἐυκνημιδας, fußgeharnischten, Achiver; und zuletzt sähe

Uu 4

man tief im Hintergrunde das Schiffslager,
und die schwärzlichen Schiffe. Eben so sähe
man im andern Gemälde den Odussus, mit
den Gefährten vorn an in hellem Lichte, dann
das schnelle Schiff, und weiter hin das Meer,
wogig, oder bläulich, oder unermeßlich.

Das alles soll nun der Dichter unserer
Einbildungskraft, wie der Mahler unserm
Auge, vergegenwärtigen. Aber wie soll und
kann es der Dichter? kann er mit Worten die
Gestalt und Größe, den Umriß und die Farben der Sachen, und der Personen schildern?
keinesweges. So etwas muß auf einmal,
schnell und coëxistirend wahrgenommen werden; Worte aber stellen alles nur einzeln,
Stückweise, langsam und successiv dar. Hier
liegt der vornehmste Unterschied der Mahlerey
und der Dichtkunst, und die Einschränkung
der horazischen Regel: Ut pictura poesis.
Es bleibt dem Dichter, der nur successive
Töne zu seinem Gebrauch hat, und der eigentlich nur das successive bey einer Handlung
vollständig darstellen kann, nichts anders bey
leb- und handlungslosen Dingen übrig, als
vermöge eines sehr anschaulichen und frucht-
baren Beywortes die ganze Gestalt und Form
der Personen und Sachen in die Einbildungskraft des Lesers oder Zuhörers zurück zu rufen. Er giebt nur der Phantasie durch irgend
ein auszeichnendes Merkmal, das er nennt,

Stoff, Anleitung, den ersten Stoff, sich das Ganze darzustellen, oder den einen angege-benen Zug zum ganzen Bild zu ergänzen und auszumahlen.

Darin nun besteht, meines Erachtens, der eigentliche Vortheil und der vornehmste Werth, den dergleichen homerische Beywör-ter haben, und daraus ersteht man auch die Nothwendigkeit, selbe in einer Uebersetzung, so viel möglich, auszudrucken. Es müssen aber Beywörter, welche diesen Werth haben sollen, zuerst ein wesentliches Merkmal ent-halten, oder wenigstens irgend einen eigen-thümlichen charakteristischen Zug angeben, und dabey sehr anschaulich seyn. Ferner muß der Zuhörer oder Leser eine völlige Vorstellung der Person oder Sache einst gehabt haben, oder eine solche sich leicht zu bilden im Stande seyn.

Wenn diese Erfordernisse da sind, so wird die von der Vorstellung eines Merkmals an-geregte Phantasie sich das Ganze vorbilden, und zwar mit aller erforderlichen Schnellig-keit, und mit mehr oder weniger Klarheit, je nachdem die Person oder Sache hervorragt. So wird sich z. B. ein mit Menschenkenntniß begabter Leser, bey dem einen Worte πόδας ὠκύς schnellfüßig, die ganze Statur des Achills entwerfen, den schönen, schlanken, geraden, gewandten, gelenkigen und nervig-

ten, und keineswegs fetten und dicken Mann,
mit einem Wort, die Statur eines choleri=
schen Mannes, eines Mannes, wie Achill
war. So wird man bey den Wörtern:
Schnelle Schiffe, schwarze, hohle, oder
meerdurchwallende Schiffe, welches wesentli=
che oder mahlende Beywörter sind, sich ein
völliges oder doch lebhaftes Bild der Schiffe
entwerfen. Eben so steht uns, oder stand
wenigstens den Zeitgenossen Homers, der
durch seine ihm eigenthümliche Rüstung und
Tracht bezeichnete Achiver vor Augen, wenn
der Dichter sagt εὔκνημιδ'ες oder καρηκομο-
ωντες Αχαιοι, fußgeharnischte oder haupt=
umlokte Achiver.

Man sieht aus dem gesagten, daß sich,
des angegebnen horazischen Grundsatzes Zu=
folge, der poetische Werth und die Nothwen=
digkeit von dergleichen Beywörtern hinläng=
lich erweisen lasse. Ich will noch versuchen,
ob eben dasselbe, mit Hindansetzung jenes
Satzes, der nur auf Aehnlichkeit der Poesie
mit der Mahlerey sich gründet, aus der Na=
tur und dem wesentlichen Erfordernisse einer
poetischen Darstellung könne hergeleitet wer=
den. — Das wesentliche Erforderniß einer
vollkommnen poetischen Darstellung ist: sie
soll dem Leser oder Zuhörer den Gegenstand
mit allen seinen Haupt = und Nebentheilen,
und mit allen auffallenden Nebenumständen,

mit eben der Fülle, der Ordnung und dem
jedesmahligen Verhältniß der Theile darstel=
len, mit welcher ein aufmerksamer Zuschauer
diesen Gegenstand würde gesehen haben. Wie
sieht aber dieser ihn? Er sieht zuerst und vor=
züglich und am deutlichsten den Hauptgegen=
stand, zugleich sieht er auch mit etwas weni=
ger Klarheit die andern Nebengegenstände,
und dann schwebt noch eine mehr oder weni=
ger große Menge von Umständen und Neben=
dingen vor seinen Augen, wiewohl in weite=
rer Entfernung und mehr in Schatten und
Dunkelheit. So hat er eine reiche, völlige,
mannigfaltige Vorstellung, die seine Augen
und ganze Seele füllet und fesselt, und wo
jeder Theil, auch jeder Nebenumstand, zu
diesem ihn hinreißenden Ueberschauen das Sei=
nige verhältnißmäßig beyträgt.

Eben dieses volle Anschauen soll auch der
darstellende Dichter seinem Zuhörer, so viel
möglich, gewähren. Er soll ihm mit Kraft
und ausführlicher Klarheit den Hauptgegen=
stand vor Augen mahlen, darauf dessen Sin=
ne vorzüglich heften: dann mit oder nächst die=
sem ihm, mit Stufenweise absteigender Aus=
führlichkeit, die Nebentheile und die entfern=
tern Umstände vorführen. Diese letzten sind
es eigentlich, welche, durch kurze und sinnli=
che Beywörter zum Anschauen hervorgerufen,
dem Gemälde jenen Reichthum, jene Fülle

und Vollendung geben, vermöge deren das
dargestellte Bild den Zuhörer fesselt, und mit
unwiderstehlicher Täuschung ihn hinreißt und
bezaubert.

So macht es Homer im 3 Ges. der Ilias,
v. 331. u. s. f. wo er den Zweykampf des Mene-
laos und des Paris schildert. Die Helden,
die ihre Rüstung stückweise anlegen, ziehen
zuerst unsere Aufmerksamkeit auf sich, und
wir glauben sie vor uns zu sehen. Nun schrei-
ten sie, in die Mitte der Troer und Griechen,
gegen einander, schrecklich blickend; Stau-
nen befällt die schauenden Heere rossebezäh-
mender Troer und fußgeharnischter Griechen; nahe stehen sie jetzt beysammen in den
abgemessenen Schranken, die Lanzen schwin-
gend und gegen einander entrüstet. Nun schleu-
dert Paris zuerst die weitschattende Lanze,
u. s. w. Eben so findet man bey diesem Dichter manche kleinere Gemälde von gleicher Art,
als: der Priester Chryses ging stillschweigend
längst dem Strande des hochaufbrausenden
Meers; oder jener Held springt mit klirren-
der Rüstung auf die vieles nährende Erde.

Der Schluß aus diesen Anmerkungen ist,
daß vorzüglich dergleichen Beywörter der
Darstellung Reichthum, Fülle und Ausführ-
lichkeit geben, und dadurch die Natur, oder
eigentlicher zu reden, das wirkliche Anschauen
einer Handlung nachahmen, und wahre Täu-

schung im höchsten Grade hervorbringen. Mit
welchem Rechte kann man sie also müßig nennen? oder wie Herr Köppen in den Anmerkungen über die Ilias, zum 1 Buch thut,
den Ausdruck θοας επι ναας, zu den schnellen Schiffen deswegen verwerfen, weil man
schnell von den auf dem Ufer liegenden Schiffen nicht richtig sage, wohl aber wenn sie
übers Meer fahren? Sagt man doch gut:
da liegt der schnelle Hirsch, ob er gleich im
Lager liegt; auch gut, ist er gleich schon er-
schoßen. Muß denn ein Beywort allemahl
den Actum anzeigen, kann es nicht oft von
der Potentia hergenommen werden?

Eben dieser horazische, oben erläuterte,
und aus dem Wesen einer poetischen Darstellung erwiesene, Grundsatz dienet (anderer
Gründe ungerechnet und unbeschadet) auch dazu, den Homer über einen ihm oft gemachten
Vorwurf zu rechtfertigen, daß er nämlich
manche Beywörter unzählige mahl, und mehrere Verse verschiedene mahl wiederholet, wie
z. B. die Beywörter schnellfüßig, hauptum-
lokt, weißarmig, Führer der Völker, blau-
äugig u. a. m. die Verse: τον δ' ημυßετ
επειτα κ. τ. λ. ihm versetzte darauf u. s. w.
Δυπησεν δε πισων κ. τ. λ. hallend stürzte
er zu Boden. Ich will diese Erläuterung
wörtlich aus einem französischen Buche neh-

men: Apologie d'Homere. á Paris 1715. pagè
93. &c.

Ein guter Mahler glaubt sich nicht verbunden, eine solche Mannigfaltigkeit allen
seinen Gemälden zu geben, daß sie gar nichts
gemein haben. Wenn die Hauptfiguren völlig verschieden sind, so hält man ihm gern die
Aehnlichkeit der Kleidungen, des Bodens,
der Luft u. a. zu gute. Man stelle sich z. B.
eine Gallerie vor, welche Gemälde von mehrern Personen enthalte, und deren jedes eine
besondere Handlung darstelle. Aus dem einen sehe man den entrüsteten Achill, der dem
Agamemnon drohet; auf dem andern den
Achill, der den Herolden die vom Agamemnon geforderte Briseis ausliefert; auf dem
dritten nochmals Achill, aber den weinenden
Achill, welcher bey seiner Mutter, der The-
tis, sich beklagt und Hülfe sucht. Wenn auf
jedem dieser drey Gemälde die Stellung, die
Gebärden, die Minen, der Charakter des
Achill die nähmlichen wären, oder wenn allemahl die nähmliche Anlage in Betreff des Ent-
wurfs, der Zusammensetzung, der Gegend
u. a. wäre; so würde man mit Recht den
Mahler tadeln, und das Einförmige der Figuren und des Grundes als verwerflich ansehen können. Wenn aber das Gleichförmige
nur bestände in dem Anzuge einiger Personen,
in dem Bau einiger Wohnungen, in dem

Umriß eines Baumes, eines Berges, einer Wol-
ke; so würde man das nicht einmahl wahrneh-
men, vielweniger tadelhaft finden. Man kann
leicht die Anwendung hiervon auf die Gedichte
Homers machen. Homer wiederholt, aber es
sind nicht große wichtige Züge, die auffallen
und die Achtsamkeit reizen, es sind kleinere
Umstände, leichte Uebergänge, allgemeine
Züge, geläufige Bilder, welche natürlicher
Weise öfter wiederkommen, und worauf die
Augen des Lesers nur obenhin verweilen; es
sind Beschreibungen von Opfern, Gastmah-
len, Ein- und Ausschiffen, von Sachen endlich, welche beynahe immer dieselben bleiben,
und welche gewissermaßen keinen neuen
Schmuck, oder keine verschiedene Darstellung
vertragen.

J. H. Kistemaker,
Prof. d. Philol. z. Münster.

Ueber die Ode des Horaz: *Odi profa-
num vulgus.* B. 3. Od. 1.

Es gibt, außer der hohen Begeisterung,
worin manche Oden geschrieben sind, noch eine
richtige, obgleich weniger bemerkte, Ursache
ihrer oftmahligen Dunkelheit oder Unver-

ständlichkeit. Diese ist die individuelle, oft nicht genugsam oder gar nicht bekannte Lage, worin sich der Dichter befand, und worin er den Anlaß zur Begeisterung und den Drang zur Aeusserung seiner Empfindungen bekam. Ein vortreflicher Odendichter ist kein Nachahmer, er dichtet sich nicht in Lagen und Empfindungen hinein, wo gemeiniglich nur eine unvollkommne, schiefe und matte, höchstens eine brausende, aber nicht eine von Herzen kommende und in Herzen überströmende Composition entstehen wird. Er fühlt was er singt in und durch sich selbst, seine Empfindungen quellen hervor aus ihm selbst, aus der individuellen Lage und dem jedesmahligen Verhältnisse, worin er in Betreff einer Person, einer Handlung, eines Gegenstandes sich befindet. Daher sind diese Empfindungen so wahr, so natürlich, so herzlich, so individuel empfunden, und eben so mitempfindbar; wofern man nur die individuelle Lage kennt, worin der Sänger sich befand.

Darin liegt nun die Schwierigkeit und Dunkelheit einer originellen Ode, sowohl bey Neuern als bey den alten lyrischen Dichtern. Sind nicht vornehmlich deswegen manche Oden von Klopstock vielen Lesern verworren oder gar räthselhaft? Wer würde Ramler's vortrefliche Ode an die Nymphe Persante verstehen, wenn nach einigen Jahrhunderten die

Kennt-

Kenntniß von dem Flüßchen Persante, von
der Stadt Kolberg, der Vaterstadt des Dich=
ters, von der Belagerung und dem Entsatze
derselben im siebenjährigen Kriege, und von
andern Umständen mehr, verloren gegangen
wäre?

Wie muß es denn mit uns stehen, da
wir die Oden der Alten nach so vielen Jahr=
hunderten lesen, indessen so manche nothwen=
dige Kenntniß von den öffentlichen Begeben=
heiten der damahligen Zeiten, geschweige von
privaten Vorfällen des Sängers, uns unbe=
kannt sind? Hätten uns doch die alten Scho=
liasten, statt ihrer überflüßigen Wortkritiken,
mehr von diesen nöthigen Vorkenntnissen hin=
terlassen? In Ermangelung derselben müssen
wir uns nur bey vielen Oden, z. B. bey de=
nen des Horaz, durch andere Mittel aus=
helfen.

Diese Mittel sind erstlich die Ode selbst,
welche zuweilen deutliche, zuweilen dunkele
Spuren der individuellen Lage trägt. Oft
findet sich gar keine Spur darin; und dann
geben uns zweytens zuweilen die alten Aus=
leger, oder einige Lebens = und Geschichts=
schreiber nähere Aufklärung. Wenn alle diese
Hülfsmittel mangeln, so müssen wir unsere
Zuflucht zu Muthmassungen oder Hypothesen
nehmen, die dann noch zuweilen durch die
beyden obigen Mittel unterstützt werden. So
X f

694

hat man manche Oden durch Hypothesen glücklich erläutert, z. B. die 35ste im 1 B. ad
Fortunam , *) die 3te im 3 B. Justum ac
tenacem **) und andern mehr.

Ich wage es, hier eine Muthmaßung zur
Erklärung der 1sten Ode im 3ten Buch vor-
zuschlagen. Alle Ausleger sind bey der An-
fangsstrophe in Verlegenheit. Einige, wie
Julius Cäsar Scaliger, sagen es rein heraus, daß sie völlig überflüßig sey, und nicht
auf diese Ode allein passe; andere die gewis-
senhafter sind, sagen wie Dacier, es sey eine
Art von allgemeiner Vorrede, und man müsse
sie in etwa, durch einen kleinen Zwischenraum,
von der Ode trennen; andere, wie Sanadon,
nehmen ihre Zuflucht zu einer Unordnung,
worin die Oden und Strophen zu uns gekommen sind, und setzen diese Strophe als Eingang zum Carmen Seculare an. Ich nehme
die Verbindung dieser Strophe mit dem Ganzen aus der Veranlassung des Gedichts her.
Diese Veranlassung denke ich mir folgender
maßen, und unterstütze meine Muthmaßung
mit folgenden Gründen.

Horaz verschmähete große Reichthümer,
prächtige Landhäuser und glänzende Ehrenäm-

---

*) In den kritischen Wäldern.
**) Von Tan - gui Le Ferre. Siehe Sanadon's
Commentar.

ter. Er fühlte sich, wie er oft sagt, satis
beatus unicis Sabinis; nil cupientium, sagt
er anderswo, nudus castra peto; bene est
cui deus obtulit parca, quod satis est,
manu. Nihil supra deos lacesso, nec po-
tentem amicum (den Mäcenas oder den Au-
gust) largiora flagito. Eben diese Gesinnungen des Horaz werden von dessen Biograph
bestätiget. Augustus, sagt er unter andern,
epistolarum ei officium obtulit, welches Horaz ausschlug. Ferner führt er ein Schreiben
des Augusts an den Horaz an, worin dieser
Kaiser sagt: Superbus amicitiam nostram
sprevisti.

Der genügsame Dichter wurde ohne Zweifel wegen solcher Gesinnungen vom römischen
Pöbel und vielleicht auch von andern, die wie
Pöbel denken, oft und heftig getadelt. Dieser Tadel kam ihm zu Ohren. Voll edeln Un-
willens darüber schrieb er diese Ode, um dem
unheiligen Pöbel zu zeigen, daß alle Güter
und Schätze und Ehren dieser Welt nicht die
wahre Glückseligkeit eines Menschen ausmachen. Nachdem er das gelehrt hatte, schließt
er die Ode: Cur invidendis postibus, et no-
vo — sublime ritu molior atrium? — Cur
valle permutem Sabina — divitias operosio-
res? — Dieser Schlußgedanke bestätigt
mehr, als alles andere, meine Hypothese;
man sieht es da, wie alles vorige auf seine

Xx 2

genügsamen Grundsätze und den unweisen Tadel des Pöbels gerichtet war.

In dieser Hypothese nun passet die erste
Strophe sehr gut zum Ganzen, und hört auf
ein Eingang, ein Nebenwerk, oder ein allgemeiner Satz zu seyn. „Ich hasse, ruft der
unwillige Dichter aus, den unheiligen, von
Vorurtheilen verderbten Pöbel, ich weise ihn
ab, und allen seinen Tadel achte ich nicht.
Beobachtet ein ehrerbietiges Schweigen (oder
besser) enthaltet euch aller ungebührlichen
Worte und eines solchen pöbelhaften Geschwä-
tzes. Ich, ein Priester der Musen, der
Weisheitsgöttinnen, singe nie vorhin gehörte
Verse, d. i. hohe, erhabene, von unserm
unheiligen Volk verkannte, nie von ihm gehörte, oder wenigstens nie mit Nutzen, oder
nie in Versen gehörte Lehren: ich singe sie den
jungen Mädchen und Knaben, deren Seelen
noch rein, von solchen niedern Vorurtheilen
und Leidenschaften noch unbefleckt, und noch
im Stande sind meine Lehren zu fühlen und
zu befolgen.

Wenn ich mir diese Lage des Dichters
dachte, so las ich die Ode mit mehr Gefühl
und Theilnehmung, ich erkannte sie als ein
Ganzes, worin Anfang und Ende und die
mittlern Strophen vortreflich zusammen pas-
sen. Ich begnügte mich also mit dieser Hypothese, da sie auf einigen Gründen beruhete,

und mir mein Vergnügen beym Lesen verdoppelte. Ob andere das nähmliche davon denken und dabey fühlen werden, läßt sich nicht vorhersehen, zumahl da in keinem Stück mehr Verschiedenheit als in Sachen des Geschmacks herrscht, und herrschen wird, und vielleicht auch herrschen soll und muß.

J. H. Kistemaker.

Bermerkungen über einige Stellen in Büchern,

von Hrn. Hofrath und Professor Kästner in Göttingen.

Adler.

„ In Genf werden Adler als Sinnbilder
„ der Freyheit in Käsichten am Hafen unter-
„ halten.

Neue Sammlung von Reisebeschreibungen
VI. Theil. Hamburg 1784.

Ein Vogel im Käficht ein Sinnbild der Freyheit!

Aegyptische Sphynx und Thiere an den Ruinen von Persepolis.

Niebuhr über Persepolis, deutsches Museum, März 1788; 210 Seite.

Xx 3

Der Sphynx ist ein Löwe, mit dem Kopfe eines Frauenzimmers, das persische Thier aus dem Ochsengeschlechte mit dem Kopfe eines bärtigen Mannes.

Vielleicht ließe sich auf manches Frauenzimmer und manchen Mann hievon eine Anwendung machen.

Katoptrische Bemerkung über die Titelvignette zu: Sinngedichte der Deutschen. Leipzig 1780.

„Ein Satyr hält einen Spiegel fünf Personen vor. Der Spiegel ist länger, als die längste unter ihnen."

Ein Spiegel, in dem sich ein Mensch ganz sehen soll, braucht nur halb so lang zu seyn, als der Mensch. Also ist der Spiegel viel zu groß. Zumahl für das, was er bedeuten soll, für ein Sinngedicht.

Aus einer Recension von de Pauw Recherches Philosophiques sur les Grecs.

Neue Bibl. der schön. W. 37 B. 1 T. 75 Seite.

Die Iliade, meint Pauw, ist vielleicht ursprünglich für Leichenspiele verfertiget, welche dem Achilles zu Ehren in Thessalien gehalten wurden.

Und die Odyssee? fragt der Recesent.

Ich würde à la Pauw antworten: zur
Feyer des Andenkens von Ulysses Jubelhoch-
zeit mit der Penelope.

Ueber die Offenbarung Johannes.

Wie würde mancher von denen, die sie
für göttlich halten, einen ansehen, der sie für
Träume erklärt.

Und doch ist dies der Gedanken eines
Schriftstellers, der unter ihre Verehrer gehört.

Prudentius Cathemerion VI. Hymnus
ante Somnum v. 71—115. Freylich sind es
nach dem Dichter göttliche Träume.

Im Huldreich Wurmsaamen von Wurm-
feld 1. Th. Leipzig 1783. 31. Kap. 76 S.
wird einem Pfarrer, der die Juden verdammt,
folgende Stelle vorgelesen:

Quis enim effet tam demens, qui con-
fenfu et placito innumerabilium ftultorum
aperiri vel claudi cœlum arbitretur?

Der Pfarrer hat für das Latein ein noch
schweres Gehör. Es wird ihm also ver-
deutscht.

Und als er auf den Religionsspötter
schilt, gemeldet: Es sey ein Kirchenvater,
Lactantius. Die Stelle wird 1 K. 28. angegeben.

Ob ich gleich mit dem Ausspruche, auch
in der Bedeutung, in welcher er dem Pfar-

ret entgegengeſetzt wurde, eins war; ſo
konnte ich mir doch nicht recht vorſtellen, daß
der chriſtliche Cicero ſo was in dieſer Bedeutung geſagt habe.

Die Stelle findet ſich: Divinar. Inſtitut.
L. I. O. 15. §. 28. p. 100. (Lactantii opera
omnia, recenſult Jo. Ludolph Buenemann
Lipſ. 1739.) und heißt:

Quis enim tam demens', qui conſenſu et
placito innumerabilium ſtultorum aperiri coe-
lum mortuis arbitretur, aut aliquem quod
ipſa non habent, dare alteri poſſe.

Lactanz redet von der Vergötterung der
Verſtorbenen bey den Heiden. Er ſpottet
über die, welche Abgeſchiedenen den Himmel
öffnen, an dem ſie ſelbſt keinen Theil haben.
Von Verſchließen konnte er alſo gar nicht reden. Das vel claudi muß Wurmſaamens
Großohcim durch ſeine Brille entdeckt haben.
Der Mann mochte ſeinen Paſtor kennen. Ein
Gelehrter hätte ihm geantwortet: Herr Brand,
ſie allegiren den Lactanz, wie der Verſucher
in der Wüſte die Bibel.

Ich bin ſicher, Lactanz würde manchem
den Himmel verſchloßen haben, dem Herr
Brand ihn öffnet. Freylich hätte er ſich darin eben ſo gut geirrt, als wenn er die Anti=
poden läugnete, und ſich die Zahl der Bewohner des Himmels zu klein vorgeſtellt, wie
die Zahl der Bewohner der Erde.

Die Ueberschrift der Rhetoricorum ad Herennium.

Incerti auctoris, seu Cornificii paßte ja wohl auf manch Muttersöhnchen!

Johann Nicot

K. Acquetenmeister zu Paris hat zu Aimonii Historia Francorum, Paris ap. Wechel 1567. 8., Wechélen das Exemplar gegeben.

Hamburger Nachricht von den vornehmsten Schriftstellern III. Th. (Lemgo 1760.) n. 752. 762 Seite.

Also hat Nicot noch ein ander Verdienst um die gelehrte Welt, als die Bekanntmachung des Tabaks.

Von Langreni Mondcharte.

In Andreas Gryphii Trauerspiele: Catharina von Georgien sagt die Ewigkeit, als Vorrednerinn:

„Entdeckt ein wildes Land, setzt Namen auf den Schnee,

„Nennt Ufer, nennet Berg nach der Geschlechte Titel,

„Ja, schreibet Freund und euch aus Mon̄ den Rand und Mittel; — — —

Bey dem letzten Verse macht Gryphius folgende Anmerkung:

X r 5

„ In *Michaelis Florentii Langreni* Ab=
riß des Mondens werden Flecken und Theile
mit der berühmtesten Fürsten und Sternkun=
diger Namen bezeichnet.

Da unter andern: Die Strasse der Ehren,
der Arbeit: u. s. fortan. Wobey ich nicht vor=
über kann, mich zu erinnern, der Durchläuch=
tigsten Fürstin, Elisabeth, Pfalzgräfin beym
Rhein. Welche, als ihr selbes Kupferstück
vom Erfinder übersendet, selbigen gerühmt,
daß er so freygebig gegen sie gewesen, und
indem sein König sie ihrer väterlichen Erblän=
der entsetze, ihr doch einen Platz in dem
Monde vergönnte. Nur erwarte sie von ihm
Mittel, selbigen in Besitz zu nehmen. Diese
Arbeit ist kurz hernach durch das schöne Werk
Johannis Herelii ganz verfinstert, welchem mit
ihren Abrissen bald gefolgt, A. 49; Eusta=
chius v. A. 50. Hieronymus Sufalis, und
zuletzt, so viel mir wissend, Johannes Bapti=
sta Ricciolus durch Beystand Francisci Mariæ
Grimaldi. "

Diese Stelle findet sich erwähnter massen
in Gryphii Anmerkungen über sein Trauer=
spiel: Andreæ Gryphii um ein merkliches
vermehrte deutsche Gedicht. Breslau und
Leipzig 1698. I. Band, 178 Seite.

Sie schien mir aus einem Buche, das
jetzt wenig mehr gelesen wird, das Auszeich=

nen zu verdienen, nicht nur wegen des Ein=
falls der gelehrten Prinzeßin, die des un=
glücklichen Kurfürsten von der Pfalz Tochter
war, und auch als Cartesens Corresponden=
tin bekannt ist; sondern auch weil man dar=
aus sieht, daß Gryphius von der Geschichte
der Scelenographie mehr gewußt hat, als die
Dichter jetzt gewöhnlich wissen.

In Gryphii Sinngedichten findet sich ei=
nes an die Prinzeßin, als er ihr sein Trauer=
spiel: Pipinian zuschickte. In vorerwähn=
ter Sammlung, poetischer Wälder, andrer
Band, 478 Seite.

Cardonio und Celinde.

Ist ein Trauerspiel des Andreas Gry=
phius mit Gespenstererscheinungen, die Gry=
phius selbst für nöthig findet durch ein Paar
Gespenstergeschichten aus dem Moschus zu
rechtfertigen. Die Begebenheit, welche er
auf die Bühne bringt, sey ihm in Italien als
eine wahre Geschichte mitgetheilt worden.

Diese Begebenheit, mit andern Namen
der Personen als Gryphius braucht, findet
sich in folgendem Buche:

Sucessos y prodigios de Amor, en Ocho
Novelas exemplares, por el Licenciado Juan
Perez de Montàluan, Natural de Madrid.
Madrid 1624. 8v. Da ist sie die zweyte
Novelle: de la Euerça del desenganno; fol.
29. b.

704

Juan Perez de Montalvan Leben steht in
Velasquez Geschichte der spanischen Dichtkunst — — von Joh. Andr. Dieze — —
241 S. Anm. (e)

Göttingen,   Abraham Gotthelf
   1789.   Kästner.

Fortsetzung der Anzeige von den Werken des K. K. Generals v. Ayrenhof.

Briefe über Italien, 11ter Brief — Von Handschriften in Bibliotheken.

„ Um sie in einer gewissen Ordnung zu übersehen, wollen wir sie in drey Klassen eintheil-
len. In die erste Klasse bringen wir die noch
ungedruckten Schriften des hohen Alterthu-
mes bis zum Verfall der Wissenschaften im
Occident; und die Werke der neuern Griechen, Araber und andrer Orientaler. In die
zweyte Klasse, die verschiedenen Uebersetzungen und Abschriften der Bibel, und die Abschriften der schon gedruckten alten Klassiker.
In die dritte, alle die ungeheuern Geburten

der Mönche und anderer gelehrten Vielschrei=
ber, die wegen ihres geringen Werthes ewig
Manuscripte zu bleiben verdammt sind.

Lassen sie uns nun auf jede dieser drey
Klassen insbesondere einen kritischen Blick
werfen! —

Die erste Klasse ist nicht nur die schätzbar=
ste von allen dreyen, sie ist meines Erachtens
die einzige, welche Aufmerksamkeit verdienet.
Besonders sollte die erste Abtheilung dersel=
ben, nämlich die ungedruckten Werke des Al=
terthumes, der Haupaugenmerk der Gelehr=
ten seyn. Wer kann zweifeln, daß hier noch
die wichtigsten Entdeckungen zu machen wä=
ren? Wenig große Bibliotheken wissen zu=
verlässig, was sie in diesem Fache besitzen,
und keine weiß es weniger, als die Vatika=
nische, die von ihren alten griechischen und
lateinischen Handschriften noch nicht einmal
einen ordentlichen Katalogus aufweisen kann.
Vor wenig Jahren hat ein bloßes Ungefähr
das schätzbare Fragment des T. Livius, wel=
ches den Krieg des Sertorius in Spanien
enthält, an den Tag gebracht. Ein gelehr=
ter Schwede mußte nach Rom kommen, diese
schöne Entdeckung zu veranlassen. Wer weiß,
ob nicht unzählige Schätze der Art, ganze
Werke, die im Alterthum berühmt, und für
uns bis jetzt verloren waren, in unsren ver=
nachlässigten Fundgruben des menschlichen

Verstandes verborgen liegen — ohne ihren
Besitzern einen grössern Nutzen zu bringen, als
die ariostischen Verstandesfläschchen im Mon=
de! —

Mit der zweyten Abtheilung, den orien=
talischen Werken, die seit Lorenz von Medicis
Zeit, bis auf die unsrige, allmählich nach
Europa gebracht worden sind, hat es eine
fast gleiche Beschaffenheit. Doch besitzt die
vatikanische Bibliothek von dieser Gattung
wenigstens ein Verzeichniß, welches aus vier
gedruckten Folianten besteht. Daß aber alle die=
se Schriften untersuchet und durchgelesen wor=
den sind, glaubt man in Rom selbst nicht. —
Wie manches morgenländische Manuscript ist
mit großen Kosten für unsre Bibliotheken er=
kauft worden, um da ruhig und ungenützt zu
vermodern? Wäre es denn für unsre Mäch=
tigen, die sich so gerne Beschützer der Wissen=
schaften nennen hören, ein so überschwengli=
cher Aufwand, wenn jeder ein Dutzend der
Sache angemessener Gelehrten zusammensetzte,
um in den eben so unnützen als berühmten
Manuscriptensammlungen das Gold aus den
Schlacken herauszusuchen? Wo könnte das
leichter und mit mehr Vortheil angefangen
werden, als eben zu Rom selbst, wo man
sich rühmet, eine so ungeheure Menge Hand=
schriften zu besitzen? wo man ein Sprachenin=
stitut, wie das von der Propaganda, hat?

Wie viel könnte hierin in Zeit von zwanzig
Jahren durch eine ununterbrochene Arbeit ge-
leistet werden! — — Mir scheinet, dies
wäre noch das einzige Mittel, unsrem zu Ende gehenden Jahrhunderte wirklich einiger-
maßen das stolze Beywort, des aufgeklärten, zu verdienen, dessen es sich bisher —
Gott weiß, mit welchem Grunde — ange-
maßet hat. Die Nachwelt würde dadurch gezwungen werden, uns zu danken, daß wir
ihr so manches kostbare Werk vor dem nagen-
den Zahn der Verwesung gerettet haben; da
wir ihr widrigenfalls, das vollkommenste
Recht einräumen, unsre Leichtsinnigkeit zu
tadeln, unsre Zeit, anstatt einer aufgeklärten, eine barbarische zu nennen, und sogar
zu wünschen, daß wir niemals Schätze dieser
Art in unsre nachlässigen Hände bekommen,
niemals dergleichen aus den Ruinen von
Pompeji, Herkulanum 2c. hervorgezogen hätten, weil sie dort beßer vor dem Moder be-
wahrt waren, als in unsren zierlichen Bü-
chersälen.

Desto gleichgültiger könnte man meines
Erachtens über die zweyte Klasse der Manuscripte bleiben. Was nützen alle die verschiedenen Dollmetschungen und Uebersetzungen
der Bibel, worin so viele grüblende Theolo-
gen von allen christlichen Gemeinden neuen
Entdeckungen nachjagen? Wozu denn neue

Entdeckungen, deren jede ein neuer Zankapfel
unter ihnen werden kann? Sind die bereits
gedruckten Bibeln nicht hinreichend uns zur
Seligkeit zu führen? Was brauchen wir
mehr in einer Sache zu wissen, von welcher
die schwache menschliche Vernunft nie vieles,
schwärmende Köpfe hingegen zu vieles wissen
werden?

Noch weniger Achtung scheinen mir die
alten Abschriften der schon gedruckten Klassiker
zu verdienen, so viel man sich auch in den
meisten großen Büchersammlungen darauf zu
gute thut. Sie sind meistens Arbeiten der
müssigen Mönche aus den Jahrhunderten der
Unwissenheit, da jeder, der eine schöne Ab=
schrift eines berühmten Klassikers besaß, sich
dreist unter die Gelehrten zählte. In jedem
Kloster war eine eigene Schreibstube, wo die
jungen Mönche zur Ehre und zum Gewinn ih=
res Klosters die alten Klassiker copiren, und
mit schönen Randbildern ausmalen mußten.
Eine ganz kluge Speculation für die damalige
Zeit! Was kann aber ihr Daseyn jezt, da
man sie gedruckt findet, der Welt nützen?
Ich habe in ein Paar Bibliotheken dergleichen
Codices, wie man sie nennet, untersucht und
um viele Blätter mangelhaft gefunden, und
doch ist man stolz auf ihren Besitz geblieben.
Regierenden Häusern und Republiken können
allenfalls die alten Urkunden ihrer Archive
von

von großem Werthe bleiben, wenn dieselben
auch schon mehrmal abgedruckt worden wären; was aber ein vor vierhundert Jahren
abgeschriebener Xenophon oder Homer, Sal-
lustius oder Virgil vor einem gedruckten voraus habe, das begreife ich nicht.

Aber die dritte, die zahlreichste, die un-
übersehbarste Klasse der Manuscripte ist grade
die allerschlechteste. Was für unnützer Ueberfluß! was für ein erbärmlicher Reichthum
dieser Klasse füllet so unzählige Fächer unsrer
großen Bibliotheken, zumal der römischen
aus! Thörichte Komentatoren der Kirchenvä-
ter! Verwegene Erklärer unerklärbarer My-
sterien! Unsinnige Biographien der Heiligen!
Spitzfindige Casuisten! und Ihr, verketzernde
Controversisten! waren eure unseligen Schriften wohl würdig, auf die Nachwelt zu kommen? — Zwar liegen dieselben schon seit ge-
raumer Zeit vor allen vernünftigen Menschen
in Ruhe; zwar wird ihr Daseyn auch künftig
wenig Einfluß auf Glück und Unglück der
menschlichen Gesellschaft haben; der Himmel
und die gesunde Philosophie wird uns vor den
Uebeln bewahren, die sie ehemals auf dem
Erdboden angerichtet haben; wäre es aber
dessen ungeachtet nicht noch weit besser, wenn
sie gänzlich aus unsrer Welt vertilgt würden?
Wenn man sie samt allen ihren im Druck vor-
handenen Brüdern und Schwestern auf große

Y y

Haufen zusammentrüge, zu einem Auto da
Fe, deren sie so viele der gräßlichsten veran=
laßt haben, sie verdammte, und als Sühn=
opfer der Menschheit ex Voto in Rauch auf=
gehen ließe? Wäre das nicht ein herrliches
Feuerwerk, noch weit herrlicher, als die be=
rühmte Girandola beym Feste des h. Peter?
Nicht ein neues Mittel unserm Jahrhunderte
den noch nicht verdienten Beynamen des
Aufgeklärten zu verdienen?

12ter Brief.

Charakter der Italiener. — — — —

—„ Eitelkeit und Stolz sind ein paar
Tyrannen, die ihre Herrschaft durch die ganze
weite Welt ausgebreitet haben, aber beynahe
jedes Land nach anderen Gesetzen beherrschen.
Es ist meine Schuldigkeit, diejenigen Züge
von der Eitelkeit und dem Stolze der Italie=
ner zu bemerken, wodurch sie sich in diesen
moralischen Gebrechen von andern Nationen
unterscheiden: aber ich werde dabey keiner=
dings behaupten, daß andre Nationen weni=
ger gebrechlich seyen.

Beyde Gebrechen haben einerley Ursprung
in einer übertriebenen Eigenliebe; äußern sich
aber auf verschiedene Art. Wenn es keine
so mißliche Sache um das Definiren wäre,
würde ich sagen: Eitelkeit ist das moralische
Gebrechen desjenigen, der über seinen Werth

überhaupt, oder über irgend einen besondern Vorzug, zuviel sich selbst schmeichelt; Stolz hingegen das Gebrechen desjenigen, der das erst Gesagte mit Verachtung Andrer thut. Es gibt wohl auch einen edeln Stolz, welcher Tugend ist, aber dieser äußert sich weder zu viel, noch mit Verachtung Anderer.

Was ich von der Eitelkeit der Römer gesprochen habe, läßt sich ohne Gewaltsamkeit auf die Italiener überhaupt anwenden.

Aeußerlicher Pracht an Gebäuden, Equipagen und Bedienten reizet sie am meisten. Diejenigen, welche sich für den Aufwand der zwo letztern Rubriken zu schwach fühlen, trachten wenigstens ein schönes Haus zu haben. Aber auch diese Leidenschaft spielet ihnen sehr oft den bösen Streich, sie weiter zu treiben, als sie vermög ihrer Kräfte gehen sollten. Sie fangen zu prächtig an, und endigen niemals. Fast kann man sagen, daß die Hälfte aller italienischen Palläste und Villen unvollendet da stehet, um von der Eitelkeit ihrer Schöpfer zu zeugen.

Die Faßade (ein Umstand, den wir an unsrem Gemälde nicht unbemerkt lassen dürfen, so sehr er Kleinigkeit zu seyn scheint) die Faßade ist immer das erste, was an einem Gebäude vollendet werden muß. Nach der Faßade ist man auf einen großen zierlichen Saal bedacht; die Eintheilung der Wohnzimmer und andrer Bequemlichkeiten bleibet der letzte Gegenstand der Aufmerksamkeit —

Nebst der übertriebenen Neigung zum äußerlichen Pracht muß man dem Italiener seinen Wunsch, für sehr schlau angesehen zu werden, und die zu hohe Meinung, die er von der paradiesischen Schönheit und Güte seines Landes hat, als Züge charakteristischer Eitelkeit anrechnen. — Noch eine andre Schlange der Verführung ist für ihn seine Sprache. Dieser ertheilet er ohne Bedenken einen höhern Werth, als allen andern — nicht etwa ihres Reichthums, ihrer Energie, ihrer Bestimmtheit wegen; dawider würde sich zu Vieles einwenden lassen: sondern wegen ihres sinnlich schönen Lautes, wegen ihrer Singbarkeit. Es ist wahr, daß die italienische Sprache durch die Menge ihrer Vokale, bey aller daraus entstehenden Kakophonie, für die weiche Kehle eines Kastraten weit schicksamer ist, als alle ihre jetzt lebenden Schwestern; daß in dieser Rücksicht auch nicht die griechische, und um desto weniger die volltönende Heldensprache der alten Römer sich mit ihr messen darf; allein sind denn die Sprachen der Menschen, gleich der Sprache der Vögel, bloß des Singens wegen da?

Was den Nationalstolz betrifft, bekenne ich recht gerne, daß die italienische Nation

nicht mehr davon hat, und ihn beſſer zu verbergen weiß, als die meiſten Völker, ſelbſt
die nicht ausgenommen, bey denen man ihn
am wenigſten vermuthen ſollte. Ich habe
nur zweyerley Gegenſtände bemerkt, bey welcher ſich der Nationalſtolz des Italieners am
ſichtbarſten äußert; und dieſe ſind die Thaten
ſeiner Vorfahren, der tapfern Römer, und
ſeine neuen Verdienſte um Wiſſenſchaften und
Künſte. Beyde Gegenſtände geben ihm in
der That einiges Recht, vortheilhafter von
ſich, als von vielen andern zu denken: denn
Tapferkeit und Wiſſenſchaften haben zu allen
Zeiten vorzüglich vor allen Tugenden, den
Ruhm der Völker beſtimmt, und werden aus-
ſchließend noch jetzt — wenigſtens von Ma-
lern und Bildhauern — des Lorbeerkranzes
würdig geachtet. u. ſ. w.

13ter Brief.

Theater der Italiener — — —

„ Die Italiener waren die erſten, die
eine regelmäßige Tragödie hatten. Dieſe
Tragödie iſt die Sophonisbe, von der ich
ſchon geſprochen habe. Als ein Erſtling der
Kunſt verdient ſie das Lob, welches ich ihr
damals ertheilte. Allein im Grunde iſt dieſe
Sophonisbe nichts mehr als eine ſchwache

Nachahmung der Griechen, worin man zwar die Form, aber nicht den Geist jener großen Meister nachgeahmt findet. Es ist nicht genug, die Regeln des Aristoteles zu beobachten; man muß Verstand und Herz des verständigen und fühlenden Zuschauers interessiren und rühren. Dies ist der Zweck des tragischen Dichters, die Regeln sind nur das Mittel zum Zwecke zu gelangen. Dem Beyspiel des Trissino folgten bald Rucellai, Giraldi, Lodovico, Dolce, und andre nach; allein sie blieben wie Trissino, selbst wann sie übersetzten, noch tief unter ihren Originalen, den Alten. Ich sage kein Wort von den tragischen Pastorellen, die bald nachher so beliebt wurden, und die, nach meinem Gedanken, eine — nicht glückliche Erfindung des Torquato Tasso sind, ob ich gleich seinen Aminta für ein schätzbares Gedicht erkenne. Der Kothurn passet Schäfern nicht besser an, als der Schäferstab den Cäsarn und Alexandern. Indessen fand diese Gattung durch das Ansehen ihres Erfinders eine so große Menge von Liebhabern und Nachahmern, daß die Gattung des Sophokles und Euripides auf lange Zeit darüber vernachläßiget, beynah vergessen ward. Große Genies sollten sich wohl bedenken, ehe sie es wagen, in irgend einer Kunst oder Wissenschaft ganz neue Wege einzuschlagen. Sind die neuen Wege

nicht beſſer, oder wenigſtens vollkommen eben
ſo gut, als die alten, ſo richten ſie, eben
weil ſie große Genies ſind, durch die Neue-
rung. mehr Uebel an, als ſie ſelbſt glauben.
Ich könnte hierüber einheimiſche Beyſpiele
anführen. Freylich werden ſolche Erfindungen, gleich den Kometen, nach einiger Zeit
von der Natur ſelbſt aus dem Raume ver-
drungen, wohin ſie nicht gehören, allein das
geſchieht öfters erſt, wenn ſie durch ihr langes Daſeyn ſchon unerſetzlichen Schaden ver-
urſacht haben. In Italien verfloß eine lange
Reihe von Jahren, ehe man wieder die tra-
giſchen Vorzüge erkannte, welche die Oedipe
und Philoktete über die Aminte und Paſtor-
ſide haben.

Einen andern nachtheiligen Einfluß auf
das Theater der Italiener hatte im ſechzehen-
ten Jahrhundert der verderbte Geſchmack der
Spanier. Dieſe Nation war damals durch
Macht und Reichthum die herrſchende in Europa. Mit ihrer Sprache, welche die Sprache aller Höfe war, breitete ſich auch ihr Geſchmack aus. Die Theaterſtücke des Calderon,
Cervantes, beſonders aber des Lopez de
Vega, wurden an allen Höfen aufgeführt,
und von andern Nationen nachgeahmt. Lopez
Theaterſtücke ſind Vorſtellungen abentheuerli-
cher Begebenheiten, worin alle Wahrſchein-

lichkeit, dies Haupterforderniß des guten Drama, gänzlich dem Wunderbaren und Romanesken aufgeopfert wird; aber es kommen Züge des Genies darin vor, die oft wie Blitzstrahlen aus finstern Wolken hervorbrechen, und jeden Zuschauer, dessen Geschmack nicht fest gegründet ist, leichtlich verblenden können. Lopez war wirklich ein ausserordentliches Genie. Die Menge seiner Schriften, wovon der größte Theil in Versen, ist unglaublich. Die Anzahl seiner Theaterstücke soll sich auf 2000 erstrecken. Voltaire sagt zwar mit Recht; Wer tausend Theaterstücke gemacht hat, hat sicher nicht Ein gutes gemacht; allein für den großen Haufen waren sie eben, was sie seyn sollten; und für diesen schrieb Lopez. Eine Erklärung hierüber von ihm selbst ist merkwürdig. „Als ich zu „ schreiben anfing, sagt er, fand ich das „ Theater bey uns beschaffen, nicht wie die „ Alten gedacht haben, daß man es nach ih- „ nen einrichten würde; sondern wie es viele „ Unwissende verunstaltet, die dem Volke ih- „ ren groben Geschmack beygebracht haben. „ Dieser schlechte Geschmack ist so sehr einge- „ rissen, daß derjenige, der es wagt, nach „ den Regeln zu arbeiten, in Gefahr steht, „ ohne Ruhm und Belohnung zu sterben; „ denn unter Leuten, die sich der Vernunft „ nicht bedienen wollen, vermag die Ge-

„ wohnheit mehr, als alle Vorstellungen. "

Zu dieser Zeit erhielt Italien, und so alle
Länder wo Theater waren, weder mehr eine
Tragödie, noch eine Komödie nach dem Idea=
le der Alten. Die Stücke waren ein Gemisch
vom höchsten tragischen und niedrigsten Bur=
lesk, mit Verkleidungen, Entführungen,
Massakren, Zaubereyen und Gespenstern voll=
gepfropft. Alles was sich aus jener Zeit noch
erhalten hat, ist Beweis davon; aber der
stärkste von allen Beweisen sind die Werke
des berühmten Shakesper's, welcher Lopez
glücklichster Nachahmer in England war. —

Auch in Absicht der tragischen Diction sind
meines Erachtens noch wenig italienische Dich=
ter glücklich gewesen. Ihr Styl ist meistens
zu reich an poetischen Gemälden, Gleichnis=
sen, und zur Unzeit genauen Beschreibungen,
wodurch er mehr episch als tragisch wird.
Die Sprache der Helden muß, ohne Prunk
edel und erhaben seyn; die Sprache der Lei=
denschaften verträgt gar keinen Schmuck. Bey
diesen ist fast allezeit der einfacheste Ausdruck
der beste. Die Alten sind auch hierin noch
stets unsre Meister geblieben. Ich weiß zwar,
daß man auch Ihnen öfters Vorwürfe über
einige zu weitläufige Beschreibungen macht;
aber bey genauer Erwägung findet man im=

mer, daß sie nicht ohne Absicht, und fast nie
zur Unzeit weitläufig sind. Und wie sehr unterscheidet sich auch da noch der simple Ausdruck ihrer handelnden Personen von dem
poetischen ihrer Chöre! —

Unsre sogenannten deutschen Genies —
unfähig, Köpfe und Herzen zu interessiren —
fahren noch immer fort, für die Augen der
Gaffer zu dichten. Und endlich fahren fast
alle unsre Journale und Theaterzeitungen
noch fort, solche Geniewerke mit so viel Antheilnehmung zu erheben, daß man wetten
sollte, Stücke und Kritiken flössen aus einer
und derselben Feder. ——— ——— ———

Welcher patriotische Deutsche kann mit
dem unsrigen (dem Theater) zufrieden seyn,
wenn ja dasjenige wahr ist, was Billefeld,
und mit ihm so mancher andre vernünftige
Mann behauptet: daß die Schaubühne nicht
nur eine Schule guter Sitten, sondern auch
der Höflichkeit und der Sprache seyn müsse?
wenn es wahr ist, daß eine gut eingerichtete
Schaubühne dem unerfahrnen Weltmenschen
Licht geben könne, wie er sich in hundert Vor-
fallenheiten des menschlichen Lebens klug,
und in guten Gesellschaften mit Anstand zu betragen habe? Wenn es endlich wahr ist, daß
sie ein zuverläßiger Prüfstein des Gefühls und
Geschmacks einer Nation sey? — Was

kann der fremde Beobachter vom sittlichen
Gefühle und Geschmacke unsrer Landsleute
denken, wenn er erfährt, daß unsre Theaterdichter Unsinn und Regellosigkeit für Merkmal des Genies betrachten? Wenn er sieht,
daß beynah in allen unsren beliebtesten Stücken Trunkenbolde, Schürken, Räuber, Meuchelmörder, Nothzüchtiger vorkommen?
Wenn er noch sieht, daß eben diese schändli-
chen Charaktere oft mit so anziehendem Ko-
lorite geschildert sind, daß sie dem Zuschauer — nicht zum Abscheu, sondern zur
scherzhaften Unterhaltung dienen müssen? —
Seneka schreibt es größtentheils dem oftma-
tigen Anblicke der grausamen Fechterspiele
zu, daß Nero allmälig das grausamste von
allen menschlichen Ungeheuern geworden:
kann man wohl von unsren Schauspielen, worin so oft mit Lastern gescherzt und getändelt
wird, einen vortheilhaften Einfluß auf die
Sitten des Publikums erwarten? — —
Die Schaubühne muß den Zweck haben,
die menschlichen Thorheiten dem Hohngeläch-
ter Preis zu geben; aber sie wird verderblich
für unser Gefühl, wenn sie uns daran gewöhnt, mit Lastern zu scherzen, und wird
verderblich für unsren Verstand, wenn sie
uns daran gewöhnt, über plumpe Possen zu
lachen, oder unsern Geist durch unwahrschein-
liche Vorspiegelungen täuschen zu lassen."

Res fuo ævo geftas memoriæ tradidit, Car.
Guft. Schultz ab Afcherade reg. Soc.
litter. Holmenfis. Hagæ Comitum apud
p. F. Goffe 1787. 8. 295. Seiten ohne
die voranftehende Epitome, dem Kron‐
prinzen von Schweden zugeeignet.

Eine für unfere Zeiten ganz unerwartete Erfchei‐
nung. Nach einer kernhaften Schilderung des
politifchen Zuftandes von Europa nach dem 1748 zu
Aachen gefchloffenen Frieden folgt die Gefchichte
vom J. 1755. bis 63. in welcher Zeit bekanntlich
der groffe fiebenjährige Krieg in allen Welttheilen ge‐
führet worden ift.

Voran ftehet die Mufe der Gefchichte in einem
niedlichen Kupferftich mit dem Wahlfpruche: Sine ira
& Studio, aus dem Tacitus, deßen Schreibart der
Hr. Verfaßer fich hauptfächlich zum Mufter gewählet
hat. In dem mit wahrer typographifchen Schönheit
gedruckten Werke felbft kommen auch die Bildniße
der beiden grofen Männer, K. Friedrichs II. u. J.
W. Pitts vor.

Die Gefchichte ift fo kurz als freimüthig abgefaf‐
fet, ohne einige Abtheilung in gewiße Bücher und
Kapitel, welches jedoch weder Tacitus noch Florus
gethan haben. Beßer wäre es allerdings für den Le‐
fer gewefen, diefe beiden Vorgänger auch hierin nach‐
zuahmen, da bei einem folchen Werck ohnehin die
ftärkfte Anftrengung der Augen und Gedanken erfor‐
dert wird.

Seinen Plan entdecket der Hr. Verfaßer auf der
4 Seite mit folgenden Worten: Quæ mortales agi‐
tavere confilia, difpicere, inquirere caufas, per‐
pendere mores, caftigare pravos, fuum bene me‐

ritis referre decus , nobilius vel proprium., quo
iungi noſtra conatur opera, videtur eſſe munus.

Da die Geſchichte ſelbſt und ihre Triebräder an=
noch in friſchem Angedenken, und das Erzählte,
ſoviel wir urtheilen können, der Wahrheit gemäs iſt,
ſo kommt es vornehmlich darauf an, daß das geſag=
te gut geſagt, der Sprache angemeßen und verſtänd=
lich ſey. Jedermann kennet und lobet die hiſtoriſchen
Werke des Tacitus, wegen den wichtigen Nachrich=
ten, die wir daraus erlernen, und der großen Frei=
müthigkeit, die darin herrſchet. Er hat aber ſeine
eigene Schreibart, die für uns ſo viele Schwierig=
keiten als Schönheiten hat. Aber unſer Hr. Ver=
faßer hat bei ſeiner Nachahmung deßelben, vermuth=
lich aus Uebereilung, ſich auch ſolche Wendungen
und Ausdrücke erlaubt, die wie uns deucht, weder
Tacitus noch ſonſt ein guter Röm. Schriftſteller ge=
brauchet hat.

Gleich anfangs in der kurzen Zueignung lieſt man:
quod populorum regimen pertinet, und Seite 38.
quæ doctrinam ritum pertinet. Unſers Bedün=
kens iſt hier das Wörtchen ad unentbehrlich.

Seite 9 ſtehet: duodeviginti *annorum* natus. S.
25. iſt von dem großen Erdbeben zu Liſabonn die
Rede, und wird dabey angemerket, daß ſolches an
demjenigen Tage erfolget ſey, qua ſolenne *editurum*
erat judicium, vulgo *Actum* fidei nuncupatum.
Beide unterſtrichene Wörter ſtehen hier nicht am rech=
ten Orte. Eben ſo verhält es ſich auch mit der S.
54 genannten Veſtung Königſtein caſtellum neutri
bellantium *editurum*, anſtatt adeundum.

Seite 34 heiſet es von dem großen Pitt: obti-
nuitque, non qui *ſe* diteſceret, ein wahrer germa-
nismus.

Nach S. 36 ſtehen die Franzoſen in *projecta ſer-
vitute,* ein für dieſe wichtige Nation ſehr beleidigen=
der, aber auch zugleich falſcher Ausdruck, der ſich
nicht vertheidigen läßt. Tacitus ſagt projecta ſena-
tus auctoritas, und das verſteht man, aber nicht
projecta ſervitus.

S. 43. wird von dem König Friedrich II. von Preußen gesagt, toties *ex Austriaco* victor, anstatt Austriæ oder Austriaci victor.

S. 54. wird derselbe feminis meroque invictus genannt, worunter man eher das Gegentheil deßen, was es heisen soll, verstehen kan.

S. 56. wird parricida als ein Beiwort gebraucht, *parricida manu* ac bilingui pugione percussus.

S. 58. *regicidarum* non insolens Gallia, ein harter Ausdruck, anstatt regicidiorum, so wie beim Tacitus bellorum insolens gefunden wird.

Nach S. 66. ist des Königs von Preußen ältester Bruder e *pectoris* tædio gestorben. Man sagt aber tædium vitæ, laboris &c. in einem ganz andern Verstand.

So kommen auch die nicht gewöhnliche Redensarten concupiscens *alieni, improvisus* hostis; anstatt improvidus vor. Frankfurt am Mayn heißt S. 144. Trajectum Moeni, Romana civitas, welches vermuthlich eine Reichsstadt bedeuten soll. *Ricolocus* anstatt des schon lang angenommenen Richelius; *Castellæ Novus* für Nieucastel &c.

Bei der gedrängten Kürze, deren sich der Hr. Verfaßer befließen hat, daß er sogar bei der S. 39. angeführten Staatsveränderung in Schweden nach dem Tode Karls XII. seine Nachfolgerin nur schlechtweg Ulrica und ihren Gemahl Fridericus nennt, ohne zu sagen, daß jene seine Schwester, u. dieser ein gebohrner Landgraf von Heßen gewesen; *) ist er dennoch zuweilen auch in unnöthige Weitläufigkeiten gerathen, z. B. S. 57. wird von dem Königsmörder Damiens zweimal erzählet, daß er durchaus keine Mitschuldige seiner verfluchten That habe angeben wollen.

---

*) Eben daselbst fehlet ein Hauptwort in der Stelle, valido adhuc apud gentem dominantium N. B. recens expertam, erga regem obsequio.

Zu Ende des Werks stehet zwar ein Verzeichniß mehrerer Druckfehler, das aber nicht vollständig ist. In der Zueignungsschrift findet sich non *vera*, an= statt non vero; S. 29. *afferaverim* anstatt affevera- verim oder afferuerim; S. 33. *afferrerentur* anstatt afferrentur.

Das Werk verdient im Ganzen vorzügliches Lob und verdient die Aufmerksamkeit jedes Freundes der Literatur. Wir führen einige Stellen hier an, um den Leser mit der Manier des Hrn. Verfassers bekannter zu machen.

Der vor dem entscheidenden Treffen bei Roßbach gewagte feindliche Einfall in die Königl. Residenz= stadt Berlin wird p. 71 also beschrieben:

Callide caſtra mutanti ac in occaſiones intento nunciatur Friderico, infeſtis ſignis peti Berolinum, mox captum eſſe. Egregii facinoris repertor Ha- dicus, Hungarus, expedito cum milite, per quam vocant inferiorem Luſatiam ſerpens, propugnatore obvio nusquam, rapuit Berolinum ſubito circum- fuſum, mœniis ſolum, adeo non operibus, vix præſidiario ullo firmatum. Confugerat Spandaviam regina: plectebatur multa dedita urbs, cunctis pro- pere peractis, ut intra biduum diſceſſerit Auſtria- cus, coire certior factus, qui præcluderent redi- tum, hoſtiles globos. Protinus enim cum lecto equite juſſerat rex invehi Deſſavum, ſequebatur ipſe. Aegre tandem, laceratoque tergo, elabitur Hadicus, fortuna modeſte uſus, famoſæ expeditio- nis, quam noxiæ, ferens laudem.

Die Nachricht von der bei Lißa den 5 Christm. 1757. gelieferten großen Schlacht beschließet der Hr. Verfaßer p. 83. mit folgender Entschuldigung, die einen Bezug auf seine ganze Arbeit hat:

Claros eventus, qui feſtinatis nunciis vulgati, attollendo verſaque vice deprimendo victorem vic- tumve, gaudia ſubinde miſcuere ac mœſtitiam, ſuſpenſumque alte quondam tenuere orbem, me quidem obiter percurrere ſcio ſocordiamque carpi vereor, tanta, quæ ſummam rerum tranſtulere,

fata brevi fermone abfolventis. Sed ingenitum eſt
mortalibns, ſicut partium ſtudium, ſic noſcendi,
quæ ſuo maxime ævo evenere. Quare habebunt
excuſatum & futura ætas, incuria præteriti, &
qui ſagaciores hiſtoria uti malunt, quam relatum
legere, quos caſus continuo eosdem, modo loca
hominesque mutans volvit, vertitve infida ſors.
Nec illorum invideo labori, qui fuſe narrarunt,
pro genio ſatagens mobilem prœliorum vicem per-
functoria oratione delibaſſe.

In das Stammbuch des Hrn. Weiſenbur-
ger von dem Hrn. Grafen von Salis-
Sevis aus dem Stegreif.

Auch Thränen, die das Herz nur weint,

erquicken uns, wie Maienabendkühle,

Allvater, der es gut mit allen meint,

gab Weisheit dir, dem keine Sonne ſcheint,

und ſtatt des Blicks die feineren Gefühle.

Fortsetzung
des Trauerspiels, der Regent.

Vierter Aufzug.

Erster Auftritt.

(Ein Zimmer in der Burg.)

Solerno. Paula.

Solerno.

Auch Gold vermochte nichts?

Paula.

Umsonst bot ich es an.

Solerno.

Unselige Nachrichten! — Ist keine Hülfe da? — Mit Klugheit müssen wir zu Werke gehen.

G 3 3

Paula.

Weißt du von dem Prinzen nichts?

Solerno.

Nichts. Düstere Nacht verhüllet uns alles.
Zweydeutig ist der Diener Blick; sie eilen hin
und her, stumm und wild. Wo ist der
Tyrann?

Paula.

So eben traf ich ihn; er gieng vorüber,
und wandte seinen Kopf nicht auf die Seite,
aber schien zu fürchten, sein Fußtritt möchte
gehört werden. Als er vorübergieng, starrt'
er mich an; doch ihm entfiel kein Wort.

Solerno.

Ich ahnde etwas. — Wo ging er hin?

Paula.

Nach Dianorens Zimmer.

Solerno.

Dann brütet er Unheil. Schützet sie, ihr
Engel! Was soll ich nun thun? Fruchtlos
ist es, hier zu bleiben; doch sie verlassen —
Arme Dianora! — Kann ich ihr helfen? —
Nein, ach, nein! — Der Himmel schütze
dich — Ich eile zu Ansaldo'n, verkünde ihm
die Gefahr, und bringe ihn her, mit Zorn

gewaffnet zum schreckenvollen Kriege. (Paula ab.)
(Solerno nachdenkend.) Ha! wüßte ich gewiß,
der Streich erreichte sein schändliches Herz,
wär es nicht das Beste, ich lauerte auf ihn
im Hinterhalt, durchbohrte ihn rücklings —
so wäre es geschehen — Allein ich bin nun
schwach, und sollte ich mein Ziel verfehlen —

Zweyter Auftritt.
Gomez. Solerno.

Solerno.

Was ist das, Gomez? Warum dies Blut
an eurem Schwerte? Woher der starre Blick.

Gomez.

O, hättest du's gesehen —

Solerno.

Was? Was gesehen?

Gomez.

Die Hölle kämpfend mit dem Himmel —

Solerno.

Sprich, sprich. Was hat der Bösewicht
gethan? — Woher dies Blut?

Gomez.

Nichts: eine Schramme nur — nur eine
Schramme — Solerno, höre mich: verhüll
Ggg 2

in Schweigen, in schwarzer Phantasie ver=
loren, führt mich das Ungefehr an Dianorens
Zimmer; — der Drohung Saite klung in
meinem Ohre. Ich stand — es war die
Stimme Manuels — Ich lauschte, wie das
Reh der Berge, wenn des Jägers Horn er=
schallt. — Umher schwieg alles. Doch bald
verwandelt sich sein Grimm in Wuth; er schrie
plötzlich: "Ergib dich, oder stirb!" — Ich
sprengte die Riegel, und eilte ihr zu Hilfe.

Solerno.

Wohl — und dann?

Gomez.

O, kalter Schauer bebt durch jede Ader! —
Da lag die gute Fürstin ausgestreckt; Manuel
kniete, zückte hoch in einer Hand den Dolch,
faßte mit der andern Dianoren, und ward vor
des Opfers Zittern selbst erschüttert. Mit dem
Muthe der Märtyrer blickte sie zum Himmel
auf — Ach, ein Bild irrdischer Qual? des
geistigen Triumphs Gemälde!

Solerno.

Ach, Dianora! Fürstin! gebeugtes Weib!

Gomez.

Aufgeschreckt durch meine Gegenwart,
verließ er seine Beute, und mit einem Blicke,

er......... ....

der heiße Luft und Rache sprühte, stürzte er aus dem Zimmer. Im Todesgrimm, als er vorüberstürmt, versezt er mir einen Stoß, der abgleitend mich nur leicht verwundet. — Ich achte dieses nicht, starre nur auf die beschimpfte Schöne hin, die zitternd lag, wie der gefallene Vogel, dessen seidenes Gefieder, der wilde Hund zerriß. — Ich hob sie auf — mich dünkte, sie dankte mir; doch in solch schwachem Sterbetone, daß ich mehr die erstickten Worte rieth, als hörte.

Solerno.

Ha! ist sie verwundet?

Gomez.

Nein; aber noch bebt ihre Seele.

Solerno.

Dann Dank dir, o Himmel! — Wo ist sie? Wo? Ich eile zu ihr hin.

Gomez.

Unmöglich. Auf meinen Arm stützend wankte sie, umgeben noch von Schrecknissen, hieher: da stürzte plötzlich eine blutige Rotte mit offenen Rachen auf uns zu; ein Theil drohte mir, indessen die übrigen sie von meiner Seite reissen. Ich zog das Schwert, und

die Mörderschaar floh — Ha! ein Theil davon soll Morgen nicht mehr athmen! — Ich
eilte auf die Stelle, wo die teuflische That
geschehen war; und zerstöret war alles — ein
schauervolles Bild der Schreckensscene.

Solerno.

Unglücklicher Zufall! Verhängniß, grau-
sames, widriges Verhängniß! Muß sie also
fallen? — Verhütet dies, ihr Mächte des
Himmels! — So elend nun, und doch so
gut! — Süße, süße, arme Fürstin!

Gomez.

Durchsuchen wir die Burg, kein Winkel
bleibe unausgespähet, bis sie gefunden ist.

Solerno.

Gib mir deine Hand; denn edel war
deine That. Ja wir wollen die Mörderbrut
vertilgen: ein Sturm soll sie von hinnen fe-
gen, obschon sie fest wurzeln, wie Kalpe's
Felsen.

Gomez.

Was wollt ihr thun.

Solerno.

Gehet und fraget nicht. In dem dü-
stern Walde, welcher der untergehenden Son-

nc gegenüber liegt, steht eine Ulme, des Forstes Königin; die bemooßten Arme troßen dem heulenden Sturme.

Gomez.

Ich kenne diesen Baum.

Solerno.

Dort gehet hin; ich folge euch. (Gomez geht ab.) Das Beste wäre, allein durch die Thore zu gehen und dann —

Dritter Auftritt.

Manuel. Solerno.

Manuel.

Wo ist Gomez? Antworte.

Solerno.

Wo ist Dianora?

Manuel.

Wo ist er?

Solerno.

Wo ist Karlos?

Manuel.

Verworfener Sklave! (ab.)

Solerno.

Ich eile zu Gomez: ihm droht Gefahr.

(geht schnell ab.)

Ggg 4

Vierter Auftritt.

(Ein Wald.)

Ansaldo. Gerbin.

Ansaldo.

Ha, mein guter Gerbin! welche Nachrichten bringst du mir?

Gerbin.

O, mein gnädigster Herr! hättet ihr gesehen, wie das Lächeln der Freude auf die blassen Gramgesichter zurückkehrte, als ich euren Namen nannte, ihr würdet gerührt worden seyn.

Ansaldo.

O, so ist Ansaldo noch nicht vergessen?

Gerbin.

Vergessen? — Ihr wart der Vater eures Volkes, das euch beweinte, bis die Grausamkeit des Tyrannen es zwang, seine Thränen zurückzuhalten. Ach, Herr! ihr könnt euch den Jammer nicht denken — Um seinen Vater nicht weinen dürfen, ist schrecklich!

Ansaldo.

O Gott! segne mein Beginnen. Ich will meinem Volke seinen Frieden wieder geben; Manuel soll sterben, oder Ansaldo nicht leben.

Gerbin.

Das gebe der Himmel! — — Die Vor=
ſicht hat euch ſo wunderbar erhalten; ſie hat
euch auserſehen, das Laſter zu ſtrafen. Dies
iſt die allgemeine Stimme; als ich kam, und
meinen guten Brüdern, euren Getreuen, ſagte:
hört, Freunde! Herzog Anſaldo lebt — er iſt
wieder gekommen! — O, da fielen einige
auf die Knie, und ſtammelten Worte des Dan=
kes zu Gott; andere waren ſprachlos in ent=
zückender Beſtürzung, andere ſprangen auf
und griffen zu Waffen. Alle aber drängten
ſich um mich her, und fragten; wo iſt unſer
lieber Herr! — Noch hält er ſich in meiner
Hütte auf, ſagte ich, weil er die Bosheit
Manuels ſcheut — Manuels? ſagten alle —
Ja, Manuels, verſetzte ich; — denkt, meine
Freunde! dieſer Böſewicht hat unſern guten
Herzog wollen ermorden laſſen; er wollte ſelbſt
Herzog ſeyn, und die edle Dianora zu ſeiner
Gemahlin machen! — —

Anſaldo.

O Gerbin! dieſe Erinnerung —

Gerbin.

Habt Muth, mein edler Gebieter! Denn
hört nur: wie ich das den ehrlichen Landleuten
ſo erzählte, da hättet ihr ſehen ſollen, wie Le=

Ggg 5

ben in die hagere Gestalten kam. Der feurige
Unwillen verscheuchte die Farbe des Kummers
von den bleichen Wangen. Sie riefen allzu=
mal: Alter Gerbin! führ uns zu unsrem ge=
liebten Herrn! wir wollen für ihn fechten!
Der Tyrann soll sterben! — Ach! Herr! —
Da konnte ich nicht mehr — ich weinte vor
Freude! Ich rief: ich danke dir, guter Gott!
daß du mich nicht hast sterben lassen; sonst hätte
ich ja diesen seligen Tag nicht erlebt! —

Ansaldo.

Wodurch habe ich diese Seligkeit ver=
dient! — Sieh, guter Greiß! auch meine
Thränen fließen. Ich fühle mich gestärkt; ich
habe Muth — wir werden siegen. Und sollte
ich je vergessen, was ein Fürst seinem Volke
schuldig ist; so erinnert mich an diesen Tag;
und wenn ich dann nicht jede Pflicht aufs streng=
ste erfülle, wenn ich nicht aufs Neue an eurer
Glückseligkeit arbeite: so möge ein noch schreck=
licheres Geschick mein Loos seyn, als das,
welches einst mir drohete! —

Gerbin.

O, ihr werdet immer enres Volkes Schutz=
geist seyn! — Als ihr verloren wart, kehrte
das Unglück bey uns ein. Seuche raffte unsre
Heerden weg; Hagel erschlug unsre Saaten:

gleichsam, als ob der Himmel uns Vorwürfe machte, daß wir unsern guten Herzog nicht rächten. Aber nun wollen wir diese Schuld tilgen. Die Sonne unsers Glückes ist wieder erschienen, und ihr belebender Strahl hat unsren Muth erwärmt.

Ansaldo.

O, wie glücklich wäre ich, wenn nur — Sieh, wer komt da?

Gerbin.

Ach, Herr! es ist Gomez, Manuels Bruder! — Fliehet — o fliehet!

Ansaldo.

Gomez? — Ha, ich weiß schon — ihn habe ich nicht zu fürchten. Doch soll er mich jetzt noch nicht sehen. Gerbin! sagen meine Getreuen, daß sie bereit sind, meinem Rufe zu folgen. Ich will im Gebüsche hier Salerno'n erwarten. (beyde ab.)

Fünfter Auftritt.

Gomez.

Dies ist der Ort — Aber warum komme ich her? diese Schatten laden zur Betrachtung ein, nicht zum Kriege. Doch er ist weise, und eine geheime Absicht hat sein Geist; wie sonst —

Manuel. (komt.)

Ha! bist du hier. Verräther? du bist
gefunden, Brandmal meines Blutes.

Gomez.

Was willst du mehr, blutiger Bösewicht?
Hinweg, giftige Schlange; ich hasse, ich verabscheue dich.

Manuel.

So verachte dieses auch! (er stürzt auf
Gomez, ihn zu tödten.)

Ansaldo. (erscheint)

Wie? Auch deinen Bruder?

Manuel.

Tod und Wuth!

Gomez.

Leonardo!

Manuel.

Halt ihn, halt ihn — Hölle! — er ist
entronnen! Hinweg — hinweg von mir! du
tödtest mich! —

Ansaldo. (zu Gomez.)

Erstaune nicht — komm folge mir!
(Ansaldo und Gomez gehn ab.)

Sechster Auftritt.

Manuel.

Ich schlafe nicht — Nein! — ich bin nicht wahnsinnig. Es war seine Gestalt — Er selbst, Er selbst! — Nein, nein, dies ist kein Traum. — Da, ein scheußlicher Anblick! — Da stand er im Grimme. Der verfluchte Stoß, der auf meines Dolches Spitze schwebte, sprengte des Abgrunds Pforte, und riß ihn heraus: oder, wenn er ein Geist von oben ist, stürzte er erbarmend nieder, meinen Arm zu halten — sonst hätte Brudermord mich tiefer noch verdammt. Wer wird nun sagen, die Todten kehren nicht mehr zurück, und dieser eitle Aufruhr eines geängsteten Gewissens sey nur der bösen Menschen Wahn? Es ist falsch, wie der Erebus; mich martern beyde. So laß mich fliehen! — O wohin, wohin soll ich entfliehen? wo mich verbergen? — Die Verzweiflung hat mich umarmt, wer reißt mich los von ihr? — Er kommt wieder — Wehe! — Es ist nur Solerno — Er muß nicht sehen — Ha! jedes Blattes Geräusch erschüttert mich.

(Er zieht sich zurück.)

Solerno (komt.)

Ich hörte ein Geschrey, und weiß doch nicht, woher es kommt, auch Gomez ist nicht

hier. Wenn Manuel ihn fand, so ward er
sicher das Opfer des wüthigen Bösewichts. —
Doch alles kann gelingen, obschon die Bosheit wachsam ist. (ab.)

Manuel (komt wieder.)

Ja, ich will wachsam seyn, schnell wie der
Raubfisch, des Wasservolkes Tyrann. Was,
grimmige Hyäne! lechzest du nach meinem
Blute? Es soll dir nicht gelingen — ich bin
ein Mann — bey Gott! ich zweifle nun, ob
das Ding ein Mensch, oder nur ein Luftbild
war — vielleicht hat er nie die sterbliche Hülle
abgelegt; und so wäre es schrecklicher, als
ganze Legionen blasser Geister, die in luftiger
Gestalt den Mann angrinsen, und nur schrecken; denn, wenn Fleisch noch diese Seele
verhüllt, so habe ich auf dieser bösen Erde
solch einen Feind nicht mehr. Schnell muß
ich seyn, und meine Rache ereile die Gefahr.
(ab.)

Siebenter Auftritt.

Ansaldo. Gomez. Solerno.
Ansaldo.

Du schütztest sie: dir sey vergeben.

Gomez.

Stumm, wie meine Dankbarkeit, ist meine
Freude.

Ansaldo.

O, Dianora! — Auf dann, meine Freunde, zum Kampfe!

Solerno.

Wie stark sind wir?

Ansaldo.

Von Tygern so umgeben —

Solerno.

Haben wir Hülfe?

Ansaldo.

Genug. In Waffen ist das Land; da ist kein Haus, in dem nicht Männer sind, bereit mit Muthe unserm Rufe zu folgen. So laßt uns eilen, und ihren Muth wecken.

Solerno.

Das wäre nur Verzug. Ihr, Gomez, könnt sie versammeln, und ihr, gnädiger Herr, möget sie hier dann mustern.

Ansaldo.

So eile, Freund, auf Flügeln der Winde hin!

Gomez.

Schnell, wie eure Wünsche, Herr! will ich eilen. (geht ab.)

Ansaldo.

Warum, Solerno, trauete ich dir nicht. Hätte ich dir geglaubt, ich hätte damals schon sein Herz durchbohrt: — aber meinen Sohn, mein Weib in deinem Schutze sicher wähnend, hielt schläfrige Gerechtigkeit den Arm der Rache zurück. Ich zauderte, in tödtlicher Verwirrung den Stahl in jene Brust zu stoßen, die einst mir so theuer war. — Ach! alle, die ich liebe, sind nun in seiner Macht, er droht Verderben. Ha! unvorsichtiger Thor! sein Leben war in meiner Hand — verflucht sey das Gefühl der Freundschaft, das meinen Arm entnervte!

Solerno.

Hielt er euch nicht für ein Phantom?

Ansaldo.

Des Verbrechens Bewußtseyn erweckte in seiner Seele mein Bild; bestürzt sprang er zurück, und heulte laut: "Hinweg! hinweg von mir! —" Er schien zu fürchten, der nächste Schritt stürze ihn in ewige Nacht.

Solerno.

So laßt uns diese Schrecknisse dann nützen, die schwer über seiner verwirrten Seele hängen; denn nimmt er seinen Irrthum wahr, wird er in Verzweiflung seyn.

Ansaldo.

Ansaldo.

Horch: — Nein, sie kommen noch nicht. —
O, mein Freund! sie schlafen — sie könnten
hier — ja schon in der Burg seyn.

Solerno.

Dies wäre unmöglich, Herr! habt noch
Geduld.

Ansaldo.

Unmenschlicher Tyrann! — ich schwöre
dir Tod... Was könnte er jetzt nicht — O,
schrecklich! schrecklich! — Solerno, keiner
komt — Wie? du sprichst nichts? — Ich sage, keiner komt.

Solerno.

Sie werden kommen.

Ansaldo.

Ha! jeder Augenblick, der fruchtlos nun
verfließt, ist eine Welt mir werth.

Solerno.

Wollt ihr, daß ich sie suchen soll?

Ansaldo.

Nein, bleib! Solerno. Nicht Angst erschüttert mich, Verwirrung nur. Verzeihe,
theurer Freund! ich will den Aufruhr in mei-

ner Seele dämpfen.   Du weißt es, alter
Mann, es ist nicht Schwachheit, ich habe
Gründe — —

Solerno.

Ja, gnädiger Herr! die habet ihr.

Ansaldo.

Wenn die Thore geschlossen sind, wo stürmen wir? — Denn fest sind die Mauern,
und tief die Graben.

Solerno.

Zwischen dem Thurme Cäsars und der
Brücke ist eine Pforte , durch welche ehedem
eure edeln Väter auszogen: seitdem die Tage
des Friedens das Land in Schlummer ge-
wiegt haben, ist diese durch übelverküttete
Steine verwahrt, und dort wollen wir stürmen, wenn uns der Eingang versagt wird.

Diego. (kömt.)

Alle sind bereit, mein Gebieter, sie erwarten euch.

Ansaldo.

Gut. — So kommet. — Nun soll er
unsrer Arme Kraft fühlen. (sie gehn ab.)

Achter Auftritt.

Eine Rüstkammer in der Burg.
(Ansaldo's Rüstung schimmert unter dem Waffengeräthe des Saales hervor.)

Dianora.

So weit wäre ich entronnen — ich erbebe bey jedem Schritte; wenn mir der Mörder folgte! Wohin soll ich fliehen? Was nun beginnen? — Ihr Mächte dort oben, die ihr der Leidenden euch erbarmt, sie schützet — erbarmt euch meiner — O seht herab auf eine Elende! — Laßt mich nicht hilflos! — Allgütiger! Mich dünkt, Ansaldo's blutige Gestalt blicke düster aus jenem Helme, und murmle mit hohlem Aechzen aus dem leeren Panzer: "Solerno warnte dich vor einem Treulosen." — Ja, es ist wahr; aber ich wollte dem guten Alten nicht glauben — O, hätte ich ihm geglaubt! — Mein Kind! mein Kind! mein ist die ganze Schuld! ich brachte dich hieher. — Hieher? Wohin? Ach, ich weiß nicht, wohin! Und soll ich fliehen? Dich verlassen, so hilflos? — Unempfindliches Ungeheuer! — Erst gabst du deinen Abkömmling in die Hände jener Buben, die seinen Vater ermordeten, und jezt willst du ihn gar verlassen! — Niemals, nein niemals — (Karlos singt inwendig.) Ha! Welch' sanfter

Ton! die Stimme eines Engels! — O,
süßer noch, es ist die Stimme meines Kin=
des! — Karlos! meine Freude! mein Le=
ben! wo bist du, Karlos! Antworte, O, ant=
worte; deine arme Mutter ruft dir.

Karlos. (inwendig.)

O Mutter! Mutter!

Dianora.

Weich, höllische Scheidewand; du wider=
stehest nicht der Mutter Kraft, sey auch von
Diamant! — Oeffne dich! (sie sprengt die Thüre.)
Ich habe ihn.

Karlos (tritt heraus.)

Ach, wie lange seufzte ich nach euch! —
wehe mir! was fehlet euch?

Dianora.

Komm, komm, wir müssen gehen —

Neunter Auftritt.

Die Vorigen.   Zwey Banditen.

Erster Bandit.

Denkt nicht, zu entkommen.

Dianora.

Fort von hier! hinaus! — O rührt euch
mein tiefer Jammer nicht? Betrachtet alle

die Kränkungen, die ich erbuldet habe. Nein,
verderbt uns nicht, wir thaten nie euch Unrecht. Ach in der ganzen Schöpfung ist nur
dieses Kleinod mir noch übrig, und das wollt
ihr mir rauben? — Gewiß; ihr wollt das nicht.

Erster Bandit.

Es kann nicht seyn. Wir müssen unsre
Pflicht thun.

Zweyter Bandit.

Wir wollen nichts mehr hören.

Dianora.

O, bey eurer Seligkeit beschwör' ich euch —
höret mich! Trost wird es euch seyn am Ende
eurer Tage, seliger Trost; in Krankheit und in
Sorgen wird euch der Gedanken stärken, Lei-
dende beschützt zu haben. Dieser Prinz wird
euch lieben: mit Reichthümern und mit Ehren
wird er euch überschütten; und wenn er groß,
beliebt und tapfer wie sein Vater geworden
ist, werdet ihr in dem Bewußtseyn eurer
That frohlocken.

Karlos.

Gewiß, ich will euch nie vergessen; O!
ich will euch lieben — euch nichts — nichts
versagen! —

Erster Bandit.

Wir schwuren, das wißt ihr.

Zweyter Bandit.

Und der Regent versprach uns viel, sehr viel.

Dianora.

O, traut ihm nicht; denn er versprach auch mir, und hinterging mich. Wenn er eurer nicht mehr bedarf, wird er von euch Verrätherey befürchten, er wird euch verabscheuen. O, er wird euch tödtlich hassen; traut ihm nicht — Wir aber würden auf euch als unsre Wohlthäter stolz seyn.

Erster Bandit.

Es ist Wahrheit in ihrer Rede.

Dianora.

Gewiß, gewiß: ich fürchte, er hat schändlich an Ansaldo'n gehandelt; und doch ist er ihm alles schuldig, durch ihn nur ward er groß. — O fühlt für mich, und fühlt für diesen armen Kleinen! — Meine Freunde, ihr würdet den nicht bluten lassen, der bey der kleinsten Wunde, auch nur an eurer Hand, von Mitleiden erblassen würde.

Zweyter Bandit.

Der arme Kleine! nein, er soll nicht sterben.

Dianora.

Seht, hier ist ein Juwel, das einzige Kleinod, das mir noch übrig ist: da, nehmt es hin statt eines bessern Lohnes.

Erster Bandit.

Man thut ihr Unrecht; wir wollen ihr helfen.

Dianora.

Unendliche Seligkeit erfülle mit Freude eure Tage.

Erster Bandit.

Eilt; kostbar ist die Zeit. Wir wollen euch an die geheime Pforte begleiten, die auf den Weg zum Walde führt.

Dianora.

Geschwind, führt uns dahin. — Nun habe ich mein Kind und meine Freyheit.

Zehenter Auftritt.

Die Vorigen. Manuel (stürzt mit Soldaten herein.)

Manuel.

Durchsuchet jeden Ort — Wie, bin ich verrathen? — Elende Flüchtlinge! — Zum Tode mit diesen Sklaven! — Ihr dachtet zu entwischen — aber ich habe dich noch.

Hhh 4

Dianora.

Helft, helft — Freunde, steht mir bey! —
Mein Kind! mein Kind! —

(Soldaten tragen den Prinzen fort, Manuel schleppt Dianoren weg.)

Fünfter Aufzug.

Erster Auftritt.

(Nacht. Ein freyer Platz, in der Ferne die Burg.)

Ansaldo. Solerno. Soldaten.

Ansaldo.

Ihr Freunde, wir sind da; dort müssen
wir durchbrechen; jeder andre Zugang ist ver-
riegelt, wie das unglaübige Granada. Es
ist nun Zeit: Der Mond hat sein Antlitz ver-
schleyert, und Schweigen liegt auf der dum-
pfen Haide, die unsere Fustritte dämpft. —
Muthig an das Werk! (Soldaten gehen ab.)
Was finden wir, wenn wir hineingedrun-
gen sind?

Solerno.

Kein andres Hinderniß; von da führt uns
ein Gewölbe in den innern Hof.

Ansaldo.

Wo ist Gomez?

Solerno.

Seitdem er uns in dem Walde verließ, habe ich ihn nicht mehr gesehen.

Ansaldo.

Also auch ein Verräther; aber ein Schlag soll alle vertilgen. (Es trommelt in der Burg.) Gewiß sind sie gewarnt.

Solerno.

Ja; als ich Einlaß foderte, erklang ein zischender Pfeilschuß an meinem Ohr Statt einer Antwort.

Ansaldo.

Nie hätte ich geglaubt, dem Maulwurf gleich, an meiner Väterburg durch unterirrdische Wege kriechen zu müssen. — Schauervolle Pause! — Solerno, o Solerno! ich bin wie einer, den ein Erdbeben unter ungeheuern Trümmern halb begrub, der jeden Wanderer verzweifelnd bittet, vom erstickenden Drucke, seine Lenden zu befreyen.

Solerno.

Rache, mein Gebieter! —

Hhh 5

Ansaldo.

Ja, der Bösewicht soll zittern. Heraus
mein kühnes Schwert, ermüde eher nicht, bis
Manuels verrätherisches Blut dich roth gefärbt.

(Beyde gehen ab.)

Zweyter Auftritt.

(Der Burgsaal. Inwendig grosser Lermen.)

Manuel. Pedro. Soldaten.

Manuel.

Ha! sie kommen. — Ziehet die Brücke
auf; mit den Schutzgattern herab! Zur Wehr!
zur Wehr! — Laßt keinen ein! — In der
Luft ist Hochverrath. Jeder eile auf seinen
Platz — Zur Wehr! Laßt keinen ein! —
Hinweg! Hinweg! sag' ich — (ein Soldat
geht ab.) Bleib, Pedro, bleib! — Hinweg!
fort — eile, flieg' umher; schrecke die Burg
mit Waffenklang aus ihrer Ruhe: bring alle
in den Hof — dort erwartet meine fernern
Befehle (Die Soldaten gehn ab.) Verstehest du?

Pedro.

Ja, Herr.

Manuel.

Halt, halt — wer hieß dich gehn? Mit
Wache sey der grosse Thurm besetzt, und
sieht der Knecht ein Licht dem Wall sich nahen,

bey dem leiseſten Fußtritt des Feindes,
den er höret — wenn er nur ahndet, ſoll er
das Zeichen geben — Jetzt fort zu deiner
Pflicht: — du biſt ein guter treuer Knabe,
Pedro, auf dich verlaß' ich mich; ſey ſchnell.

(Pedro ab.)

Dritter Auftritt.

Manuel.

Ha! umſonſt ſollte ich Laſter auf Laſter
gehäufet haben? — Ich habe die Dankbarkeit in mir getödtet, im Blute meines Freundes mich gebadet, jeder Tugend Gefühl er-
ſtickt — und ſo nahe am Ziele ſollte ich vor ferner Gefahr erbeben? — Nein! ich will vol-
lenden — Dianora! noch einmal will ich ver-
ſuchen, was ſanfte Ueberredung, was Drohung mit Schreckniſſen gepaart vermag, und
widerſtehſt du doch — —

Vierter Auftritt.

Manuel. Ein Bandit.

Manuel.

Ha! Dich eben erwartete ich — Wo iſt
der Fremdling? Er iſt mißvergnügt, ſagſt
du? vom Glücke verfolgt? So wünſch' ich
einen Mann.

Bandit.

Doch unerkannt wünscht er zu seyn.

Manuel.

Wir würden ihn so gar nicht kennen. Gib ihm dies; er paßt zu mir. Ist alles wohl besorgt?

Bandit.

Ja.

Manuel.

Bring die Fürstin zu mir her: geh, sag' ich; und, merke es dir, mach kein Geräusch. (der Bandit geht ab.) Ha! schreckliches Wunder! — Zu Thaten ist es nun Zeit. — Er ist getödtet, schwur jeder, und mit ihm die Mörder alle; die Zeit bekräftigte es; und doch stand er vor diesen Augen da in lebender Gestalt: gewiß, er ist es; unmöglich kann es anders seyn. Gut — gut — doch — nein — verloren ist noch nichts! — Ha, wie ist mir? — Hinunter Todesangst! — Bey der Hölle schwöre ich, der Erdkreis ist vor meinem Blick verändert, und alles zeigt mir einen wilden schreckenvollen Umsturz. Frieden, du bist geflohen! — Pfui! Pfui! — Komm, Geist der Rache! lehre mich die Schwingen ihres Stolzes beschneiden, und sie unter meine Füße beugen! Da laß sie im Staube

liegen, bis sie meine Knie umfaßt, und das
als eine Gnade erbittet, was sie wie die
Hölle fürchtet.

Fünfter Auftritt.

Dianora. Manuel.

Dianora.

Sieh! — da steh' ich. Welch neue
Qualen warten meiner noch? Ich bin bereit.

Manuel.

Du Unvergleichliche! Himmlisches Weib!
Weib mit Götterreiz; Ha! Venus ist nur
Abglanz dieser Form; denn zwiefach schön bist
du in diesem Kleide; nachläßig hängt es um
dich her, ziert die schmachtende Gestalt, die
das Unglück niederdrückt.

Dianora.

Niederträchtiger Spötter!

Manuel.

Bey meinem Ritterwort! unwiderstehlich
ist deiner Schönheit Macht. Hatten Augen
je solchen Glanz! Wie sie schmelzen unter den
sanftgewölbten Kreisen, deren zarte Wimpern
zur Hälfte dieser Strahlen mir entziehen, und
scheidende Sonnen zwischen träufelnden Aesten
scheinen.

Dianora.

Zurück, Verwegener!

Manuel.

Gewiß, ihr würdet mich zum Wahnsinn
bringen, Fürstin, wenn ihr alle Schönheiten
verhülletet; denn Sprödigkeit facht die Lei=
denschaft an; sie weicht, gleich einem Kind
zurück, Ausflüchte noch suchend; die Begier,
der Stolz erwachen; sie wirft den Köder dar,
und an der Angel hängt das Herz. Sollte
ich denn nur anstaunen? Nein, nein, ich muß
genießen, muß nähren —

Dianora.

Verdammter Bösewicht! — Der Fluch
liegt auf dir so schwer, daß ich dich bedaure,
obschon ich dich grenzenlos hasse. Mein Jam=
mer wird mit meinem Leben enden; aber dein
Wehe wird ewig in deiner Seele wühlen. Was
wird die Qual lindern, wenn du in Todes=
angst laut heulst: "Weh mir! mein Freund!
mein Freund! der mich liebte — schützte —
ja, wegen mir litt — Ihn habe ich gemor=
det — " Ja Verräther! du thatest es —

Manuel.

Wohlan, ich that's — um diesen Preis
erkauft' ich dich. Ergib dich deswegen, ergib

dich alsbald meinem Willen; denn Widerstand ist umsonst.

Dianora.

Tyrann! Du bist gefangen. Gräßlich lächelt schon der Feind, der dich in Versuchung führt, dich nach Verbrechen haschen zu sehen, die über deine Macht sind, wie der Mond über dem Kinde, das nach ihm greift, zwischen seinem Wunsche und ihm kein Hinderniß wähnend; denn solltest du Entehrung mir drohen, so kann dieser mächtige Schlüssel das Thor der Ewigkeit mir öffnen — (sie zieht einen Dolch.) und der Geist schwingt sich im Triumph empor, verlassend einen Körper, den Schande nie bezwingen wird.

Manuel.

Ha! laß sehen, ob diese Prahlerey die Probe hält.

Dianora.

Komm an, versuche es; ich trotze dir.

Manuel.

Ja das will ich. (Er stößt eine Flügelthüre auf, und zeigt Karlos an einem Blocke zwischen zwey Banditen.) Da! sieh deinen Sohn!

Karlos.

O, Mutter! helft — helft mir!

Dianora.

Mein Leben! Karlos!

Manuel.

Zurück, Weib! Unzeitig sind hier Liebko-
sungen.   Ergib dich, ehe du deinen Sohn
umarmst.

Dianora.

Nein, er ist mein: ich gebahr ihn.

Manuel.

Er sey der Preis deiner Gefälligkeit:
so sollst du ihn haben, oder sein kalter Leichnam
nur soll dein seyn.   Wähle also! Entscheide!

Dianora.

O schrecklich! — Er wagt es nicht —
dieser entsetzliche Anblick ist veranstaltet, mich
zu schrecken, er soll die Summe vergeblicher
Anstrengungen vermehren.

Manuel.

Nein, es ist Karlos selbst; und dies sind
Mörder; und dies ein Todesstahl — soll er
es versuchen? Sprich; komm, entschließe dich —
verzögre nicht; denn mich treffe der Tod, den
ich ihm bestimme, wenn dein Starrsinn nicht
sein Blut vergießt.

Dianora.

O, entsetzlich!

Manuel.

Manuel.

Noch ſtandhaft? — Wollt ihr euch nicht
beugen?

Dianora.

Nein, niemals.

Manuel.

Tödtet ihn, ha! ſchlagt zu! Hinweg mit
ihm! hinweg.

Dianora.

Bey allem, was vor Gott und Menſchen
heilig iſt, O! haltet ein —

Karlos.

Laßt nicht zu, daß ſie mich tödten: —
Ach, ſagt mir, was ich denn that! —

Manuel.

Nun, biſt du entſchloſſen?

Dianora.

Ach, nur einen Augenblick Zeit — Allvater! Gott der Gnade! ſieh herab, ſieh herab auf die elendeſte der Weiber; welche je die
flehenden Augen der Angſt zu dir erhoben,
und lenke ihre Wahl — Wahl? Meinen
Sohn verlieren? — Ihn, den du, o Schöpfer! mir nach ſchwerem Leiden gabſt? Nein,
deine Erbarmung wäſche den Flecken ab, wenn

Jii

ich als Opfer für meines Kindes Rettung fal=
le. — — Ich ergebe mich — Frohlocke:
dein Sieg ist vollkommen.

Manuel.

So gehe, und bereite dich; — Doch fern
seyen von dir Gedanken der Verzweiflung;
er würde dir bald folgen — verstehst du mich?

Dianora.

O Jammer!

Manuel, (leise zu einem Banditen.)

Fertige ihn geschwind ab.
(Karlos mit dem Banditen ab.)

Dianora.

O, länger kann ich nicht — Seht mich in
Staub gebeugt — seht, wohin ihr mich gebracht habt — O, Manuel!

Manuel.

Es ist vorbey; ihr rührt mich nicht;
steht auf.

Dianora.

Zu groß ist diese Angst — ich stehe nicht
mehr auf.
(Sie fällt nieder. Inwendig Tumult.)

Sechster Auftritt.

Pedro. Die Vorigen.

Pedro.

Herr! O Herr! alles ist verloren! Sie stürmen!

Manuel.

Zur Wehr! zur Wehr! wo stürmen sie?

Pedro.

Sie sind schon in der Burg.

Manuel.

Fort, Memme! Versammle sie wieder! — Rufe sie zurück! — (Pedro ab.)

Verwirrung! und betrogen noch? — Hier will ich enden — Ha! ich lache der Gefahr. Komm, zaudre nicht; er stirbt, bedenke —
(Ein Bandit bringt des Karlos blutige Kleider.)

Bandit.

Herr, der Prinz ist todt.

Manuel.

Narr! (reißt ihm die Kleider aus der Hand. Der Bandit geht ab.)

Dianora.

Todt! — O Gott im Himmel! es ist Karlos; Laß Mörder! — (sie entreißt Manueln die Kleider.) Sieh, sieh — sie färben meine Hände noch. — O kostbares Blut! noch warm vom zarten Leben! Meines Karlos Blut! — Sie haben meine einzige Wonne getödtet! — Hilfe! Verrätherey! Mord!

Trommeln — Trompeten — Lermen — ein Geschrey: Ansaldo!)

Manuel.

Horch! — Was? — Ansaldo! so ist es klar — klar — er lebt! Du aber sollst mir nicht entrinnen; fort zu deinem Sohne!

(Wie er auf Dianoren zueilt, sie zu tödten, erscheinen)

Siebenter Auftritt.

Ansaldo. Solerno. Soldaten.

Ansaldo.

Halt, Ungeheuer, halt! (er rennt auf Manueln.)

Dianora.

Mein Herzog! Ach! — und mein Gemahl! —
(Sie fällt in Ohnmacht.)

Manuel.

Lauschest du noch in diesem verfluchten Fleische? Ich hoffte, Würmer hätten es längst aufgezehrt. Das Schicksal ist wider mich, aber Gradenze's Blut kann seiner Tücke trotzen: kühn fechte ich: mir werde Sieg oder muthiger Tod.
(sie fechten.)

Ansaldo.

Zur Hölle mit dir! (Manuel fällt.)

Manuel.

Berstet, ihr Gewölbe — Verderben auf alles! Oeffne dich, Erde! und gähne, uns zu verschlingen! — dein Kind, dein Kind — O, hätte ich doch auch seine Turteltaube verderbt — sie entrann mir: — Ha! — blos wegen einem Traum verdammt!! — Schon wieder — ihr Feinde, haltet — haltet ein — Sie stürzen mich nieder — Eine Minute nur — O! — Helft mir! Gnade — helft —

(Er stirbt.)

Ansaldo.

Freude meines Lebens! er ist todt. — Lebe auf, lebe wieder auf! — Mich dünkt, ihrer Lippen Farbe kommt wieder. — Meine Liebe, meine Dianora! antworte mir.

Dianora.

Wo bin ich? — bin ich wahnsinnig? oder ist dies Ansaldo.

Ansaldo.

Dein, dein Ansaldo!

Dianoro.

Aber, ach! mein Kind, mein kleiner Engel! — (mit starrem Blicke die Kleider ansehend.)

Ansaldo.

Ewiger Gott! —

Achter Auftritt.

Die Vorigen. Gomez. Karlos.

Gomez.

Hier laßt mich eure Seligkeit krönen. Sieh edles Paar! dies allein fehlte noch.

Jii 3

Solerno.

O Wunder!

Dianora.

Der Wunder höchstes! — Mein Kind! Mein Gemahl! — Freunde! — wo sind wir? Nicht auf der Erde?

Ansaldo.

In Eden, Geliebte meiner Seele!

Dianora.

Wie entkam mein Karlos?

Gomez.

Ich rettete ihn; ich war es.

Dianora.

Seyd dann gesegnet, bis die Zeit nicht mehr seyn wird!

Gomez.

Ich verließ euch, Gnädiger Herr, entschlossen zu sterben, oder die bedrängte Unschuld zu beschützen. In der Gestalt eines müden, einsamen Wanderers, den die Nacht ereilet hat, schlich ich herein, ehe der Lermen der Gefahr jeden Zugang verschloß. Dann spielte ich den dürftigen Bösewicht, und murmelte mit schadenfroher Miene, wie ich nach Unheil dürstete. Dies paßte in Manuels Plan; ich ward sein Miethling — Ja, ich war es, der die Todesklinge erhob, die eher mein Gehirn gespalten, als den samtnen Nacken des Prinzen verletzet hätte.

Ansaldo.

Allein, woher dieses Blut?

Gomez.

Es ist des Sklaven Blut, der mir helfen
sollte. Als er unter meinen Streich den zum Tode
verdammten Karlos beugte: stürzte ich ihn todt
zu Erde; befleckte mit seinem Blute dieses Kleid,
den Tyrannen zu hintergehen, bis ihr kämet,
und eure Rache sättigtet.

Dionara.

O, edelmüthiger Mann!

Ansaldo.

Wie dir vergelten?

Dianora.

Wo finde ich Worte, mein Entzücken auszusprechen, die Größe des Gottes zu preisen, der
uns diese Seligkeit von seinem Throne sendet,
der die Tugend schützet, und das Laster nieder-
stürzet? — Aber zum hohen Werke fehlt die Kraft:
versenkt in furchtbare Freude, laßt diesen großen
Tag uns feyerlich beschließen; denn empört sind
unsre Seelen, und stürmisch ist der Freude und
des Jammers Wechsel: Menschenkraft erliegt
darunter, wenn nicht der Abend die Verwirrung
unsrer Geister besänftiget, und die wilde Scene
mit seiner Schatten sanftem Schleyer decket.

Ego autem neminem nomino, itaque
irafci mihi nemo poterit, nifi qui
prius de fe voluerit confiteri.

Cic. pro lege man.

Das Kleid macht den Mann.

Das Kleid macht den Mann, ift ein ur=
altes Sprüchlein, das ſich immer noch
erhalten hat, und höchſt wahrſcheinlicher Wei=
ſe ſich noch länger erhalten wird.

Es iſt eine ſo bequeme Sache, von der
Auſſenſeite zu glänzen, und ſelbſt unſer Kör-
perbau verweißt uns dahin. Wer kann, wer
darf, wer mag wohl all diejenigen, mit denen er umzugehen hat — ich will gar nicht
einmal von all denjenigen ſprechen, die ihm
vom Morgen bis zur Abendſtunde aufſtoſſen,
nach ihrem innerlichen Werthe unterſuchen?

Der gemeine Mann nimmt jedes Geld=
ſtückchen gutherzig an, und gibt ſein oft ſehr ſau-
er erzogenes Produkt dafür hin, ohne ſich ſo
genau um den innern Werth deſſelben zu bekümmern. Nur der Wucherer oder der Kauf=

mann, dem das Geld Waare ist, hält sich
eine Goldwage — und doch muß auch dieser
sich auf den darauf geprägten Bürgen verlassen, der höchstens einem auswärtigen Münz-
waradein eine Reichs- oder Kreis-protokol-
larmäßige Beschäftigung verschaffet, übrigens
sich aber in seinem Lande auf das *XX.* eine
feine Mark, ganz getröstet verlassen darf.

Es ist daher nicht zu wundern, wenn
eine schöne Aussenseite solche unglaubliche
Wirkungen hervorbringt — und ich weis nicht,
ob wir nicht recht sehr glücklich dabey sind.

Nur sehr wenige sind es, die aus blo-
ßem Gefühle für das Gute handeln, und darin nur ihre Belohnung suchen. Und selbst
diese wenigen suchen sich meistens durch das
sonderbar Einfache ihrer Aussenseite auszu-
zeichnen.

Der liebe Himmel, das abstrackteste Wesen unserer Begriffe, hat bey allen Nationen
seine eignen Fuhrleute und Mackler; und haben diese nicht so mannigfaltige Kleidertrachten,
die oft das einzige Gepräge der Unterschei-
dung von andern ehrlichen Leuten sind?

Dort zeichnet sich ein steifer Halskragen,
hier ein weiter Mantel, dort eine unbeugsame

Jii 5

Kutte, hier ein tausendfaltiger Habit, dort eine spitze, hier eine runde Kapuze u. s. f. von ihren übrigen Glaubensbrüdern aus: ist es nicht blos der Aussenseite wegen? ist es nicht, um dem leichtgläubigen Volke dadurch eine nähere Gemeinschaft mit der Gottheit aufzulügen? ist es nicht, um jene Vertraulichkeit mit dem Heiligthume auffallender; jene Salbung, jene Weihe, die so undeutlich in dem übrigen Betragen bleiben würde, merkbarer zu machen? Welches blinde Zutrauen flößt nicht manche Kutte ein, die bey manchem das einzige Kennzeichen körperlicher Abtödtung ist? Ursprünglich waren es gewiß keine Maskeraden; es war meistens Kostüm: aber in der Folge fühlte man doch gewiß auch das goldene, L'habit fait l'homme.

Es ist aber nicht allein diese Art Leute, unter welchen wir auch unstreitig die Verehrungswürdigsten finden, die blos von der Aussenseite glänzen, oder glänzen wollen. Der Staatsmann, der Höfling, der Offizier, der Philosoph, der gemeine Mann — alles hat diese Schwäche: sogar die Sklavenseele eines Bedienten ist stolzer auf die schönere Liverey seines Herrn.

Hatten wir nicht einen Gesandten, der blos durch seine schöne Aussenseite mehr vermochte, als vieljährige Unterhandlungen, und politische Rücksichten? der ganzen Armeen andere Richtungen gab, und dadurch für diejenige Seite entschied, die nun auch bey der Erschütterung des politischen Gleichgewichtes in Europa ein Wörtchen mit zu sprechen hat?

Wie mancher Höfling würde für seinen Schuster oder Schneider angesehen werden können, wenn ihn nicht ein Ordensband vor andern auszeichnete!

Ich habe selbst Höflinge von ihrem Orden sagen gehört, sie hätten ihn nur pour la Decoration angenommen — die armseligen Geschöpfe! gestanden sie dadurch nicht ihre eigne Unwichtigkeit ein? Sie sind auf ihr Sternchen, als den einzigen Schmuck ihres Daseyns, so stolz, so eitel, daß sie ihn sogar auf ihre Nachtröcke kleben.

Wir kennen alle das Land, wo die Hofjunker mit so viel kleinen Sternchen herumlaufen, daß ein fremder Financier auf den Gedanken verfiel, an diesem Hofe müßten die Junker wie das Accispapier gestempelt seyn. Man sieht es da als ein nothwendiges Unterscheidungszeichen an, das um so unentbehrlicher wird, seitdem die Fabriken gestickte Frack so wohl-

feil liefern, daß sich jeder Schreiber, wenig=
stens am Sonntage, damit putzen kann.

Wie mancher Offizier würde eine Belei=
digung geduldig ertragen, wenn ihn nicht sei=
ne Uniform in die fürchterliche Nothwendig=
keit versetzte, sich deswegen schlagen zu müs=
sen. — So kann oft die Furcht, sagt ei=
ner der größten Philosophen, die Quelle der
Herzhaftigkeit werden!

Wie mancher Rath muß nicht mit Auf=
opferung seiner Gesundheit in dem abscheu=
lichen Aktenstaube herumwühlen, nur um sich
zum Manne zu machen, das heißt: sich und
seine theure Ehehälfte besser kleiden zu können.

Sogar auf unsre Vergnügungen hat dieß
den größten Einfluß. Die Dame von Stande
darf ihrem Bedienten höchstens unter vier Au=
gen, und nur mit der größten Behutsamkeit
ihre schöne Hand zum küssen reichen, dem sie
sich auf dem Balle frey in die Arme werfen
kann, wenn er nur eine, auch die scheußlichste,
seys Larve vor dem Gesichte, und seinen
Körper in ein Narrenkleid verhüllt hat. Macht
da nicht auch das Kleid den Mann?

Am auffallendsten wirkt dieses bey dem
schönen Geschlechte; täglich kann man dieß

aus feinem Fenfter beobachten. Die Tochter
trägt fich gewöhnlich beffer als die Mutter,
und von Jahre zu Jahre erhält der Puß der
erftern einen folchen Zuwachs, der fie immer
mehr und mehr von der gewöhnlichen Tracht
der leßtern unterfcheidet. Der Einfluß ift
unendlich; nur einen Beweis von Taufen=
den —

Ich fehe täglich eine Mutter Straffen
kehren, Waffer tragen, u. f. w. die Töchter
gehen in gefteckten Hauben, tragen Haarklem=
men von Silber, und find überhaupt zum
Straffenkehren — nicht gekleidet; fchämen
fich gewiß ihrer Mutter, wenn einer ihrer A=
donife feufzend vorübergeht. Die Alte ift
fchon einmal daran gewöhnt, und verfteht es
nicht beffer. So fehr macht das Kleid den
Mann!

Wie mancher Wicht erhält bey den
Frauenzimmern blos deswegen den Vorzug,
weil er eine Uniform trägt? Das gute Mäd=
chen fieht in ihm auf jeden Fall den Befchüßer
feiner Ehre, den Rächer der ihm angetha=
nen Beleidigungen; einen biedern, recht=
fchaffenen, herzhaften Mann einen Held, blos
deswegen,weil fein Kleid zweyfärbig,und nach
einem gewiffen Schnitte ift. — So foll es
auch Gelehrte geben, die, um fich vom un=

gelehrten Pöbel zu unterscheiden, ihre Cha-
péauxbas unter dem rechten Arme tragen.

Selbst der Philosoph, der durch das
Einfache seiner Tracht die Aufmerksamkeit auf
sich ziehen will, ist davon nicht ausgenommen,
und wird eben so lächerlich, als der Fuchs,
der seinen Schweif verloren hatte, und deswegen die übrigen überreden wollte, sich solche
auch abzubeissen; weil er sie aus der Erfahrung versichern könnte, daß sie sehr entbehr-
lich wären.

So lange wir von den äussern Sinnen
regiert, und von der Einbildungskraft geleitet werden, so lange wird wohl hierin keine
Aenderung zu hoffen seyn.

Ueberhaupt, wenn wir so dem Alltags-
gange unsres Daseyns nachdenken, geht nicht
unser ganzes Bestreben endlich dahin, besser
zu essen und zu trinken? und das wird oft
hintangesetzt, um sich besser kleiden zu können.

Und ist das nicht Nutzen genug, wenn
so ein kleines Sprüchlein; das Kleid macht
den Mann, ein ganzes Menschengeschlecht
in Bewegung setzet, um diesen Wunsch befriedigen zu können?

Mannigfaltig sind die Ursachen der grossen Wirkungen, und was hat wohl der Höhere vor dem Niedrigen voraus, als Knöpfe
von Brillianten auf dem Rocke?

Hat nicht jener wie dieser seine Leidenschaften, seine Sorgen, seine Krankheiten, und endlich dasselbe Ziel? Jener zieht hundert Familien aus, um sich nur kleiden zu können, und diese schneiden wieder das Tuch von seinem Rocke in Stückchen ab, um nicht nackt und bloß einher gehen zu müssen.

Die ganze Natur wälzet sich zum Bessern hinauf, und nur im vierten, fünften Grade merkt man den Unterschied von dem Abstande zum andern.

So gehet es auch mit den Kleidern. Der Fürst nähert sich dem Könige; der Graf dem Fürsten; der Rath dem Adel, und der Bürger jenem.

Dieses hat auch schon bey manchen den Wunsch erregt, eine Uniform für jeden Stand, bey andern eine bestimmte Kleidertracht einzuführen. — Es war wahrlich mehr des lieben Sprüchleins wegen, als um dem Unglücke und der Ueppigkeit zu steuern; die Sache konnte aber nie allgemein durchgesetzt werden, obgleich die Reichsstände sogar eine Reichstagssache daraus gemacht zu haben scheinen. (*

*) Sonderbar scheinet es unstreitig heut zu Tage, daß sich unehrliche Weiber ehedem anders als

Daß aber auch durch dergleichen Kleider=
trachten der Ueppigkeit und Verschwendung
nicht gesteuert werde, zeigt zum Theil ein
ganzes Königreich, und läßt sich zum Theile
auch sehr leicht begreifen, ohne geradezu sich
solche Narren zu denken, wie es einen ge=
geben haben soll, der seiner Mutter zu Liebe
zwar keine prächtige Kleider mehr trug; sich
aber alle Tage ein neues einfaches von dersel=
ben Farbe machen ließ.

Es könnte also einem wohl die Frage der
Untersuchung werth scheinen: wäre es gut,
eine bestimmte Kleidertracht einzuführen?

Unstreitig müßte eine solche Bestimmung
entweder nach der Geburt, nach dem bür=
gerlichen Stande, oder nach persönlichen Ver=
diensten geschehen.

Wie unmöglich aber letztes sey, fällt
jedem in die Augen, wenn man auch nur be=
denket, daß man der lieben Kleiderordnung
wegen unsre Reichskonstitutionsmäßigen Suc=
cessionsfälle nicht abändern könne.

Nach

 eheliche=haben kleiden müssen. Unterdessen fin=
den wir in der Gegend des Oberamts Germers=
heim heut zu Tage noch diesen Gebrauch,
daß verunglückte Jungfern ihre Haare nicht
fliegend in Zöpfen, sondern um den Kopf ge=
wunden tragen müssen. Ob aber von Obrig=
keitswegen darauf gesehen wird, oder ob es nur
ein Zunftartikel ehlicher Weiber ist, weiß ich nicht.

Nach dem bürgerlichen Stande — auch
dieses ist äusserst beschwerlich. In unsrem
Deutschlande hat sich jeder bürgerliche Rang
nach dem Geburtsadel gerichtet: Z. B. die
Doktoren haben gleichen Rang mit den Edeln:
nun war vor Zeiten kein Rath, der nicht auch
Doktor war, und daher bloß in dieser Rücksicht besondre Vorzüge genoß; wenn nun schon
heut zu Tage nicht alle Räthe mehr Doktoren
sind: so bleibt doch die Wirkung; so daß wir
gewisse Rathsstellen haben, die den sogenannten Amtsadel mit sich führen.

Zudem haben in vielen Ländern gerin-
ge-re Bediente höhere Titulaturen; so daß unter
manchen gleiches Standes doch verschiedene
Kleidertrachten herrschen würden; und welcher
Neid, welcher Verfolgungsgeist würde da
nicht — wenigstens unter Gevatterinnen und
Basen entstehen?

Gott bewahre uns davor, etwas konsti-
tutionsmäßig zu machen, was, leider! nur
zu sehr in der Observanz gegründet ist. Wie
viele liebe Kinderchen müßten schwarzes Brod
essen, und jeden Lehrer missen, bis der liebe
Papa ein Rathspatent auslösen, und die Frau
Mama zur Frau Räthin machen könnte, um
sich nun gesetzmäßig in bessern Kleidern zu
ruiniren.

K k k

Dieses tägliche Uebel würde daher bleiben, und nur noch reizender werden.

Es gibt auch tägliche Beförderungen, wodurch ein sehr wohl eingerichteter Kleidervorrath über Nacht unbrauchbar gemacht werden könnte. Mancher ehrliche Mann würde sich vor dem samtnen Rocke mehr, als vor dem zukünftigen Amte fürchten, und daher lieber für den Staat verloren seyn.

Freylich setzet dies alles eine sehr prächtige Kleidertracht und einen sehr grossen Abstand von einem Grade zu dem nächsten voraus; da doch mancher Unterschied nur in einem Knopfe mehr oder weniger, wie bey den russischen Generälen bestehen könnte.

Allein man lasse die Tracht so einfach, den Unterschied so unmerklich als möglich nach dem Gesetze seyn: so wird sich doch dieses im Gebrauche nicht erhalten; jeder wird so viel möglich auszeichnendes in seine Kleidung zu bringen wissen, als es ihm nur immer die Gesetze gestatten. Und wollte ich auch alle diese Inkonvenienzen abrechnen, so gibt es in unsrem lieben Vaterlande so viele Mitteldinge, die in gar keine Klasse zu bringen sind. Der Adel würde sich einmal den bestehenden Vorzug seiner Geburt nicht absprechen lassen, und

immerhin ein Knöpfchen mehr haben wollen, als
sein bürgerlicher Mitgeselle gleiches Ranges.

Da sich nun alle diese Widersprüche, und
vielleicht noch viel tollere bey der Bestimmung
nach der Geburt ergeben würden: so könnte
man auf den Gedanken verfallen, die Bestimmung nach beyden Eigenschaften, der Geburt
und des bürgerlichen Standes zusammen genommen, festzusetzen; allein hier zeigt sich
offenbar derselbe Fehler, den wir doch zu
vermeiden wünschten. Der geringste einer so
ausgebreiteten Klasse würde sich nicht schlechter, als der Vornehmste kleiden wollen, und
sich dadurch nur um so legaler über die Schranken vernünftiger Häußlichkeit hinaussetzen,
unabgerechnet, daß die Schneider in die noth-
wendige Verlegenheit gebracht würden, die
Ahnenprobe zu studiren, und die geheime
Kanzleyexpeditur in ihre Zunft aufnehmen zu
müssen, um nach derselben Anzahl, oder laut
gnädigsten Patents einen gesetzmäßigen Rock
verfertigen zu können.

Noch eine der traurigsten Folgen wäre,
das alltägliche Einerley; die Kunst des neuern Schnittes würde abnehmen, und manche
Elle Tuch würde der Frabikant weniger zu
liefern haben, weil der Schnitt immer noch

Kkk 2

nach der Mode wäre. Und endlich wer sollte
wohl die Aufsicht über die genaue Beobachtung
dieses Prachtgesetzes haben? Die Polizey?
— die gute Polizey läßt ihre meisten Verrich=
tungen der Art durch die Bettelvögte verrichten.
Da würde es nun wieder so viele Freystätte, so
viele Exempte, so vieles durch die Fingersehen
(sollte heißen: durch die Finger blind werden) ge=
ben, daß das Gesetz bald durch die Gewohn=
heit gegen dasselbe wieder abgeschafft seyn wür=
de. Zudem gibt es Leute, die aus ihrem
Zimmer in den Wagen, und von da in die
Gesellschaft gehen; und in den sogenannten gu=
ten Gesellschaften werden keine, wenigstens nicht
der Art guter Polizeygeschworne gelitten.

Eigne Kleidervisitatoren aufzustellen, wä=
re dem Aerarium oder den gemeinen Mitteln
zu lästig.

Lassen wir es also lieber bey dem Alten;
es ist ohnedies noch eine verzweifelte Frage,
ob sich der Regent so sehr in das Eigenthum
des Privatmannes einmischen darf oder soll.

Der Regent oder Staat—wirklich Schade,
daß diese Begriffe nicht immer gleichbedeutend
sind — der Regent muß für das Ganze
sorgen; dieses in dem bestmöglichsten Stande
zu erhalten, ist seine erste Pflicht; selbst der

Schaden einiger Privatleute komt gegen das Ganze nicht in Anschlag.

In Frankreich ruiniren sich alle Tage ein halbes Dutzend des obigen Sprichwortes wegen; und doch schränket der Hof die Trauer auf das kürzeste ein, um keine Stockung im Gewerbe zu verursachen. Hat auch ein Land keine Fabriken, und geht für verarbeitete Produkte vieles Geld ausser Land: so traget Sorge, daß der Verlust an andern Orten ersetzt werde: non omnis fert omnia tellus! — Tausch ist der gröste Handel, und der gewinnt immer, dem zuletzt nebst der Befriedigung seiner Nothdurft noch Baarschaft übrig bleibt: sollte auch das Geld dreymal dafür ausser Lande gehen, wenn es nur wieder komt.

England kauft jährlich eine grosse Menge Wolle, und verkauft das verfertigte Tuch wieder, sollte England wohl keine Wolle kaufen, weil dadurch viel Geld ausser Lande geht?

Innere Gewerbe befördern sich von selbst nach Maaßgabe der Bedürfnisse des Staates; nur muß der Regent die Quellen aufsuchen, ergiebig machen, und Industrie unterstützen. Die Rechnung der Einnahme und Ausgabe darf in einem Staate nicht wie bey einem Pri-

vatmanne geschehen; bey diesem heißt es: strecke
dich nach der Decke: bey jenem hingegen müs=
sen die Ausgaben im Vordersatze gesetzt wer=
den, und dann heißt es: suche deine Noth=
durft zu erwerben.

Welche Unthätigkeit würde in einem Staa=
te entstehen, wenn er nicht zu erwerben such=
te? — Alle Gewerbe würden am Ende stocken,
und der Staat selbst in sein Nichts zurückfal=
len; daher auch der Verfall jener Staaten,
die auf die äusserste Höhe gestiegen sind: der
Wohlstand der Einzlen ließ ihnen zwar Be=
dürfnisse genug zurück; aber die Leichtigkeit,
solche befriedigen zu können, erzeugte eine
unthätige Gemächlichkeit, und die Ursachen,
die in den Einzlen zerstreut lagen, wirkten
um so heftiger auf das Ganze, jemehr die
Einzlen Einfluß auf dieses hatten. Daher
wird sich auch eine Monarchie immer länger,
als eine Republik erhalten.

Es ist also wirklich auch gegen die Staats=
politik, wenn man eine Kleidereinschränkung
machen wollte; es wäre sogar eine kleine
Grausamkeit. Wie mancher schätzt sich nicht,
eingehüllt in die Farbe der Mode, so glücklich,
so selig — der Schimmer einer Königskrone
glänzet manchem Monarchen nicht so reizend,
als das kleine goldene Bördchen auf der Weste
dem gestrengen Herrn Amtmann. Und hören

wir nicht täglich von Schustern und Schnei=
dern: er gehet daher wie ein Kavalier! und
was beweißt mehr als dies, daß es eine all=
gemein anerkannte Wahrheit sey: das Kleid
macht den Mann?

Kaiser Rudolf von Habsburg, ein Trauer=
spiel in fünf Aufzügen, von Anton Klein.

Eine Vorlesung,

gehalten in der deutschen Gesellschaft
von Herrn Regierungsrath von Wei=
ler dem jüngern.

Mich hat das Schicksal — ich weiß nicht,
ob ich es günstig oder ungünstig nennen
soll — oder, was ich noch lieber wollte —
mich hat Konvention einen Weg geführt, auf
welchem ich Verschiedenheit der Meinungen
kennen gelernt habe.

Geprüfter, ächter Menschenverstand sah
dort gar oft nicht einmal Anbruch des Tages,
wo andern die Sonne schon auf dem Scheitel
brannte. Ein andersmal reihete sich eine drit=
te Meinung zwischen zwey, die einander eben
so ähnlich waren, als die Gesichtsfarbe des

Kkk 4

unter der Linie Geborenen der Farbe des
Europäers. Es geschah sogar, daß man das
heute als Unrecht verdammte, was doch
gestern recht und billig war; und das zwar —
aus demselben Weil und Warum.

Gott sey es gedankt, daß sich nur Re=
gen und Sonnenschein, gute und schlechte
Verdauung, häußlicher Verdruß, und was
dergleichen Beherrscher menschlicher Begriffs=
fähigkeiten mehr sind, dazwischen gelegt ha=
ben. Nie wird es mir aus den Augen kom=
men; es liegt vor mir, so oft ich die Feder
ansetze, um zwischen Mein und Dein zu ent=
scheiden — es ergreift mich, so oft der vom
Unrecht gedrückte um Rath fragt — es fällt
mich gewaltig an, und wirft mich bey dem Ge=
danken möglicher Identität eines Schurken
und Richters ganz zu Boden, daß Recht und
Unrecht in ebenderselben Sache aus einem Kop=
fe, aus Gesetzen und aus Büchern mit dem
schönsten Gewande der Gerechtigkeit gekleidet
werden können, je nachdem Leidenschaft, Ei=
gennutz, falscher Ehrgeiz, Gewinnsucht, —
oder wohl gar das schmachten und darben las=
sen einer zahlreichen Familie den guten und
bösen Gebrauch des Ausdruckes innerlicher
Ueberzeugung für Ja oder Nein bestimmen.

Niemals aber war der Kontraſt von zweyerley Meinungen auffallender, und ſo überraſchend für mich, als da ich vor einigen Wochen das dritte Heft der Annalen des Thea= ters geleſen, geendiget, und hinweggelegt — dagegen aber den fünf und achtzigſten Band der allgemeinen deutſchen Bibliothek ergriffen hatte Ich mußte mit meinem, den Menſchen angeborenen Hange zum Merkbaren zuerſt auf die 436te Seite des zweyten Stückes gerathen, weil dort ein beſonderes Zeichen — vielleicht nicht von ungefehr hineingelegt war; und da ich hier wieder in der Ueberſchrift denſelben Kai= ſer Rudolf von Habsburg, wie in der allge= meinen deutſchen Bibliothek erblickte: ſo las ich mit Begierde das darauf Folgende.   Bald war ich am Ende; aber mein Erſtaunen hatte noch nicht aufgehört.

Das achte Stück des angeführten drit= ten Heftes der Annalen des Theaters ſchien mir nun wie ein ſchmeichelnder Traum, deſ= ſen wonnevolles Bild uns bey dem Erwachen verläßt, und uns das alte Elend wieder füh= len läßt; beynahe hätte ich die Augen gerie= ben, um bey dem wiederhohlten Leſen heller und klarer zu ſehen.   Wirklich las ich den Aufſatz der 436ten Seite des zweyten Stückes des 85ten Bandes noch einmal, und warf

dann die allgemeine deutsche Bibliothek auf die
Theater - Annalen gewiß mit gerechtem Unwil=
len hin, weil ich bey dem ersten Aufwallen,
und der bey mir selbst aufgeworfenen Frage:
Wem soll man nun glauben? — die jungen
unerfahrnen Leser beklagte, die Richtung
ihres Geistes ihrer Einbildungs = und Beur=
theilungskraft, Bildung und Verfeinerung
ihres Geschmackes durch dergleichen Schriften
erhalten, oder wenigstens auf die vorzüglich=
sten Werke der Litteratur hingewiesen werden
sollen, daß sie nicht falsche Grundsätze sich
sammeln und ihre Zeit zu verderben.

Bey dem Zusammenstossen ungleicher Er=
eignisse bleibt mein Blut ziemlich kalt: ich er=
griff also beyde Schriften wieder, warf mich
selbst zum Richter auf, stellte mich zwischen
diese zwey streitenden Theile, und lieh jedem
zur Vertheidigung seines Satzes Augen, Herz
und Kopf.

Dann aber war es nicht mehr schwer,
nach allen reiflich erwogenen Umständen zwi=
schen ihnen zu entscheiden; weil ich den ge=
wöhnlichen Massstaab aller Kritik und des
Beurtheilens brauchte.

Der, welcher gar keine Gründe anführt,
nichts beweißt, hat gewiß weniger Recht, als

derjenige, welcher in das Wesen der Sache eindringt, sie zergliedert, Schatten und Licht bezeichnet, und die Ursachen seines Lobes und Tadels angibt. Tadeln mit Grunde ist die Gabe des Gerechten; tadeln mit Ursache, diejenige des Vernünftigen, zuweilen auch des Bösartigen; aber blos schimpfen kann nur der Unwissende. Und wer das Schimpfen in der angezeigten Stelle der allgemeinen deutschen Bibliothek hinwegwischet, der hat ein Blatt weises Papier, mit der Ueberschrift: Kritische Anzeige des Rudolf von Habsburg.

Um davon überzeugt zu werden, vergleiche man nur die Beurtheilung in den Theaterannalen mit den Ausdrücken der allgemeinen deutschen Bibliothek; und man wird durchaus finden, daß, wo jene in das Innere dringt, diese nicht einmal die Oberfläche berührt habe. Der Herr Recensent in der allgemeinen deutschen Bibliothek sagt: " Es „ habe die Muse des Herrn Klein ein Belie- „ ben getragen, sich und die tragische Kunst „ mit dem Rudolf von Habsburg, über dem „ ein unselbständiger, nüchterner, kraftloser „ Geist walte, zu prostituiren. " Der Recensent in den Theaterannalen versichert uns dagegen: " Deutschland habe durch dieses

„ Stück im hohen Tragischen ein Werk erhal-
„ ten, welches den Beyfall des Publikums
„ verdient, weil Herr Klein mitten durch die
„ Wildniß, worin unsre Litteratur von ihrer
„ Kindheit an bis in die neuern Zeiten her-
„ umgeirrt ist, sich eine Bahn gebrochen ha-
„ be. „ Der Herr Recensent der allgemeinen.
deutschen Bibliothek hätte seinen Tadel weit
kürzer fassen können, wenn er sich nur des
einzigen Machtspruches hätte bedienen wollen:

Das Stück des Herrn Klein: Rudolf von
Habsburg, ist schlecht weil es schlecht ist.

Von allem dem, was zu einem guten
Trauerspiel gehört, findet er in diesem ganzen Rudolf kaum eine Spur.

Aber warum das? „ Weil es von le-
„ bendiger Darstellung, ächter Charakteristik,
„ und unverfälschtem Ausdrucke der Natur
„ nichts hat. „

Sollte denn nicht eine Stelle etwas Gutes haben?

Nein! keine einzige; weil es für ein
fast unübertrefliches Muster von allen den Feh-
lern gelten kann, die ein Trauerspiel schlecht,
und im eigentlichen Verstande undramatisch

machen. Und doch findet der Recensent in
den Annalen des Theaters gleich in dem ersten
Aufzuge eine Scene herrlich; — im vierten
Aufzuge den Auftritt in der Gruft zwischen
Ottokarn und seinem Sohne Wenzesla groß
und wirkend, sowohl in Rücksicht auf die thea=
tralische Situation, als den Geist, der dar=
in herrschet. — Eine grosse und erschütternde
Situation, und vortreflich ausgeführt nennet
er die Scene im fünften Aufzuge, wo Otto=
kar auffährt, keine Rettung verlangt, will, daß
seine Soldaten ihn tödten sollen; durch ihre
Antwort aber, daß ihr Eid sie verbände, für
ihn zu sterben, aufgeheitert wird; eben dann
die Nachricht erhält, daß Rudolf die Vorposten
angefallen habe, und alle in die Schlacht eilen.

Dem Recensenten in der allgemeinen deut=
schen Bibliothek ist die Sprache von dem Gros=
sen Habsburger an, bis auf den gemeinsten
Waffenträger herunter nicht dem Charakter,
nicht dem Zeitalter, nicht den Situationen
gemäß.

Und die Beweise davon? Weil alle
einen poetisch prosaischen Bombast deklamiren,
eine Sprache reden, in der sich nie unter ir=
gend einem Himmelsstriche Natur und Leiden=
schaft ausgedrückt haben.

Schade denn für die Rede des Kaisers Rudolf in dem ersten Auftritte des zweyten Aufzuges, wo die Ritter und Fürsten ihm schwören müssen, mit Schonung und Menschlichkeit zu handeln!

Wehe der Beurtheilungskraft des Recensenten in den Theaterannalen, der sie zu einer grossen erhabenen Rede erhebt, und sie der Unsterblichkeit werth hält.

" Stark, sagt er, ist die Sprache im " ganzen Stücke; erhaben ohne Schwulst; " natürlich ohne in das Gemeine zu sinken. „

Ein Deutsch — ruft jener dagegen aus — das in keinem Zeitalter so dissolut, kraft- und saftlos ist gesprochen worden.

Hier ist in der allgemeinen deutschen Bibliothek abermals eine Lücke, die wenigstens mit einigen der dissoluten, kraft- und saftlosen Ausdrücken hätte ausgefüllt werden sollen.

In den Annalen des Theaters hingegen finde ich zum Beweise, daß Herr Klein im Ganzen in der Wahl seiner Ausdrücke sehr behutsam gewesen ist, eine Stelle der ersten Scene des zweyten Aufzuges wörtlich angeführt.

Noch grösser erscheint dem Recensenten Rudolf in der Scene, wo der Bote dem Kaiser Kunegundens Brief bringt, in welchem man ihm anbietet, Ottokarn zu verrathen, und Rudolf und Gutha zu retten; es sind der 16te und die folgenden Auftritte des dritten Aufzuges. Der Recensent nennt diese Scenen vortreflich, und weissaget ihnen die höchste Wirkung.

Da der Herr Recensent der allgemeinen deutschen Bibliothek sich die Mühe nicht hat geben wollen, einzele Auszüge zum Beweise seiner so ausgesuchten Schmähungen beyzufügen: so lade ich, mit dem Recensenten in den Annalen des Theaters, alle denkende Leser ein, dieses so schimpflich herabgewürdigte Stück zu lesen: und ich versichere sie, daß sie noch mehr Schönheiten ohne Anstrengung entdecken werden; so wie sie die Ausstellungen, die im Ganzen auch zu machen sind, und die der Recensent in den Annalen des Theaters auch gemacht hat, nach einiger Prüfung demselben gestehen werden.

Für ein Dutzend schöne, kraft = und saftvolle Ausdrücke und Reden bürge ich ihm, ehe wir nur zum dritten Auzuge werde vorgerückt seyn.

Ich will jeden unbefangenen Leser, der
nur einen einzigen Gran von gemeinem
Menschensinne besitzt, urtheilen lassen, welche
von diesen beyden Beurtheilungen eines vernünftigen, und unpartheyischen Kritikers würdiger sey; ob diejenige in den Annalen des
Theaters, wo von Auftritt zu Auftritte, von
Aufzug zu Aufzuge, von Personen zu Personen, von Ausdruck zu Ausdrucke durch alle
Charaktere, Situationen, Abstechungen und
Vergleichungen gegangen wird? — oder diejenige in der allgemeinen deutschen Bibliothek,
wo das ganze Stück durch einen mächtigen
Federstrich zu einem undramatischen Gerippe,
die Sprache zu einer irokesischen Sprache, die
handelnden Personen zu französischen Puppen
und deutschen Sackträgern umgeformt worden
sind, sogar ohne daß man sich einmal dazu
des uralten gewöhnlichen Maaßstabes quis,
quid, ubi, quibus auxiliis, cur, quomodo,
quando? bedient hätte.

Wo ist in dem ganzen Artikel der allgemeinen deutschen Bibliothek nur ein einziger
Zug, nur ein Sinn, dem man, was doch seyn
sollte, den Namen kritische Beurtheilung beylegen könnte? wo ist ein einziges Wort, die
jener zusammengezogenen Darstellung aus der
ganzen ausführlichen Zergliederung gliche, die
man

man S. 109 in dem 3ten Hefte der Annalen
des Theaters ließt?

„ Die Handlung (heißt es dort) ist schön
„ geführt; das Interesse wird erhöht.   Ru-
„ dolfen steht Ottokar entgegen.   Jener krie-
„ get, um seinem Vaterlande Frieden zu ver-
„ schaffen; diesen spornt Ruhmsucht; derGeist
„ des Eroberers verscheucht Friedensgedanken
„ aus seiner Seele.   Kunegunde ist stolz, wie
„ Ottokar; auch sie will Rudolfs Untergang,
„ und doch handelt sie aus andern Gründen,
„ als er.   Agnes und Wenzesla sind edle
„ Kinder bösartiger Eltern.   Ottokar scher-
„ zet mit Eidschwüren und bricht Verträge;
„ Wenzesla'n ist gegebenes Wort heilig: Er-
„ oberungen machen Ottokarn die Rechte der
„ Menschlichkeit vergessen; Wenzesla's gros-
„ ser Zweck ist Menschenglück.   Kunegunde
„ haßt Rudolfs Stamm aus falschem Wahne,
„ will Gutha'n morden.   Agnes ehret Ru-
„ dolfs Geschlecht, liebt dessen Sohn, und will
„ sich selbst für Gutha'n aufopfern.   Rudolf
„ der Sohn, und Gutha verhalten sich mei-
„ stens leidend, ohne überflüssig zu seyn.   Sie
„ erhöhen das Interesse einzeler Situationen,
„ und haben durchaus Einfluß auf die Haupt-
„ handlung. „   Wer dieses ließt, und noch
wanket, welchem von beyden Recensenten er

glauben solle, von deſſen Geſchmack und Ver-
ſtande habe ich keine groſſe Meinung. Nur
möchte ich nicht aufgefodert werden, zu ſagen,
ob denn der Artikel Seite 436 des zweyten
Stückes des 85ten Bandes der allgemeinen
deutſchen Bibliothek, deſſen Verfaſſer ich bisher einen Recenſenten genannt habe, wirklich für eine Recenſion des Trauerſpieles Kaiſer
Rudolf von Habsburg gehalten werden könne. Ich würde dabey mehr in Verlegenheit
ſeyn, als um dieſer Geburt einen Namen zu
geben. — Recenſion iſt es nicht: das ver-
ſichert mich Home.

Pasquill iſt es wohl auch nicht, ſo lange ich nicht Wahrheit in ſeine, aber ſehr bei-
ſende Züge eingehüllt, und mit Gift ausge-
ſpien darin antreffe. Ob es perſönliche Feh-
de ſeyn ſoll, weiß ich nicht: da ich die Fehden
des Herrn Verfaſſers nicht kenne. Dazu
möchte ihm aber die Keule des Herkules beſſere Dienſte geleiſtet haben, als ſeine Feder;
denn ſo ſchreibt der einſichtvolle Forſcher, der
ruhige Beurtheiler und gründliche Kritiker
nicht; die Ausfälle ſind zu plump, treffen
den Fleck nicht, auf den ſie zielen, und ihr
Wiederhall klingt wie Leidenſchaft.

Daß Herr Klein über den Waſſerflu-
then der theatraliſchen Kritik geſchwebt ſey,

weiß, so wie der Herr Verfasser des Aufsatzes
in der allgemeinen deutschen Bibliothek, ein
grosser Theil des deutschen, kunstverständigen
Publikums. Wem aber die Geschichte der
dramaturgischen Aufsätze über die Mannhei=
mer Schaubühne des Herrn Klein bekannt ist,
wo unter sorgfältigem Verschweigen seines
Namens so oft als Gelegenheit zu kritischen
Bemerkungen da war, Blätter ausgegeben,
begierig aufgekauft und gelesen wurden; wo
man darin den Geist und die Stärke eines ge=
übten, einsichtvollen Kenners gefunden hat,
der wird, um die Allegorie beyzubehalten, den
Herrn Klein eher dem in Virgils Aeneide den
Kopf aus dem Meere hebenden, und den
Winden gebietenden Neptun, als mit dem
Herrn Virfasser in der allgemeinen deutschen
Bibliothek, einem nüchternen kraftlosen Geiste
vergleichen. In jeder Zeile des kleinischen
Urtheiles über Agnes Bernauerin, Wielands
Rosamunde, Lessings Emilia Galotti und des=
sen Meinung über das heroische Trauerspiel
liegt mehr Sprachrichtigkeit, geübter Forsch=
ungsgeist, gründliches Nachdenken, treffen=
der Ausdruck, Belesenheit, Wissenschaft,
Sachkenntniß, als in dem ganzen Aufsatze
des Herrn Verfassers in der allgemeinen deut=
schen Bibliothek. Zwar findet man in diesem
auch Sentenzen; nur so männlich stark sind

sie nicht, wie jene in des Herrn Klein Urtheile. Welche von beyden schiefer seyen? — das beurtheile der, welcher nur lesen kann, wenn auch zum Denken sein Kopf noch nicht stark genug ist,

Gewiß bleibt es immer, daß der Herr Verfasser in der allgemeinen deutschen Bibliothek an Leerheit und Lahmheit nicht bald eine andere Kritik hinter sich lasse. Wage er es mit dem sinnlosen, vernunftwidrigen, stolzer Selbstgenügsamkeit beschuldigten Herrn Verfasser der Abhandlung über Lebensbeschreibungen und Lebenschreiber im ersten Bande der Leben und Bildnisse großer Deutschen sich zu messen. Wo sind seine Waffen, mit denen er es gegen den Herrn Klein aufnehmen will? Lasse er sehen, ob er denn auch wirklich Waffen habe; er unterwerfe sie der Prüfung, ob sie jenen an Feinheit, Glanze, Gewicht und Nachdruck gleichen; ob er damit einen Kampf wagen darf, ob auch sein Arm die Nervenstärke aushalten könne, mit der ihn sein Gegner anfassen wird. Oder er befürchte vielmehr unter die von ihm geschilderten Helden des Kleinischen Trauerspieles gereihet zu werden, und dann wird mit man Wahrheit von ihm behaupten können, er habe es recht eigentlich darauf angelegt, in jeder Zeile seiner Recension Vernunft und Wahrheit zu beleidigen. Mit dem

Herrn Verfaſſer in der allgemeinen deutſchen
Bibliothek gehe ich deswegen in eine Zerglie=
derung dieſer Kleiniſchen Abhandlung und ſei=
ner Urtheile über Leſſing, Wieland und Agnes
Bernauerin nicht ein, weil es für dieſesmal
mehr nicht braucht, als zu beweiſen, daß Herr
Klein der unſelbſtſtändige, nüchterne, kraft=
loſe Geiſt nicht ſey, mit dem er das Publi=
kum in Beurtheilung dieſer und ähnlicher
Werke ſoll heimgeſucht haben; und dazu reicht
hin, dieſe Werke genannt, und das leſende
Publikum zumSelbſtleſen eingeladen zu haben.
Es wird darin mit eben ſo wenig Mühe und
mehr Gründen die Fähigkeit des Herrn Klein
entdecken, als der Herr Verfaſſer in der all=
gemeinen deutſchen Bibliothek Herrn Klein für
den unfähigſten Kopf erkläret hat.

Ich muß beynahe glauben, daß der Herr
Recenſent alles das, was Herr Klein als Ver=
faſſer hat drucken laſſen, ſelbſt noch nicht ge=
leſen, ſondern über die Kleiniſchen Werke nur
denen nachgeſungen habe, die alles das ſchlech=
terdings verachten, was nicht in einer Gegend
Deutſchlandes iſt angeſtimmt worden.

Nun ſo habe er dann Selbſtverläug=
nung genug, die edle Zeit, welche er durch
die Lektüre des Trauerſpieles, Rudolf von

Habsburg im eigentlichen Verstande gemor=
det hat, mit derjenigen wieder zu ersetzen, die
er verwendet, die kleinische Abhandlung:
Vom Edeln und Niedrigen im Ausdrucke,
zu lesen; seine Ueberzeugung, Belehrung,
und die Liebhaber einer unpartheyischen und
besser geschriebenen Kritik, werden dabey in
Zukunft unendlich gewinnen.

Des liebenden Mädchens Frühlingslied.
Geburtstagsgeschenk für Josephe B**.

Er küsse mich mit seines Mundes Küssen!
Salomo.

Wohl schön ist der Frühling im blumigten Kleid,
Wenn segnend er Himmel und Erde erneut —
Doch schöner noch meines Geliebten Gestalt
Von Liebe mit jeglichem Reize bemalt.

Wohl süß ist gekostet bey traulichem Mahl
Der funkelnde Tropfe im Freudenpokal —
Doch süßer und köstlicher noch der Genuß
Des Inniggeliebten im brennenden Kuß,

Wohl ist es erquickend in ländlicher Luft
Zu athmen der Blumen balsamischen Duft —
Doch mehr noch erquicket am liebenden Mund
Der Athem des Trauten in nächtlicher Stund.

Wohl schön ist das Röschen auf blumigter Au,
Wenns glänzet und flimmert im perlenden Thau, —
Doch schöner die Thräne auf blühender Wang'
Die Wehmuth dem Auge des Jünglings entrang.

Wohl rühret das Herz mit allmächtigem Drang
Der einsamen Nachtigall Klagegesang; —
Doch himmlischer tönet des liebenden Lied,
Von heißem Gefühle und Stärke durchglüht.

Wohl stolz ist die Sonne im flammenden Stral,
Sie dehnet Gefilde und Hügel und Thal; —
Doch kraftvoller noch ist des Einzigen Blik,
Er tödtet, und führet ins Leben zurück.

Viel hat wohl der Güter die freundliche Hand
Der wünschenden Seele zur Labe gesandt, —
Doch keines so herrlich, wie Liebesgenuß
Im pochenden Busen, im lechzenden Kuß.

Deß Herze das Wehen der Liebe vernahm,
Wird ledig des Kummers, entbunden vom Gram;
Die Liebe ist einzig, die alles vermiß't;
O glücklich die Seele, die Liebe genieß't!!!

J. S.

Ll 4

Vorbericht.

Vaterländische Kunstsachen gehören vorzüg=
lich in den Plan des pfalzbaierischen Mu=
seums, wir werden künftig darauf sehen, Werke
hiesiger Künstler, welche die Aufmerksamkeit
und den Beyfall der Kenner verdienen, durch
diese Schrift bekannt zu machen; und mit Ver=
gnügen ergreifen wir diese Gelegenheit, hier
einige Kupfer des hiesigen Hrn. Baumeisters
Schlicht anzuzeigen.

Schlicht

nach Vernet in Aquatintamanier; ein gro=
ßes Blatt von siebenzehen Zoll Höhe,
und drey und zwanzig Zoll Breite.

Ein fürchterlicher Sturm mit Gewitter zur
See; die Scene nur durch die schauer=
volle, doch alle andre Beleuchtungen an Leb=
haftigkeit übertreffende Helle des Blitzes be=
leuchtet. Ein großes breymastiges Schiff ist
kurz vor dem Augenblicke des fürchterlichen
Blitzes an die felsigten Ufer geworfen worden
und gescheitert — geht wirklich unter — ist
schon bis auf das Mastwerk versunken, und
wird in einer Minute unsichtbar seyn. In=
zwischen sind ungefehr zwölf Bootsknechte, die

sich gerettet haben, auf verschiedenen Stellen mit der grösten Geschäftigkeit bemüht, die Reisenden zu retten. Ziehen sie am Thau aus den Wellen, und bringen sie theils verzweifelt, theils halb todt in Sicherheit. Eine Gerettete ist sterbend — ein Mädchen, dessen Anzug in der grösten Unordnung ist, verzweifelt und schlägt die Hände über dem Kopf zusammen. Ein andres nicht weit entferntes dreymastiges Schiff wird mit unwiderstehlicher Gewalt an das schroffe Ufer geschleudert. Ganz in der Ferne, an dem eigentlichen Orte der Blitzerleuchtung, ringt ein Schiff mit den Stürmen, und bald wird es von den Wellen verschlungen seyn.

Das durch das heftige Anprellen der Wogen, die in Schaumwolken wieder zurückspritzen, weitumher gepeitschte Ufer, ist fast nackter Felsen, wovon zwey Massen von ungeheurer Höhe, nur von einem schon abgeknickten und stürzenden Baume bewachsen, vom Blitze erhellet, das Bild hauptsächlich beleben und das Schauerliche des Ganzen vergrössern. Diese Felsen sind eckigt, scharf, und Lagenweiß aufgetragen.

Weiter zurück in dem Mittelgrunde steht an einer solchen schönen Felsenmasse ein hohes Schloß und auf der Spitze desselben ein Leuchtthurm im Freyen.

Lll 5

Die Luft iſt in gröſter Verwirrung; in
der entfernten Gegend, wo der Blitz herun=
ter fährt, ſind zerriſſene Wolken — näher
bey dem Auge iſt der ſchwärzeſte Himmel von
minder ſchwarzen Wolken gebrochen; und Flu=
then ſtürzen in ſchiefer Richtung gegen das
Ufer.   Soviel von dem groſſen Maler, der
die glückliche Gabe, die Schönheiten der Na=
tur auf das lebhafteſte zu fühlen, das gedach=
te und ſich eigen gemachte Schöne ſchöpfriſch
wiederzugeben, und mit den täuſchendſten
Farben auf Leinwand zu ſchmelzen in ſo ho=
hem Grade beſaß.

Was that nun Schlicht, der unermüde=
te ſinnreiche Verbeſſerer der ſchon lange belieb=
ten Manier, welche die auf Vervollkommnung
immer denkenden Engländer Aquatintama=
nier nennen? —

Schlicht verſetzt durch ſeine Kunſt das
vernetiſche Farbenwerk in eine vortrefliche
Piſterzeichnung; eine Zeichnung, die man für
die vernetiſche, wornach er ſein Gemählde
ausführte, anſehen könnte; wenn man gehört
hätte, daß Vernet zuerſt ſeine Stücke in Piſter
fleißig und ausführlich gezeichnet hätte.   Die
nehmliche Weichheit, Verblaſenheit, Zuſam=
menhang, und allmähliger Uebergang des
ſchwarzen doch nicht undeutlichen Vorgrundes

bis in die meilenweite, lichte, vom Blitze beleuchtete Meeresferne; wahres trefliches Fel-
senwerk; leicht sich hebender Schaumstaub; drey-
sig Nüancen in den schwer sich hebenden, halb
durchsichtigen Wellenbergen; eben so viel oder
mehr Nüancen in der wilden schweren Wol-
kenluft, von elektrischen Schlägen zum Nieder-
fallen in Strömen gezwungen Ein Pister-
bild, daß bey längerm Anschauen Bangigkeit
und Schrecken erregt; das man aber doch,
wenn man Natur, Wahrheit-Schrecken-Dar-
stellungskraft und Talente liebt, und Betrach-
tungen darüber anzustellen im Stande ist, nicht
mehr verlassen kann.

Ein grosses Blatt nach Adrian van der Velden in Aquatintamanier gestochen.

Eine Zeit eines heitern, stillen Tages, hinter kahlen, steilen, äusserst schön beleuch-
teten Felsengebirgen bricht das Licht der Sonne hervor. Auf einem dieser Felsen liegt am
Abhange ein altes Schloß. Im Vordergrunde ist hinter Gebüsch und hinter einer kleinen
Anhöhe ein Fluß, der bey einem alten Gemäuer
vorbey fließt, worauf ein Baum und Busch-
werk ist. Auf dem Flusse ist ein langes plat-
tes Fahrzeug mit einem aufgehängten Segel.
Zehen Personen, eine Kuhe, die gierig den
Kopf über den Rand des Fahrzeuges ins

Waſſer ſteckt, um zu trinken, ein Hund, der
auf der Spiße ſteht, und einige Enten, die
eben aufſteigen, anbellet, befinden ſich darauf.
Alles iſt vortreflich gruppirt, und der ganze
Vordergrund im Schatten gehalten; wodurch
der hintere Theil des Bildes meiſterhaft zu-
rückgetrieben wird. Stark beleuchtete Wolken ſchwimmen hoch in der Luft, und werfen
die Stralen der Sonne auf die Gruppen des
Vordergrundes, und dadurch entſtehn Kon-
traſte, deren Wirkung groß iſt.

Dieſes vortrefliche Gemälde hat Herr
Schlicht mit der ihm eignen Geſchicklichkeit in
der berühmten Aquatinta Manier bearbeitet.
Der Ausdruck des Ganzen entſpricht der
Schönheit des Originals. Mit Kunſt iſt der
Geiſt des Urbildes in Haltung des Lichtes und
Schattens, in allen Nüancen in dieſes Blatt
übergetragen; welches ein neuer Beweis von
des Herrn Schlicht vorzüglichen Talenten iſt.

Ein grosses Blatt in Aquatinta Manier nach Niklas Berghem. Ein Gegenstück zum Vorigen.

Ruhe ist der Hauptcharakter, mit dem jeder Gegenstand im vorigen Blatte gestempelt ist. Hier ist die ganze Natur im Aufruhr. Ein furchtbares Gewitter ist bey dem Untergange der Sonne aufgestiegen, und hat den ganzen Gesichtskreis verdunkelt. Im Vordergrunde, hinter einem Hügel, ist eine Heerde Kühe und Schafe, die scheu und wild unter einander laufen. Rechts ist der Hirt, der mit ängstlicher Eilfertigkeit sein Vieh an einem Platze an dem kleinem Hügel zu versammeln sucht, um es gegen das Ungewitter zu schützen. In einiger Entfernung ist seine Frau, die ein Kind an der Brust liegen hat; Links ist der ganze Himmel fürchterlich dunkel; man glaubt den Donnerrollen zu hören; nur durch durchgerissene Oeffnungen sieht man rechts die Glut der Sonne, die das mit Verderben beladene Gewölcke vergoldet. Ueber allen Ausdruck schön ist die Wirkung dieser heftigen Lichtstrahlen, wie sie sich auf den Gegenständen umher, auf dem Viehe, auf verschiedenen Theilen der Hirten brechen, und endlich von dem schauerlichen Dunkel links wieder verschlungen werden. Auf dem kleinen Hügel steht der verdorrte und schon halb verwitterte Stamm eines Baumes, den der Sturm nun gänzlich umzustürzen droht. Diese Empörung der Natur kontrastirt mit dem Schrecken der Menschen und Thiere meisterhaft. Die ungeheure Masse von Schatten auf der einen, das heftige Hervorbrechen des Lichtes auf der andern Seite, machen eine Wirkung, die fast über alle Beschreibung ist.

Und hat Herr Schlicht sein Original erreicht? — Gewiß. Sein Blatt, daß er geliefert hat, zeigt, daß er wie Berghem feurig dachte und fühlte, als er es bearbeitete. Groß ist die Kunst in der Haltung des Lichtes, in den Kontrasten der so heftig abstechenden Gegenstände, in der Beybehaltung des Hauptcharakters im Ganzen, welcher Schrecken und schauervolle Bangigkeit ist.

Mit edler Kühnheit ist dieß Blatt bearbeitet, und doch ist alles mit Fleiße ausgeführt. Im Ganzen herrscht ein Geist, der den denkenden Künstler verräth.

Von denselben Künstler sind noch folgende vierzehn Blätter.

Erstes Blatt,
radirt nach eigener Composition.

Stellet ein Gefängniß bey Tage vor. Die einfallenden Lichter in dem mit rüstiken Säulen gezierten Vorhofe, die grosse Masse von Schatten, die Steine an dem Mauerwerke, die hölzernen Gitter sind mit äusserster Kunst radirt, und machen ein Ganzes aus, das in allen seinen Theilen vollendet ist.

Zweytes Blatt,
das Gegenstück zu dem Vorhergehenden.

Stellet ein Gefängniß bey Nacht vor, in den gewölbten Gängen stehen drey Wächter mit Spießen. Diese Gänge sind von einer Laterne beleuchtet, deren düstrer Schimmer eine schauerliche Wirkung macht. Schatten und Licht sind äußerst glücklich gehalten, und die Perspektive nach allen Regeln der Kunst ausgeführt.

Drittes Blatt,
in Tuschmanier nach Brauwer.

Eine Bauernschlägerey beym Spiele. Der Ausdruck in den Gesichtern der Bauern, und die charakteristischen Nebensachen sind nach Brauwers Manier vortreflich componirt.

Viertes Blatt.

Das Gegenstück ist eine Barbierstube.
Der Dorfarzt läßt einem Bauern an dem rechten Fuße Ader; die Frau des Arztes ist im
Begriffe, ein Pflaster zuzubereiten, sieht aber
um, weil sie die Thüre öffnen hört, wodurch
ein andrer Bauer hereintritt, der auf dem
Backen eine große Wunde hat, die er vermuthlich bey einer Schlägerey bekommen hat.
In dem Hintergrunde sitzt einer auf einem zer-
brochenen Fasse, dem der Bart abgenommen
wird. Abstechend ist der Kontrast in den verschiedenen Gesichtern; jedes trägt das Gepräge eines Originalcharakters. Das Hausge-
räthe und die Verzierungen der Stube sind
so charakteristisch, daß man sogleich errathen
würde, wo man sich befände, wenn auch die
handelnden Personen nicht da wären.

Fünftes Blatt.

Ein Dorfarzt nimt einem das Pflaster
von seinem verwundeten Arme ab. Der Schmerz
im Gesichte des Verwundeten, und die un-
barmherzige, nachdenkende Miene des Arztes
kontrastiren auf eine meisterhafte Art. Die
Ausführung des Ganzen ist Brauwers würdig.

Sechstes

Sechstes und siebentes Blatt.

Dies sind zwey Dekorationen für die Schaubühne, von Herrn Schlicht selbst erfunden. Beyde Blatten stellen prächtige Palläste im theatralischen Geschmacke vor. Die Schönheit der richtig perspektivischen Zeichnung, die Behandlung der Abweichung der Töne in die Ferne, die Vertheilung von Schatten und Licht machen das Ganze zu einem vollendeten Werke der Kunst.

Achtes Blatt.

Stellet das Innere eines Tempels nach einer Originalzeichnung in der bekannten reichen Manier von Bibiena vor. Auf prächtigen Säulen, die mit Guirlanden behängt sind, ruht eine meisterhaft geründete Kuppel. Das Ganze ist reich, Schatten und Licht glücklich vertheilt, und die Wirkung angenehm.

Neuntes Blatt.

Ein Gefängniß nach einer Originalzeichnung von Bibiena. Die schön einfallenden Lichter und dadurch verursachten Schatten machen eine theatralisch malerische Wirkung. Diese Blatte ist mit besonderer Stärke der Manier bearbeitet.

Mmm

Zehntes Blatt.

Stellt ein unterirrdisches Gefängniß, von ihm selbst erfunden, vor. Das Licht fällt durch eine in die Tiefe führende Treppe herein, durch dessen Reflex der ganze schauerliche Kerker düster beleuchtet wird. Man sieht verschiedene mit eisernen Gitterthüren verwahrte Behälter der Gefangenen. Die Treppe, die sich tiefer herunter zieht, wird von einem Seitenlichte beleuchtet. Das Ganze ist schön gedacht, und meisterhaft ausgeführt.

Eilftes, zwölftes, dreyzehntes und vierzehntes Blatt.

Diese vier Blätter stellen das Heidelberger-Schloß mit der Stadt Heidelberg und der Gegend vor. Dieser alte Fürstensitz des Kurhauses Pfalz ist aus vier der interessantesten Standpunkte aufgenommen. Die romantische Lage dieser ehrwürdigen Ruinen auf dem Abhange eines Berges; die herrliche Aussicht in das Neckarthal, auf die Stadt, in eine malerische Ferne gegen Abend, machen diese Blätter jedem, der Gefühl für die Schönheiten der Natur hat, interessant, und der Geschichte wegen merkwürdig.

Hingeworfene Gedanken über die politische Freyheit, und die verschiedenen Staatsverfassungen.

Unter die Worte, welche dem Ohre am angenehmsten klingen, dem Verstande aber einen nicht ganz bestimten Begriff darbieten, gehört das Wort: Freyheit. Jedermann glaubt, moralisch frey zu seyn, und will politisch frey werden. Wie aber die Sittenlehren beweisen, daß derjenige, welcher alles thut, was ihm gelüstet, nichts weniger als moralisch frey ist, eben so läßt es sich als ein Problem in der Staatskunst aufgeben, ob auch diejenigen wirklich politisch frey sind, welche es am meisten zu seyn scheinen. — Sobald die Menschen sich über die blos thierischen Bedürfnisse erhoben und sich erkünstelte Bedürfnisse erschaffen hatten; sobald Sittlichkeit, welche allererst durch Vereinigung mehrerer Menschen ihr Entstehn und Wirksamkeit erhält, erregt wurde; sobald bildeten sich größere Gesellschaften. Diese Gesellschaften, welche immerhin theils auf das privat — theils auf das gemeine Wohl abzwecken mußten, konnten nicht ohne

eine Abſonderung oder Auswahl von Perſonen beſtehen, welchen man gemeinſchaftlich die
Sorge für das gemeine Wohl auftrug. Dieſe
zeichneten ſich entweder durch höhere Geiſtes-
gaben, und durch vorzügliche körperliche Stärke
und Geſchicklichkeit, oder auch durch eine leb-
haftere Theilname an dem Wohl anderer,
aus. — Es waren mehrere, denen dieſes
Glück zu Theil wurde, auch traf wohl das
Loos einen Einzigen, dem aber wieder mehrere zu ſeiner Hilfe untergeordnet wurden;
dieſe wurden von ihm, vom Volke gewählt.
Es geſellten ſich auch zu denſelben die groſe
Gütherbeſitzer, welche natürlicher weiſe das
gemeine Wohl am meiſten intereßirte. — Da
die Güther durch Erbrecht auf die Familien
übergingen: ſo concentrirte ſich ſolcherge-
ſtalt die Obergewalt in den Händen gewiſſer
Familien; ſo wie das Haupt derſelben, das
auch immerhin ein Güther reicher Mann war,
oder es wurde, ſeine Stelle, beſonders wenn
er ſich dem Volke beliebt gemacht hatte,
durch Erbrecht auf ſeine Familie fortpflanz-
te. — So gar die Namen der alten frän-
kiſchen und gothiſchen Könige beſtättigen dieſes Verhältniß, und im Spaniſchen leiten
ſich die Namen derer, welche vor dem Theil
an der Regierung hatten, der Riccos Hom-
bres und Hidalgos daher.

Man bezeichnet izt durchgängig die Staaten, worinn die Obergewalt in den Händen mehrerer, zusammen, und nicht einer Person untergeordneten Personen sich befindet, mit dem Namen von Freystaaten. Um diese Personen zu wählen, und so einen Freystaat zu bilden, hat man neuerlich bey unsern Nachbaren die allgemeine Stimme aller in diesem großen Reiche befindlichen Hausväter aufgerufen. — Wird nun das Volk bey dieser neuen Umschaffung wirklich glücklicher werden? — Ist es dieses, wenn die Zahl seiner Regenten vermehrt wird, oder fährt es am besten dabey, wenn es nur einen hat? — Jedermann fällt hiebey ein, daß doch auch dieser einzige nicht durch sich allein regieren kann, in einem großen Staate, wenn er auch mit überwiegenden Geisteskräften die größeste Thätigkeit vereinigte.

Die menschliche Natur ist einmahl zu beschränkt, der gemeinen Geschäften einer großen Anzahl Menschen sind zu viel, sie sind zu mannigfaltig; Jedes derselben erfordert andere Geschicklichkeiten und andere Fertigkeiten. Quando quidem bonus dormitat Homerus.

Auch bey dem größesten Mann sind nicht immerhin alle seine Fähigkeiten in einem wa-

chenden Zuſtande, und es überraſcht ihn bald
der Schlummer der einen bald der andern. —
Man erkennt hieraus, daß ein anſehnli=
ches Volk von mehreren regiert werden
müße, und daß es nur darauf ankomme,
ob diejenigen, welche einer wählt, oder die,
welche vom Volke gewählet werden, oder die
durch Erbrecht dazu gelangen, ſich das ge=
meine Wohl am meiſten angelegen ſeyn laſſen
werden. Es iſt ſicher, daß derjenige, wel=
cher die Obergewalt allein in Handen hat, ſeinen
Launen oft mehr erlaubt, als er billig ſollte,
daß er zu Zeiten eine Auswahl von Dienern
macht, welche beſſer dazu aufgelegt ſind, die=
ſen Launen zu ſchmeicheln, als für das ge=
meine Wohl zu ſorgen.

Eben ſo ſicher aber iſt es auch, daß wenn
mehrere die Oberſtelle im Staate begleiten,
welche theils durch die Wahl des Volks,
theils auf andere Art dazu gelangen, auch
dieſe oft dadurch ihre Stelle erhalten, daß ſie
den Launen des Volks ſchmeicheln, welches
oft eben ſo wenig ſein wahres gemeines Wohl
als der Fürſt zu beherzigen weis; verſchiedene
Launen durchkreuzen ſich, und der zu erhal=
ten gehofte Zuwachs an gemeiner Glückſeelig=
keit iſt ſehr gringe. Läßt man das Volk thun,
was es gelüſtet; ſo ſcheint es vergnügt. Iſt
es aber deswegen glücklich und frey? —

Verfällt es nicht oft in die grösseste
moralische Sclaverey? — Sind die Unrei-
nigkeit, Grobheit und Sittenlosigkeit, welche
in mehreren Europäischen Republiken herrschen,
wol Proben von einem höhern Grad von
Glückseeligkeit? — Zudem, was hat in einem benachbarten Lande das Misvergnügen
des Volks mit der Regierung veranlaßt? Die
Quellen hierzu sind sicherlich nicht allein in
den Lastern des Hofs aufzusuchen, da, wenn
diese auch statt fänden, welches doch nicht
so leicht zuzugeben ist, sie auf die allgemeine
Denkungsart, so unter dem Volke herrscht,
sich gründen, und sicherlich nicht Plaz gegriffen
haben würden, wenn leztere geändert wäre. —
Die Haupturfachen des Misvergnügens ent-
sprangen aus dem Misbrauche des Staats-
credits, und den seit einem Jahrhundert zu
sehr vervielfältigten Kriegen. — Sind aber
Republicken nicht auch dieser beyden Staats-
gebrechen schuldig, hat sich das nahe England
nicht auch beyder Fehler schuldig gemacht, und
ist vielleicht blos durch die Tugend seines Königs und izigen obersten Staatsbedienten gerettet worden. Würde es seinen Demago-
gen gefolgt haben, so glaub' ich wenigstens
nicht, daß es besser gefahren seyn würde.

Das Naturrecht, nach welchem sich die
Souverainen Häupter der Staaten richten,

und welches alle Augenblick seine Zuflucht zur
Gewalt und zum Schwerte nimmt, macht
allerdings einen schönen Contrast mit den Gesetzen, nach welchen sich gesittete Menschen innerhalb dieser Staaten verhalten sollen. Es
ist kläglich, daß Ehrgeiz und ein Schein von
Obermacht alle Rücksichten vergißt, so daß ein
berühmter Dichter den Großen der Erde zu-
rufen konnte.

Justice, humanit', est ce par Vous que
                              Ils regnent
Si j'en crois Leurs ecrits, ils s'accusent,
                              secraignent
Et se meprisent tous.

Allein gieng es bey den griechischen Republiken, bey Rom und Carthago anders
zu? — Wird Glück nicht immer Muth und
Muth nicht immerhin Uebermuth erzeugen? —
Werden nicht Leute, welche lang in engen
Zimmer eingesperrt gewesen sind, in freyer
Luft schwindlich? Dürfte es Völkern, die
glauben mehr frey zu seyn, anders gehen? —
Sind einige Schranken mehr oder weniger,
die man uns setzt, oder sie gegen uns aufhebt,
Ursache an größerem Heil. — Wie viel setzt man
sich deren im Privatstande selbst? In welche
freywillige Sclaverey begiebt man sich? Aus-
nehmende Geisteskräfte, große Thätigkeit,

gute Gesinnungen, opfern berühmte Schrift=
steller, fremdem Eigennuze auf, der brauch=
barste, patriotische Rath wird vom selbstsüchti=
gen Archonten misbraucht.   Je mehr ein
Mann mit Geschäften sich beladet, je mehr
Ansehn und Vermögen er erwirbt; je abhän=
giger wird er. Sein Wirkungskreis kan von
eignen Kräften nicht belebt werden.   Er hat
mehr fremde Hilfe nöthig, und wird so, wenn
er glaubt denen, die ihm untergeben sind,
zu gebieten, da zum Gelingen seiner Vorha=
ben deren Geschicklichkeit und Treue haupt=
sächlich mitwirken muß, im eigentlichen Ver=
stande ein Knecht der Knechte. — Gesez ist so
tyrannisch, als Willkühr. — Mit Shakespear
zu reden, war es eben so wenig, als die Welt,
ja des unglücklichen Freund. —   Der nach
einer neuen Rechtschreibung oft geschriebene
Buchstaben desselben, wird immerhin tödten,
wenn sein Geist lebendig machen sollte.   Ein
Staat werde eingerichtet wie er wolle, so wer=
den doch wieder darinn verschiedene Unterab=
theilungen der Bürger, nach dem Stande,
dem Vermögen, der Sitten, der Verwandt=
schaft derselben, sich ergeben; so wird immer
der besondere Geist (l'esprit du Corps) dem
dem gemeinen Geist (publick Spirit.) entgegen
arbeiten, und am Ende müssen doch Obere
bleiben; wie leicht vergessen diese aber die
ursprüngliche Gleichheit der Menschen?

Je weniger breit und schwer eine obere
Spitze ist; je geringer wird ihr Druck auf die
Grundlage des Gebäudes seyn. — Sollte die=
ses in der Phisik wahr seyn, und in der Politik
das umgekehrte Verhältnis statt haben. —
Wäre die Spitze breit, so müßte sie wenigstens
sehr leicht, das ist, die Menschen, welche sie
bilden, müßten sehr ätherisch, und von den gro=
ben Slaken der Eigenliebe und des Eigen=
nuzes sehr gereinigt seyn. Ist aber wol die=
ses zu erwarten? Hat die milde, so menschen=
freundliche, christliche Religion, diese Rei=
nigung nicht zu wege bringen, ja nicht einmahl
die unsinnige Wuth, Krieg zu führen, bän=
digen können; haben alle schönen Lehren der
Stoa, die Beyspiele der Antonine, den Ver=
fall des römischen Reichs nicht zu hindern
vermocht: welche neue Staats = Verfassung
wird neues Glück über die Menschheit ver=
breiten? — Alle Völker der bekannten Welt
haben eine andre Lebensordnung, in Anse=
hung ihrer Gesundheit, eingeführt; indessen
sieht man nicht, daß in einem Lande die Men=
schen viel länger als in dem andern leben. —
Sollte es sich nicht eben so mit ihren Staats=
verfassungen verhalten, und der kluge, mä=
ßige Mann unter jeder glücklich seyn können?
Es ist eine sehr mißliche Sache mit der Ver=
jüngerung eines veralteten Staates, besonders

wenn dazu gewaltfame Mittel angewendet,
und alle Gliedmaaßen deſſelben aus ihren Verbindungen geriſſen werden müſſen. — Auch
die Töchter des Peleus hatten guten Willen
bey ihrem Verſuch, dem alten Vater neue Ju-
gendkräfte zu verſchaffen, und doch, wie übel
ſchluge dieſer Verſuch aus? — Der große
Montesquieu hat die Engliſche Verfaſſung ſehr
erhoben: der tief denkende Pope kannte wol
dieſe Verfaſſung beſſer, eine Verfaſſung, welche ſo oft von der Beſtechung, mit Gibbon zu
reden (the most infallible Symptom of con-
ſtitutional Liberty) dem aller unfehlbarſten
Symptom Conſtitutionsmäßiger Freyheit, nur
zu ſehr durchdrungen wird. Er giebt derſelben
nicht gerade zu den Vorzug vor andern Ver-
faſſungen, wenn er in ſeinem Verſuche über
den Menſchen ſich folgender geſtalt ausdrückt.

For forms of Government let fools conteſt,
That's beſt adminiſtrated, is the beſt.

„ Es mögen ſich immerhin Narren über
„ den Vorzug der verſchiedenen Staats = Ver-
„ faſſungen zanken: diejenige, worinn die beſte
„ Verwaltung ſtatt hat, iſt die Beſte.

Die Hofnung beßrer Zeiten iſt ſehr trüge-
riſch, und zeigt nur das Uebermaaß gegenwärtigen Elends an. Daher erſchien neulich eine,
auf die Veränderungen in benachbarten Staate
Bezug habende Schrift mit dem Anfangs = Motto

aus dem Martial; welches gegenwärtige Einfälle schliessen solle:

„ Nuper trapejo quæ sedit culmine Cornix
„ Est bene, non potuit dicere, dixit: Erit

„ Auf Tarpeiens Gipfel saß eine schwazhafte
„ Krähe;
„ Sagen konnte sie nicht, daß es gut sey; sie
sagt: Es wird besser.

B.

An Ihre Excellenz die Frau Gräfin von Leiningen Guntersblum, geborne Gräfin von Bretzenheim, am ersten Tage des Jahrs 1790. von Anton Klein

Das Eitelste der Dinge, schöne Gräfin,
ist wohl ein übertriebner Wunsch, der Glückeswunsch,
den man am heutgen Tag einander bringt;
er ist gewöhnlich eine prächtge Schilderung
von allen dem, was wir nie hoffen dürfen:
oft ist er noch unwerther als das leere Nichts,
indem die schönen Wort' aus falschem Herzen tönen.
Dagegen ist des Lebens süßes Labsal oft
ein Wunsch, den man in seinem Herzen selber nährt;
mit rosenfarbenem Gewand erscheint ihm stets
die Hoffnung, diese Huldin, die die Welt beglückt.
Drum ist der Mensch, vor dessen Fuß das Glück
die Fülle seiner Güter goß, der glücklichste

der Menschen nicht; da für die süssen Wünsche kaum
ihm Raum in seinem Herzen bleibt; denn Ueberfluß
ist des Genusses Grab. Indeß ist doch
den edlern Seelen, die das Glück vor anderen
begünstigte, noch ein viel höherer Genuß
des Lebens aufbewahrt, den keine Sättigung,
kein Ueberfluß zerstört, das göttliche
Vergnügen, wohlzuthun. Dies Glück des Herzens
genießt der wahre Grosse jeden Tag,
und keine Reue, kein Genuß, kein Alter schwächt
dies Hochgefühl der seligsten der Wonnen.
Dies, dies ist seiner schönen Tage Licht, bey Nacht
sein süsser Traum, und es geleitet übers Grab
ihn, und der Himmel dort ist ihm nicht fremd.
Sie, holde Gräfin, deren kleinster Ruhm
die seltne Schönheit ist, die jedes Aug entzückt,
aus deren Blick die edelste der Seelen
so schön, so engelähnlich leuchtet; Sie,
in deren Herz das Herz des guten Fürsten
sich spiegelt, das ein frohes Volk beynah
durch eines goldenen Jahrhunderts Hälfte
beglückt, indem in Noth und Krieg und Aufruhr
umher so manche Länder darben; wider den
Neid, Bosheit, Wuth noch keinen Vorwurf fanden, als
daß seine Milde seine Strenge überwiege,
ein Vorwurf, den man nur den Göttern macht,
Sie, allgeliebte Menschenfreundin, Sie sind es,
zu der mir meine Muse winkt; sie ruft
Ihr gutes Herz zu einer schönen Handlung auf;
mit meiner Muse Tönen hebt die Stimme sich
von zwanzig tausend Menschen, deren Wohl vielleicht

ein Wort aus Ihrem reizevollen Munde schaft.
Es gilt um Mannheims Heil, um jenen schönen Dank
der heitern Stirnen, um die Seligkeit,
den Wonnehimmel, unter einem frohen,
zur Freude neugeschaffnen Volk zu seyn,
und endlich gilt es um Unsterblichkeit;
ein Ehr- und Liebesdenkmal in Gemüthern
von Tausenden zu Tausenden, die nach uns werden.
Um Ihre sanfte Brust zu rühren, edle Gräfin,
ists nöthig noch, vor Ihres Mitleids Blicke ganz
das traurge Bild des Elends aufzustellen,
das in den giftgen Dünsten unsre Stadt umströmt?
Wer kennt das bleiche Heer der Uebel nicht,
das aus den Festungsgruben auf uns stürmt?
Wer hörte nicht von Mannheims Fieberschwärmen?
vom Schwall der Fäulniß, der sich in der Sonnenglut
vor unserm Auge hebt und Thürme übersteigt,
und unser Blut verderbt, den Geist zum Trübsinn drückt?
Wer sah mit Schrecken nicht die Sterbelisten
der schönen Stadt, die ihrer Bauart nach
ein Lustort der Gesundheit hieß, indem,
durch reine Flüsse, oft erfrischte Luft
um ihre Mauern spielt, und nie in Winkelgäßchen
und zwischen aufgethürmten Häusern fault?
Wer schaudert nicht zurück, wenn, mitten im Genuß
des rheinischen Elisiums, er sich
am schönsten Sommertag den Thoren Mannheims naht?
Hier am Pallast des Fürsten, an den Tempeln
der reinen Musen starrt der träge Sumpf,
aus dem sich Seuchen winden, deren Bote
ein jeder Zephir ist, hier um die Schätze Roms

und Griechenlandes, am Altare des Geschmacks,
der Grazien, und um die ewigen Modelle
des Schönen dampft die stundelange Modergruft,
und hinter jedem Denkmal der Unsterblichkeit
laurt Fieberpest. Genug, zu gräßlich ist das Bild,
wiewohl zu schwach, selbst nach der Schilderung
der Reichen, die im Lenze unsrer Luft entfliehn
und halb nur unser Uebel kennen. Holde Schöne!
Vertilgung dieser Schlünd' ist das Neujahrgeschenk,
um das für Mannheim meine Muse fleht.
O Sie, die einst mir mit Begeisterung
von unseres Regenten Güte sprach,
und deren Wort' ich mit Entzücken hörte,
weil ich in schönen Tönen jezt vernahm,
was ich so oft in schöner That gesehn,
o seyn Sie unser Genius an seinem Thron!
von Ihrer Lippe höre dieser beste Fürst
die Bitte seines Volks, und es entspriessen
da Blumenfluren unter Ihren Tritten
im künftgen Wonnemond, wo sonst Insekten
in ungeheuren Klumpen sich entwühlen;
von Rosen und Pomonens zarten Blüthen
sey dieser Musensitz bekrönt, erquickt
vom Balsamhauch des Frühlings; statt der Wehen
der bösen Seuch' erblick' und ärndte süsse Frucht
der gute Bürger, und es werde dieser Styx
um unsre Stadt ein neues Tempe an
des Rheines Silberweilen, werd' ein glücklichs Bild
von Ihrer schönen Seele, werd' ein Tempel,
wo ewig eines Volkes Dank und Liebe flammt,
werd' endlich unter den unzähligen
Denkmälern der Unsterblichkeit Karl Theodor
das schönste, edelste, bewundernswürdigste.

Der Rangstreit.

Ein Tanzbär, der der Kett' entlief, erzählt
voll Uebermuth, mit eitlem Wortgepräng
den Thieren, die erstaunt sich um ihn sammeln,
welch neue Mode in den Städten herrscht,
wie jede Schöne, und wer unter Herren
auf Artigkeit und guten Ton nur Anspruch macht,
jezt einen schönen Bären vor sich trägt, geschmückt
mit Bändern, wie der Himmel blau, roth wie
die Rose, weisser als die Milch, und blasser gelb
als in dem Teich der Mond; sonst dienten wir, schrie er,
dem edelsten Geschlecht nur zum Vergnügen, jezt
sind wir ihm zur Bequemlichkeit und Zierde,
dies muß uns unter Euch Rang, Vorzug geben.
Nie könnt Ihr uns den Vorzug streitig machen,
erwiederte der Wolf mit Grimm und stolzer
Genügsamkeit: erscheinen Menschen nicht oft ganz
in unsrer Hülle? gingen sie nicht aufrecht,
wer unterschiede Menschen von dem Wolf,
drum tritt zurück, erkennend unsre Würde.
So rühmt der Hirsch, das Pferd, beynah ein jedes Thier
die Dienste, die es dem erhabnen Menschen
von jeher zollt, und kämpfet um des Ranges Glanz
mit Heftigkeit und lärmendem Geschreye.
Der Fuchs erlauert eine kleine Pause
des tobenden Gelärms und spricht mit Schalkheit:
den lezten Plaz, Ihr hochverdienten gnädgen Herren,
nach Stand und Rang und Würde, könnt Ihr doch
uns anzuweisen nicht belieben, wenn noch Recht
und Billigkeit im Reich der Thiere gilt;
Trägt nicht der Mensch auch uns mit sich auf manche Art
als Kälteschirm, zur Lust, zum Schmucke? zieren wir
den besten, schönsten Theil, das Haupt des Menschen nicht?
saht Ihr nicht selbst noch jüngst, als Ihr erschreckt
in eure Höhlen krochet, wohl bedeckt
mit niedlichen goldreichen Fuchspelzkappen
die schönen hohen Herren, die uns prellten?
So sieht man unter Menschen manchen Thoren,
der sich unsinnig rühmt, vor lauter Ehre,
von einem grösseren benuzt zu seyn,
nicht sieht, daß es um seine Haut ihm gilt.

Mittel und Wege.

Ein
Lustspiel
in drey Aufzügen,

nach dem Englischen

des

Georg Colman, des jüngern,

Personen.

Herr von Donnerhall, ein Landedelmann.

Dessen Gemahlin.

Henriette. } dessen Töchter.
Julie.

Herr von Nordheim.

Fritz von Nordheim, dessen Sohn.

Baron von Stern.

David, Vertrauter des alten Herrn von Nordheim.

Peter, ein Bedienter.

Roll, ein Gastwirth.

Dessen Frau.

Eine Gerichtsperson und ein Gerichtsdiener.

Ein Aufwärter im Gasthofe.

Der Schauplatz ist theils in dem Gasthofe
einer Landstadt, theils auf dem nahe gelegenen Landhause des Herrn von Donnerhall.

Erster Aufzug.

Erster Auftritt.

(Der Saal im Gasthofe. Es wird geklingelt, und stark an der äusseren Thüre gepocht. Roll sitzt in einem Sessel und schläft. Frau Roll tritt herein.)

Frau Roll.

He! Paul! Paul! Hörst du denn nichts?

Roll. Was? was? (erwachend.)

Fr. Roll. Schäm' dich! schäm' dich, Roll! Schon seit einer halben Stunde wird an dem Thore gepocht und gelärmt; und du schläfst hier so ruhig, wie der rostige Hammer an einer Thüre. Kaum regst du dich, wenn man dich schüttelt; und wenn du dich ja zu erheben geruhst, watschelst du ein wenig herum, und stehst dann wieder still, bis man dich aufs neue in Bewegung bringt.

Roll. Ich bitte dich, Weib sey ruhig — du weißt, ich war immer wegen meiner guten Aufwartung als vornehmer Gastwirth berühmt.

Fr. Roll. Ey seht doch! du berühmt? — Ein schöner Wirth! eine Schlafmütze bist du!

Roll. Aber beym Teufel! was gibts denn?

Fr. Roll. Postwägen, Güterwägen gibts — Reisende gibts. Da ist eine Kutsche mit vier kranken Kavalieren angekommen: zwey Damen mit ihrer Kammerjungfer sind müd' und matt in ihrem Wagen, zwey junge Herren zu Pferde wollen Quartier — und du sitzst da und schläfft; kümmerst dich um nichts in der Welt, und läßt deiner Frau alles auf dem Halse. —

Roll. Vier — sechs — acht vornehme Fremde — ohne die Bedienten zu rechnen — — das geht an. Verzeih mir, liebes Weib; ich hab' nur ein wenig geschlummert — die kranken lieben Herren — die armen Damen!
                                        (ein Aufwärter komt.)

Aufwärter. Die Fremden wollen Zimmer haben, Herr Roll.

Fr. Roll. Gleich! gleich! (Aufwärter geht ab.) Stehst du noch da? So reg' dich doch — lauf!

Roll. Ja, ja — ich will schon alles machen. He! Ludwig! Johann! Christoph! — Führe sie in das Zimmer, und die Damen dort.
(geht ab.)

Zweyter Auftritt.

Fr. Roll. Was das für ein Mann ist! heute hat er wieder seine träge Laune. — Ich muß nur überall nachsehen, sonst gibts dumme Streiche, und der Ruf unsers Gasthofs könnte dabey leiden. Ein schöner Gastwirth! — Da ist auch noch nicht aufgeräumt — und das Haus voll Fremde — kein Wunder, wenn man toll würde — komt mir nur noch einmal so, ich will euch jagen, mit meinem Mann! — wahrhaftig, da kommen die Fremden schon. Jetzt muß ich in die Küche; Herr Paul Roll mag sich herumtummeln. (ab.)

Dritter Auftritt.
Fritz v. Nordheim. Baron v. Stern. Roll.

Roll. Hier herein, meine gnädige Herren! die Zimmer werden oben noch zu recht gemacht; ein russischer Prinz hat darin logirt, und ist gestern erst abgereißt — Sie müssen sich also hier ein wenig gedulden. Es soll aber alles bald fertig seyn.

Nnn 3

938

Frih. Schon gut, Herr Wirth. Schi=
cken sie doch unsern Bedienten herein. — Herr
Wirth, wie heißt ihr Gasthof?

Roll. Das Schiff, Euer Gnaden: das
beste und älteste Haus in unsrer Stadt.

Frih. Wir können also von Glück sagen,
bey ihnen eingekehrt zu seyn. Geben sie uns
nur ein gutes Zimmer, und bringen sie uns
ein Frühstück.

Roll. Ganz wohl. — Ich vermuthe,
meine gnädige Herren, sie kommen aus der
Hauptstadt?

Baron Stern. Ja.

Roll. Und werden wohl ins Bad reisen,
den Brunnen zu trinken?

Frih. Nein, Herr; wir wollen ihren Wein
trinken. Vielleicht bleiben wir einige Tage
hier.

Roll. Eine hohe Gnade für mein Haus.
Ich hoffe, Eure Gnaden werden mit meiner Be=
dienung zufrieden seyn; und was Küch' und
Keller vermag — ich bin Eurer Gnaden un=
endlich verbunden —

Frih. Schon gut, geschwätziger Herr
Wirth! — allein eilen sie, wir haben Hunger.

Roll. Sie haben zu befehlen. Alles
soll gleich bey der Hand seyn. (ab.)

Vierter Auftritt.

Fritz v. Nordheim. Baron v. Stern.

Fritz. Und nun, lieber Baron, will=
kommen hier, nach so manchem bestandenen
Abentheuer. Du siehst, wir haben unsre alte
Plane, die Welt zu sehen, aufgegeben;
und schiffen auf das Eiland der Liebe zu.

Stern. Aber, wenn Wind und Wasser
uns zuwider wären?

- *Fritz.* Nun, so werden wir hier ein we=
nig vor Anker liegen, das ist alles. Aber
laß das — warum von Uebeln träumen, die
noch nicht da sind? Sind wir bestimmt, un=
glücklich zu seyn, so wird es um so besser mit
uns stehen, je leichter wir darüber wegden=
ken — diese Philosophie ist besser, als gräm=
liches Nachdenken, glaube mir, Stern!

Stern. Besser, als grämliches Nach=
denken, Fritz! ich meine, es wär' einmal
hohe Zeit nachzudenken und das sehr ernstlich.

Fritz. Ey sieh doch Herr Sittenprediger!
Genuß ist besser, als grämliches Nachden=
ken, das Nachdenken würde uns nur den
Kopf verwirren, und jetzt besonders.

Stern. Und doch steigen immer neue
Zweifel auf —

Nnn 4

Fritz. O, ums Himmelswillen! zweifle
an nichts — zweifeln ist niedrig, maschinen=
mäßig, und fand niemals im Kopfe oder im
Herzen eines Edelmanns Eingang. Zudem
muß dich die tägliche Erfahrung gelehrt haben,
daß die, welche am meisten mit dieser Gei=
steßschwachheit behaftet waren, entweder un=
sre... Schneider, Weinwirthe, oder Schuh=
macher, oder sonst dergleichen jämmerliche
Geschöpfe waren. — Frisch, Mensch! sey
jetzt nicht kleinmüthig! um diesen Preis wer=
den wir niemals unsre Fräulein gewinnen —
überdieß, haben wir nicht alle vernünftige
Hoffnungen von der Welt?

Stern. Freylich, wir sind ja wohl ihrer
guten Wünsche gewiß, glaube ich.

Fritz. Ganz gewiß — und was einige
unbedeutende Hindernisse betrifft, als zum
Exempel Vater und Mutter, und dergleichen,
die muß der Zufall uns günstig leiten.

Stern. Aber könnten diese unbedeutenden
Hindernisse nicht —

Fritz. Zum Henker! schon wieder Zwei=
fel! bey meinem ritterlichen Muthe, du gleichst
eher einem Mandarin auf einem Kamine, als
einem Mann — immer schütteln Bedenklich=
keiten dein Köpfchen. Bedenk doch nur —
im Bade, wo sie seit drey Wochen zum Besuche

bey einer Freundin waren, fingen wir unsre Operationen an — keine unverschämte Verwandte umgaben ſie da, die ihnen hätten rathen können — und ich denke wir machten keine kleine Fortſchritte.

Stern. Zugegeben, aber plötzlich rief ſie ihr Vater zurück auf ſeine Güter hieher: und in ſeinem Briefe waren ziemlich deutliche Winke von einer nicht ſehr entfernten Heurath für beyde.

Fritz. O, ich fürchte nicht, daß die Mädchen uns abgeneigt ſind. Beweinten ſie nicht bey unſrer Abreiſe wie ächte Romanenheldinnen ihr grauſames Geſchick, indeſſen wir gleich getreuen irrenden Rittern ihnen verſprachen, ſie aus dem Gefängniſſe zu befreyen? Aber deiner Liebe war die Gelegenheit günſtiger, als der meinigen, warum heurathetest du das Mädchen nicht auf der Stelle.

Stern. Weil ich ſie liebte.

Fritz. Gut, das iſt auch eine Urſache — ich geſtehe es, du würdeſt eine verdammt altmodiſche Figur gemacht haben.

Stern. Du verſtehſt mich nicht: ich hatte zu viel Ehre, meine zutrauliche, liebenswürdige Henriette zu hintergehen; und ich halte

es für höchſtniederträchtig, blos darum eine
Frau zu nehmen, um ſein Glück zu machen.
Wollen wir in dieſen eigennützigen Fällen
den Schein des Wohlſtandes beybehalten, ſo
wird uns das Weib nach der Hochzeit eine
Bürde, ein überläſtiges Hinderniß; legen
wir die Maske ab, ſo machen wir vielleicht
ein edles Mädchen elend, das alles aufgeopfert hat, ihrem Herrn Gemahle bequeme
Tage zu verſchaffen.

Fritz. Wahrhaftig, ſehr romantiſch! eine edle Staatsklugheit für einen Burſchen,
der keinen Dukaten in der Taſche hat!

Stern. Fritz, meine Klugheit iſt ein
Kind des bekannten Sprichwortes: ehrlich
währt am längſten. Ich geſtand Henrietten
offenherzig meine bedenklichen Umſtände.

Fritz. Zum Entzücken!

Stern. Sagte ihr, ich hätte nichts,
worauf ich ſtolz ſeyn könnte, als meine Familie, die ich aber durch meine Unbeſonnen-
heiten beleidiget hätte.

Fritz. Vortrefflich.

Stern. Und ſo, da ich mich ſelbſt ihrer
Liebe unwürdig erkannte, verſicherte ich mich
derſelben, ohne alle Abſicht noch mehr.

Fritz. Ha! damit mochte sich wohl die
ernsthafte, empfindsame, ältere Schwester be=
gnügen! aber Julie ist ein Mädchen nach mei=
nem Geschmacke — jung, wild, freymüthig,
und bereit sich in meine Arme zu werfen, ohne
Grimasse von Sterben und Seufzen. Ihr Geist
ist voll Fröhlichkeit, ihre Augen voll Feuer,
ihr Kopf voll Neuigkeiten, ihr Herz voll Lie=
be, und — Junge! merk' auf — ihre Ta=
sche voll Geld.

Stern. Gut; so müssen wir dann nun
auf Mittel denken, bey der Familie Zutritt zu
erhalten. Ich besorge, das Landvolk hier
ist argwöhnisch; die Leute fragen einen
manchmal so wunderlich. Und dann die al=
ten Landfamilien —

Fritz. Sind wie alter Speck — fett und
rauchig! — Baron komm' laß uns frühstü=
cken, und bey einem Glase Malaga unsren
Plan entwerfen. Aber, beym Teufel! wo
ist denn unser Schurke von Bedienten? Wir
haben ihn nur auf eine Nacht gemiethet, und
seitdem kaum gesehen?

Stern. Was, unser Sancho, den wir
zu dieser Expedition gedungen haben, um
Nachforschungen auszuweichen — uns beyde
zu bedienen — uns beyde anzukleiden — und
zwischen unsren Befehlen zu fliegen, wie ein
Federball zwischen zwey Racketen.

Fritz. Ja, oder wie ein andrer Atlas,
mit unsrer ganzen Welt auf seinen Schultern.
Er kommt — Sieh ihn doch nur an, Stern!

Fünfter Auftritt.

Peter, mit einem kleinen Mantelsack auf den
Schultern. Die Vorigen.

Peter. Gnädige Herren, soll ich das
Gepäcke niederlegen?

Stern. Ja, auf den Tisch da.

Peter. (Peter legt den Mantelsack ab.)
A — h! es ist wahrhaftig genug, einen
Mann müde zu machen.

Fritz. Was, du Schlingel! das ist alles, was du hereinzutragen hast, und klagst
über Müdigkeit? Um weniger bepackt zu seyn,
haben mein Freund und ich beschlossen, beyde
unsre Kleider in einen Mantelsack zu thun.

Peter. Darüber beklage ich mich eben,
gnädiger Herr. Sie wissen nicht, wie sauer es
einem wird, doppelt zu tragen.

Fritz. Ein verschmitzter Bursche! Er kann
uns nützlich seyn. — Da wir jetzt Zeit zu
Erkundigungen haben, so sey so gütig, uns
zu sagen, wie du heißt.

Peter. Peter — Peter, meine gnädige
Herren! ganz zu ihren Befehlen. Ich habe einst

beſſere Tage geſehen. — Verzeihen mir Eure
Gnaden dieſen Ausdruck — der ehrliche Pe=
ter ſtand einſt ein wenig über der Welt; aber
nun — ſteht die ganze Welt auf Petern.

Stern. Aber ſag, was warſt du ehmals?

Peter. Ein ehrbarer junger Mann, gnä=
diger Herr! — ich konnte Perücken friſiren,
eine flüchtige Hand ſchreiben, und zog eine
mäßige, ſtille Familie vor. Ich nahm mei=
nem Herrn den Bart ab; füllte ſeine Weine
auf: kopierte ſeine Papiere, und hatte den
Schlüſſel zu ſeinem Kabinete und Keller —
kurz, gnädiger Herr, ich war ſein erſter
Miniſter.

Stern. Wie kam's aber, daß du ihn
verließeſt?

Peter. Der Partheygeiſt ſtürzte mich —
Mein Herr vermißte einige Papiere, und da
ich den Schlüſſel hatte; ſo —

Fritz. Wardſt du verdächtig — Nicht
wahr, ehrlicher Peter?

Peter. Ich kann nicht ſagen, wie es ei=
gentlich zuging; aber das Kabinet war gegen
mich — das ganze Haus ſtürmte auf mich
zu — und der arme Peter ward, gleich an=
dern groſſen Männern —

Fritz. Hinausgeworffen — hab' ichs er=
rathen?

Peter. O, pfui! nein, gnädiger Herr; ich resignirte. Ich machte dann mit guter Art Fähigkeiten bekannt — "Sucht eine Stelle — kann sich in alles schicken — und so weiter —." Sie, meine gnädige Herren, boten das meiste für mich — Hier bin ich nun, und hoffe, Sie werden nicht Utsache haben sich über meine guten Eigenschaften zu beklagen.

Stern. Fritz, dieser Bursche wird kein schlechter Bote für uns seyn. — Nun zum Frühstücke und an unsren Operationsplan. Mißlingt er — dann lebe wohl, liebes liebes Deutschland! und doch, bin ich vermählt mit dir o liebes Vaterland.

Fritz. Ja; wie die heutigen Ehemänner mit ihren Weibern,

(Fritz und Stern gehen ab.)

'Sechster Auftritt.

Peter. Mich dünkt, da bin ich in eine feine Gesellschaft gerathen — Von zweyen in einer Sekunde gemiethet, von denen ich drey Augenblicke vorher noch nichts gehört hatte — Um vier Uhr des Morgens schon auf der Reise; und kaum hatt's Fünfe geschlagen, als ich schon argwöhnte, sie möchten bis sechs oder sieben Uhr ihre Reise nicht so ungehindert fortsetzen.

Siebenter Auftritt.

Der Aufwärter. Peter.

Peter. Ey, guten Morgen, Freund!

Aufwärter. Sein Diener.

Peter. Er komt gewiß, den Mantelsack abzuhohlen?

Aufw. Ja, den Mantelsack für die beyden Herren.

Peter. Gut, nehm' er ihn. (legt ihn dem Aufwärter auf die Schultern.) Geb' er genau Acht darauf, das sag' ich ihm — Nur keinen eurer gewöhnlichen Streiche — so mit den Koffern und Mantelsäcken davon zu laufen — versteht er mich?

Aufw. Fürcht' er nichts — Laß er mich nur machen. (ab.)

Peter. Da gehen alle irrdische Güter meiner zwey armen Herren hin! — Und hier komt unser Naseweiser Wirth. Der Teufel hohl den Kerl! — Er hat mich an der Hausthüre mit mehr Fragen geängstiget, als ein Kriminalrichter; und nun wird ers wieder da anfangen, wo ers gelassen hat. Gut: dafür soll er bedient werden.

Achter Auftritt.
Roll. Peter.

Roll. Ha, mein lieber, scharmanter Freund! guter, ehrlicher Herr Peter, sein Diener!

Peter. (bey Seite.) Wie hat denn der meinen Namen schon aufgeschnappt?

Roll. Ich hoffe, die zwey würdigen Kavaliere, denen ich das beste Zimmer über der ersten Treppe angewiesen habe, werden alles haben, was sie verlangen? denn ich muß wohl sagen, obschon ich es nicht sagen sollte; Paul Roll, Gastwirth zum Schiff, war allzeit wegen der guten Aufwartung berühmt. Welchen von den zwey Herren bedient er dann, mein Freund?

Peter. Hm! bedienen — den — —

Roll. Seine Gnaden im grünen Kleide? oder...

Peter. Ja.

Roll. Oder den würdigen Edelmann im grauen?

Peter. Ja.

Roll. Hm! zwey liebe Herren, wahrhaftig, und glücklich ist jeder von ihnen, einen solchen Bedienten zu haben. Es scheint, mein

mein lieber Peter, er versieht die Stelle von zwey gewöhnlichen Bedienten ganz allein, und das mit einer Geschicklichkeit...

Peter. Ha! ich muß wohl sagen, obschon ich es nicht sagen sollte: Peter Däumling war immer berühmt wegen seiner guten Aufwartung.

(Parodirt den Roll.)

Roll. Ey! der Herr Peter kann schweigen, merke ich. Nu, nu! es ist eine schöne Tugend. — Ich denke, er ist schon lange bey ihnen?

Peter. Lange genug, um schweigen zu können, Herr Roll.

Roll. Ohne Zweifel sind sie reich?

Peter. So reich — so reich, Herr Roll! — es ist unbeschreiblich.

Roll. Ey! was er nicht sagt! — und wo mögen denn wohl eben setzt ihre Reichthümer seyn?

Peter. Ich glaube — ich vermuthe, ihr ganzer Reichthum ist gegenwärtig — an der Seeküste.

Roll. So! an der Seeküste! — Ey, ey! — wahrscheinlich in Schiffen?

Peter. Ja, alles ist im Schiff.

O o

Roll. So, so! (bey Seite.) Kaufleute —
reiche Spitzbuben, ich wette mein Leben! —
Es sind gute, kreuzbrave Leute, Herr Peter! denen jederman traut, dafür bin ich
gut —

Peter. Man hat ihnen schon sehr lange
getraut, das sag' ich ihm, Herr Roll.

Roll. Ich hoffe, sie finden alles nach
ihrem Wohlgefallen — (bey Seite.) Ich muß
hier höflich seyn. —

Peter. O es ist alles vortreflich! —

Roll. Ey! ich war auch allzeit berühmt,
wegen der guten Art, womit ich meine Gäste
bediene. Denn seh' er, ich bestrebe mich
immer —

Fritz. (von auffen) Verfluchtes Haus!
he! Peter! Peter! verdammter Schurke!

Peter. Ich komme, gnädiger Herr —
Er hat recht, Herr Wirth: er war immer
berühmt wegen seiner guten Aufwartung.

Fritz. Peter!

Roll. Horch! ist das sein Herr?

Peter. Bey meiner Treu', ich weiß es
nicht. Es sind entweder seine Gnaden im
grünen Kleide, oder der würdige Kavalier im
grauen — — behüt' ihn Gott, Herr Roll!

Fritz. Peter! Peter!

Peter. Ich komme schon. (ab)

Roll. Zum Teufel! warum thun diese
Kaufleute hier so heimlich? — Vielleicht
eine verbotne Spekulation — Sie müssen
reich seyn, weil der Bediente so grob ist, und
mit der Farbe nicht heraus will — der ist
gewiß schwer für sein Schweigen bezahlt —
und dann lärmen sie im ganzen Haus herum,
und quälen die Leute mit einer so gnädigen
Art! — Lärmt nur, solche Bursche sind die
besten Gäste; denn keine bezahlen so gut in
einem Gasthofe, als die, welche immer über
schlechte Bedienung fluchen.

Neunter Auftritt.
Roll. Der Aufwärter.

Aufw. Herr von Donnerhall hat vor
dem Frühstück Geschäfte in der Stadt gehabt,
und seine Pferde in den Stall gestellt. Jetzt
komt er selbst. (geht ab.)

Roll. Sapperment! ein reicher Mann,
ein herzguter Mann; wenn schon ein wun-
derlicher Heiliger! er vertreibt mir zwar alle
Gäste, mit seinen Complimenten. Aber er
bezahlt gut. — He! Christoph — Stall-
knecht! — Frau! —

Fr. Roll. Was ſchreyſt du? was lärmſt du?

Roll. Der Herr von Donnerhall komt. Seine Pferde —

Fr. Roll. Sind heute früh in den Stall geſtellt worden, als du noch hier im Seſſel lagſt, und den Rauſch verſchliefſt.

Roll. Gut! gut! — Sing nicht immer daſſelbe Lied! — Er komt ſelbſt. ich muß ihn empfangen; mach' daß der Knecht die Pferde hübſch puzt, und die Kutſche abwäſcht.

(geht ab.)

Fr. Roll. (allein) Alles ſoll ich beſorgen; als wenn ich ſonſt nichts zu thun hätte. Das iſt ein Jammer mit dem Mann — wenn ich nicht wäre: ſo kehrten nicht einmal Fuhrleute bey ihm ein. — Ha! da hör ich ſchon den gnädigen Herrn — jetzt geh' ich; denn er treibt gar gern ſeinen gnädigen Spaß.

(ab.)

Zehenter Auftritt.

Herr von Donnerhall, tritt ſprechend herein. Roll.

Donnerhall. Paul, er iſt ein Stockfiſch — zwey ſind es, ſagt er?

Roll. Zwey würdige — —

Donnerh.   Larifari! — — Was macht
sein Weib, Paul! he?

Roll.   Sie ist sehr wohl —

Donnerh.   Schon gut, ich weiß es —
und also diese Kaufleute sind so reich, wie —

Roll.   Wie der Großmogol, Euer Gna=
den.

Donnerh.   Ist für die Pferde gesorgt?

Roll.   Sie sind — — —

Donnerh.   Halt's Maul — ich weiß
es — Kaufleute! Gefahr — viel Gefahr!
Schiffe sind Lotterieloose — immer zwey
Fehler gegen einen Treffer.

Roll.   Da haben eure Gnaden Recht,
und die See —

Donnerh.   Ist für Kaufleute das schlim=
ste Glücksrad in der Welt, Paul; denn wenn
sie einmal auf dem Grund sitzen, geb' ich für
ihr Aufkommen keinen Heller. Wo kommen
sie her?

Roll.   Aus der Hauptstadt — Kaufleute
aus der Hauptstadt; und die —

Donnerh.   Ich weiß es, Stockfisch —
sind in der ganzen Welt geehrt und angesehen.
Kaufleute aus großen Städten, Paul! sind
wie starkes Bier, stattlich, starr und eigen=
sinnig. — Wo sind sie hingegangen?

Roll. Ich kanns nicht sagen, gnädiger Herr; aber wenn sie einige Nachrichten wünschen —

Donnerh. Er kann mir diese nicht geben. Sag' er ihnen, ich wünschte ihnen vorgestellt zu werden, hört er?... Freyherr Donner auf Donnerhall — er weiß ja das Formular wohl — brennt vor Verlangen... wünscht so glücklich zu seyn... möchte gern... Laß deiner Zunge den Zügel schießen, alter Kerl! und sag' ihnen mit deiner verteufelten Höflichkeit, ich wolle sie kennen lernen.

Roll. Ich werde nicht ermangeln, Euer Gnaden...

Donnerh. Still! He, wer komt da?

Roll. Die zwey Fremden... Ja, eben die zwey Herren — sie kommen gerade aufs Haus zu.

Donnerh. Dann geh' er hinaus, Paul; ich brauch' ihn nun nicht.

Roll. (bey Seite.) Seine verwünschte Höflichkeit wird mir nun wieder zwey Gäste vertreiben.

(ab.)

Donnerh. (sieht hinaus) Nun, wahrhaftig; ziemlich jung für Kaufleute. Aber was thut das? Sie mögen bey allem

dem feine Bursche seyn: und dann ist es um
so besser, je jünger sie sind — denn man
muß, bey meiner Seele! recht klug und sehr
ehrlich seyn, wenn einem seine Feinde nichts
vorwerfen können, als die Tugend.

Eilfter Auftritt.

Herr v. Donnerhall. Fritz v. Nordheim. Baron von Stern.

Fritz. Nein, Stern! ich bitte dich,
einen kleinen Gang nur gegen — ha! wer ist
der? So wahr ich lebe! derselbe wunderliche
Kerl, den wir eben unter dem Fenster beobachtet haben.

Stern. Ganz recht: er sprach mit seinem Kutscher.

Donnerh. Mein Wirth sagt mir — der
ehrliche Paul hier im Hause — daß sie so
eben aus der Hauptstadt kommen. Sie haben eine gute Reise gehabt, hoff' ich. Unser
Städtchen hier ist nur ein schlechtes trauriges
Dorf — wie die meisten Landstädte —
wie? und nach der Hauptstadt muß es ihnen
verdammt schmutzig vorkommen. — he?

Stern. O, mein Herr! noch können
wir nicht sagen, daß bey diesem Tausche die
Actien unsrer Laune gefallen wären.

Donnerh. (bey Seite.) Actien! Tausch! —
O, Paul hat Recht. — — Ich weiß es —
der Tausch, die Actien, wie sie zu sagen be=
lieben, sind Leuten ihres Standes angenehmer.

Stern. Wie, mein Herr! unsres Stan=
des?

Donnerh. Seyn sie ruhig; mein Wirth
hat mich mit ihren Charaktern bekant gemacht.

Fritz. Den Teufel hat er! und wie sollte
er irgend etwas wissen?

Donnerh. Nun, werden sie nur nicht
böse! — keinen Groll — nur Vermuthungs=
weise — nein, er schwatzte nicht so grade
in den Tag hinein — er sagte mir von ihren
Geschäften.

Stern. Geschäften.

Fritz. Der Schurke wird sich doch nicht
erkühnt haben? — —

Donnerh. (bey Seite.) Sie müssen reich
seyn — verdammt zurückhaltend — (laut)
Sie haben recht, meine Herren; man kann
nicht vorsichtig genug seyn — besonders heut
zu Tage. Ich wünschte nicht, sie auszu=
hohlen. Bey meiner Seele, ich schätze Sie.
Wie viel Schreiber haben sie?

Beyde. Schreiber.

Donnerh. Ohne die, wissen sie wohl, kann man nichts ausführen. — Ja, alle ihres Gleichen, meine Herren, sind respektable Leute — he? — Stützen des Staats — Sind immer der Welt zum Muster vorgestellt worden. Nun wie gehen dann die Geschäfte, meine Herren?

Stern. Höll und Teufel!

Donnerh. Das ist recht, sagen sie nichts — das lob' ich an ihnen. Sie gefallen mir so noch besser. — Sie sehen, was ich von ihnen weiß, und —

Fritz. Mein Herr, wir vermuthen, sie denken —

Donnerh. Ich weiß es. Sie wundern sich mich so verteufelt entfernt, und doch so unterrichtet zu sehen. Ich wohne nur eine viertel Meile von hier — Frau von Donnerhall — ein süßes, feines, fettes Weib — nebenher meine Frau — wird sich glücklich schätzen, zwey Herren bey sich zu sehen, die —

Fritz. Wie? Frau von Donnerhall ihre Frau?

Stern. Ist Frau von Donnerhall ihre Frau, mein Herr?

(beyde sagen dieß hastig und fast zugleich.)

Donnerh. Ja; meine Frau! meine Frau! — Ich glaub' es wenigstens — da sie die ihrige nicht ist — oder ist sie's?

Do o 5

Stern. O, Sie werden uns verzeihen, mein Herr; wir haben nur ehemals in dieser Gegend den Namen des Herrn von Donner= hall gehört.

Donnerh. Sehr wahrscheinlich; denn ich glaube, die Donnerhall sind überall wohl bekannt.

Fritz. Unstreitig: gewiß, Herr Baron, wir sprachen noch von Ihnen, als wir in das Zimmer traten.

Donnerh. Wie das? — so gewands= weise, nicht wahr? — he? — Ja, wir waren zu allen Zeiten, von undenklichen Jah= ren her wegen unsrer Gastfreyheit gegen Fremde berüchtigt; und, meine Herren! wenn Sie einen oder zwey Tage uns in Donnerhall schenken wollen — Alles auf freundschaftlichem Fuß, wissen Sie wohl — Herr von Don= nerhall — das bin ich — die gnädige Frau und zwey Fräulein — zwey hübsche junge Mädchen, so hübsch, bey meiner Seele! als man sie im ganzen Lande finden kann — und schlank wie die Hopfenstangen — werden glücklich seyn —

Stern. Mein Herr, ihre Güte über= rascht uns; aber —

Friß. Wir werden Ihnen mit Vergnü=
gen unſre Aufwartung machen, Herr Baron,

Donnerh. Wollen Sie? das iſt Recht.
Es iſt alſo beſchloſſen. Und wenn die Noth=
wendigkeit Sie einmal wieder in dieſe Gegend
führt — es iſt ja nur ein Seitenſprung auf
mein Landgut — Alles, was in meiner
Macht ſteht — Sie haben nur zu befehlen...
Meine Pferde ſollen gleich angeſpannt ſeyn;
Indeſſen will ich voraus — — (kömt zurück.)
Aber, meine Herrn, ich bitte — laſſen Sie's
den armen Paul nicht entgelten. Paul iſt, wie
alle Wirthe — ein Spaßmacher, ein Plauderer,
er ſchwäßt verdammt viel dummes Zeug, aber
ohne böſe Abſicht, ohne böſe Abſicht. Auf
Wiederſehen.

(ab.)

Zwölfter Auftritt.

Friß v. Nordheim. Baron v. Stern.

Friß. Gib mir deine Hand, Junge!
der Tag iſt unſer: das iſt der glücklichſte Zu=
fall in der Welt.

Stern. Denkſt du das?

Friß. Denken? Sapperment, was fehlt
dir? Iſt nicht der Mann, den wir aufſuchen,
der erſte, der uns hier aufſtößt? Hat er uns

nicht freywillig seine Thüre geöffnet, da wir
uns schon glücklich geschätzt hätten, nur durchs
Fenster hineinzukommen? Ist er nicht unser
Schwiegervater — das heißt: er soll es
werden — und hat er uns nicht aufs freund-
schaftlichste zu sich eingeladen?

Stern. Alles wahr; und was dann?

Fritz. Was dann? dann, anstatt den
ganzen Tag um die Gartenmauer, oder das
Haus herumzuschleichen, haben wir weiter
nichts zu thun, als geradezu hineinzugehen,
mit den Mädchen davonzuwischen, und sie
sogleich zu heurathen.

Stern. Fritz, soll dies der Dank für
des guten Mannes Höflichkeit seyn?

Fritz. Kannst du ihm besser danken, als
wenn du ihm einen so starken Beweiß von
deiner Anhänglichkeit an seine Familie gibst?

Stern. Pfui, Fritz! es ist niederträch-
tig, einen Mann zu beschimpfen, dessen
Gastfreyheit dich unter sein Dach gebracht
hat! — Nein, nein: unser voriger Plan —
so unsicher und mangelhaft er dir auch scheinen mag, gefällt mir besser. Glaub' mir, ich
wollte lieber um die Gartenmauer herumschlei-
chen, wie du sagst.

Fritz. Ganz richtig; die Verzagtesten
gehn immer diesen Weg. Allein bedenke, auch

ich verachte eine niedrige Handlung so sehr, als irgend einer; aber wenn eine gute Heurath der kürzeste Weg zu einer Aussöhnung mit unsren Freunden ist, welche uns, wenn sie unsre Wahl billigen, in bessre Umstände versetzen können — so sehe ich nicht, wie Herr von Donnerhall, oder seine Familie dadurch beleidigt werden können.

Stern. Freylich, in diesem Falle — —

Fritz. Ich bitte dich um alles, bleib mir mit deinen Fällen vom Halse, und folge nur meinen Vorschriften. Ueberdieß wird mein Vater täglich aus Frankreich zurückerwartet. Er kann ankommen, ehe wir unsre Trostgründe in Sicherheit gebracht haben, und du weißt, Väter sind fähig, den Kindern manche Freude zu verderben.

Dreyzehnter Auftritt.
Peter. Die Vorigen

Peter. Der alte Herr, Eure Gnaden, ist mit der alten Kutsche unten im Hof, und fragt nach Ihnen.

Stern. O, Herr von Donnerhall! fort! folg' uns, Bursche! wir haben keine Zeit zu verlieren.

Fritz. Bravo, Stern! so ift's recht!
bleib standhaft; denn er scheint ein gar selt-
samer alter Knabe zu seyn. — Komm mit,
Peter! hurtig, hurtig! Schurke!

(geht mit Stern ab.)

Peter. Hurtig! Sapperment, ich bin
beynah todt. Die ganze Nacht bin ich auf
einem elenden, dürren Postklepper herumge-
schüttelt worden, mit einem Paar verrosteter
Pistolen vornen, die mir die Knie wund ge-
rieben haben — und kaum kommen wir an,
werde ich an einer kranken Familienkutsche
hinten aufgepakt, mit ein paar ledernen Riemen
in den Händen, um wieder zurückgeschüttelt
zu werden. — Ach! Peter! Peter! ich sehe
wohl, du mußt wieder zu einer ehrbaren Familie gehen. Hier nützt mich meine flüchtige
Hand nichts; denn ich finde, in vierzehn Ta-
gen werden meine Füße flüchtig seyn.

Zweyter Aufzug.

Erster Auftritt.

(Ein Zimmer in Donnerhalls Schloſſe. Hinten eine Glasthüre mit einer Ausſicht in den Garten.)

Herr v. Donnerhall. Fr. v. Donnerhall. Fritz v. Nordheim. Baron v. Stern.

(Sie ſitzen an einem Tiſche und frühſtücken.)

Fritz.

Es ſchmerzt uns ſehr, Herr Baron, daß wir das Vergnügen nicht haben, die Fräulein zu ſehen, und ihrer entzückenden Geſellſchaft beym Frühſtücke beraubt ſind.

Donnerh. Ey was! — Unſinn — wer wird an ſo was denken — Noch ein Glas — he? — Es iſt immer ſo mit meinen Mädchen —

Fr. v. Donnerh. Sie machen ihren gewöhnlichen Morgenſpaziergang. Sie frühſtücken immer vor den übrigen im Hauſe; und athmen die reine Luft des Luſtwäldchens, indeſſen mein Gemahl und ich unſern Thee oder Schokolade hinunterſchlürfen.

Donnerh. Schweig still; das weiß ich
besser. Verse schneiden sie in die Bäume;
Vergißmeinnicht und Gänseblümchen pflücken
sie — Es sind herrliche Schäfermädchen —
haben mir aus purer Empfindsamkeit schon
manche schöne Tanne verderbt — ich versi=
chre Sie — ganz der lieben Mama ähnlich —
ganz.

Fr. v. Donnerh. O, Herr von Donner=
hall!

Donnerh. Husch! Ich sag Ihnen, das
wahre Ebenbild meines lieben Weibes. Nicht
so plump vielleicht; aber alles hat seine Zeit —

Stern. Die jungen Fräulein sind glücklich, einer so vollkommenen Mutter ähnlich
zu seyn.

Donnerh. Ja, wie drey Erbsen. Mein
liebes Weib indessen hat mehr von einer ge=
wissen Gattung dicker Erbsen —

(Alle stehn auf.)

Fr. v. Donnerh. Freylich, die Leute
schmeicheln, ich gesteh' es. Alle unsre Nach=
barn sind äusserst partheyisch für unsre Fami=
lie. Da ist keine Gesellschaft weit und breit,
kein Ball, wo nicht meine Mädchen zuerst zu
einer Menuette aufgefodert werden, und bey
den Englischen stehn sie allezeit oben an.

Donnerh.

Donnerh. Schweig still! — aufgesucht
werden sie allenthalben, das glauben Sie mir.
Sie sind die Freude des ganzen Landes. Auch
spielten sie alle tragische Rollen bey meinem
Freund, dem Baron Staube — denn sehen
Sie, das ist ein ausserordentlicher Mann —
immer geht's toll zu in seinem Hause — die
junge Brut des Adels versammelt sich da,
und führt dann Komedien auf. Meine Töchter sind nun auch dabey — Henriette erhielt
grossen Beyfall — bey meiner Seele: aber
Julie ist ein Wettermädchen — verdammt
drollig! Sie spielte eines Abends die — wie
heißt sie doch — ihr Teufel von einem Mann
erwürgte sie in der Nacht in einem Kopfkis-
sen — hm! hm!

Fritz. Desdemona.

Donnerh. Recht! Recht! ich weiß es —
ich weiß es! — da...

Stern. Eine vortrefliche, reizende Unterhaltung! die Schauspielhäuser der Edelleute sind —

Donnerh. Ein herrlicher Spaß, nicht
wahr? — Wir Alten hatten auch einmal einen Anfall von dramatischer Wuth — und,
so wahr ich Donnerhall heise! — wir spielten.
Das hätten Sie sehen sollen — es war zum
todtlachen. — Es wär' alles so ziemlich gut

Ppp

gegangen, aber das verdammte Auswendig-
lernen — wir gaben's auf, und überließen
den Jungen, was unsres Amts nicht war. —
Aber was sagen Sie zu einem Gang in den
Garten? he? den Park zu sehen?

Fritz. Herr Baron, jetzt dürfte wohl —

Donnerh. Ich weiß es: wir gehen
nicht — Nur keinen Unsinn, ich hasse die
ärgerlichen Entschuldigungen: z. B. "es wird
regnen — es ist trüb —" und alles das.
Bey mir macht man keine Umstände.

Stern. Ein wenig Ruhe nach einer
Reise ist. —

Donnerh. Gut und recht — — da
wir von Reisen sprechen, fällt mir etwas
ein — Ich traf einst den Ritter — kennen
Sie den Ritter Harsch nicht.

Fritz. Ich habe nie von ihm gehört.

Stern. Auch ich nicht.

Donnerh. Es ist ein Original — ein
wahres Original — unser alter Freund,
mit dem wir auf die seltsamste Art bekannt
geworden sind —

Fr. v. Donnerh. Davon ein ander-
mal — Plage doch die Herren nicht so.

Donnerh. Du hast Recht. — Meine
Herren, wie wär's, wenn wir auf meine

Mehrerey ritten? — Sapperment! ſie wird
Ihnen gefallen.

Stern.   Wir zweifeln nicht im geringſten.

Fr. v. Donnerh.   Du lieber Himmel!
was quälſt denn du deine Gäſte ſo mit Spa‐
zierengehen und Spaßierenreiten? — Sie
haben ſich ja kaum von den Stößen der Kutſche
erhohlt: deine Freunde haben jetzt gewiß nicht
das geringſte Verlangen, dein Vieh und deine
Felder zu bewundern. Zudem iſts ſchon ſpät;
wir werden vorm Tiſche kaum Zeit haben, uns
anzukleiden.

Donnerh.   Bey meiner Seele! es iſt
wahr. Ungeputzt kann man nicht eſſen —
Nun, wir gehen nicht — thun Sie, was Ih‐
nen gefällt. Ich laſſe Sie hier bey meiner
theuren Hälfte. (zu ſeiner Frau.) Unterhalte die
Herren, Liebchen! — Gib Ihnen mit dei‐
ner angebornen Beredſamkeit eine Skizze von
unſern Nachbarn; ſo einige ſkandalöſe Ge‐
ſchichtchen — z. B. vom Fräulein Haber‐
korn — von der Gräfin Placken und ihrem
Vorreuter — ſo ganz nach deiner Art; Lieb‐
chen — he? — Sie weis alles, was Sie
angeht.

Stern.   Wirklich!

Donnerh.   Ja, ich ſagte ihr alles —
gerade ſo, wie's Paul mir erzählt hat. Sie

müſſen ſie nur ein bischen in Gang bringen, hören Sie? Sie hat verteufelt viel geſunde Vernunft, ich verſichre Sie.

Friß. Davon ſind wir überzeugt.

Donnerh. Ich will nun die Runde machen, und meinen Leuten ein wenig auf dem Nacken ſitzen: ſehen, was es im Hauſe und im Garten zu thun gibt; muß meinen Meyerhof in Augenſchein nehmen; die Speiſekammer unterſuchen, das Silbergeſchirr nachzählen; nach den Gänſen, Enten, Hunden, Schweinen und dem Holze ſehen. Ja — verdammt viel Sorge bey einer Landwirthſchaft: denn ſehen Sie, da drauſſen hab' ich einen Burſchen, der die Gemüßbeete beſorgen und die Bäume ſäubern ſoll; das iſt nun ein fauler, gefräſiger, betrügeriſcher Hund, der lieber zum Teufel ginge, als arbeitete. Er taugt eben ſo wenig in einen Garten, als Adam in das Paradies; denn er ſtiehlt jeden Apfel, den er finden kann, und bey jeder Johannesbeeren Hecke legt er ſich hin und naſcht.... Nun, ich komme bald wieder! Empfehle mich. (ab.)

Zweyter Auftritt.

Fr. v. Donnerhall. Fritz v. Nordheim. Baron von Stern.

Stern. Ich hoffe, gnädige Frau, wir halten Sie nicht vom Spazierengehen ab?

Fr. v. Donnerh. Ganz und gar nicht. Meines Mannes Spazierritte haben mir einen Abscheu vor solchen abmattenden Vergnügungen beygebracht. Dann und wann fahr' ich in einem Whisky um unsre Güter.

Fritz. Aber indessen Herr von Donnerhall auf seinem Meyerhofe ist, werden Eure Gnaden vermuthlich mit ihrer Menagerie zu thun haben. Lieben Sie die Vögel, gnädige Frau?

Fr. v. Donnerh. O nein! — Ich ziehe einen kleinen Kanarienvogel in meinem Schlafzimmer allen andern Vögeln in der Luft vor.

Stern. (bey Seite.) Die werden wir nicht los. — Ich wundere mich, daß auch die gnädige Frau ihren Spaziergang aufgegeben hat — Die Luft dieses Gartens ist so balsamisch.

Fritz. Entzückend! Und diese kleine englische Anlage vor dem Hause hier.

(geht mit Sternen hinten an die Glasthüre.)

Dritter Auftritt.

Julie, läuft munter herein, mit einem großen Busche Blumen. Henriette, folgt
ihr. Die Vorigen.

Julie. O Mama! Mama! sehen Sie,
was ich für eine Menge Blumen gepflückt habe.

Fr. v. Donnerh. Ey, Julchen! sieh
dich doch um.

Julie. Wie? was, Gesellschaft? —
O, liebe Mama! ich möchte mich gern bewundern lassen — Hier sind zwey Maßlieb-
chen — die sollen Sie haben, wenn sie mich
vorstellen.

S. v. Donnerh. Ums Himmelswillen,
Mädchen! —

Julie. Ich bitte, Mama! —

Fr. v. Donnerh. Nun! nun! — Ungeduld! — Meine Herren, erlauben Sie —

Julie. Ach Mama, Sie nehmen immer
einen so großen Umweg — ich will gehen und
Ihnen einen meiner besten Knickse machen. —
Sie sollen sehen: ich werde nicht halb so viel
Zeit brauchen.

(Fritz und Stern kommen von der Glasthüre
auf den vordern Theil der Bühne. Julie geht
auf Fritzen zu und verneigt sich; sieht ihn;
läßt ihre Blumen fallen und schreyt)

Julie. Ha!

Fritz. Dem Fräulein wird übel —

(Läuft auf sie zu.)

Fr. v. Donnerh. Um Gotteswillen!
Mädchen! Julchen! was ist dir? —

(Sie bringen Julien auf einen Stuhl.)

Julie. Nichts, Mama — nichts — aber
etwas — das —

Fritz. Etwas, das in den Blumen war,
gnädige Frau, glaube ich.

Julie. Ja, ja — eine große —

Fritz. Eine große Wespe — ich hörte
sie an meinem Ohr vorbeysummen; als das
Fräulein die Blumen hinwarf.

Julie. Ja, eine Wespe: das war es.
Ich gesteh's — es hat mich so aus der Fassung gebracht, etwas zu sehen — — das ich
so wenig erwartete —

(mit einem Blick auf Fritzen.)

Fritz. Und wie befinden Sie sich nun,
mein Fräulein? — Ich fürchte, noch immer
ein wenig beunruhigt?

Julie. In der That — — noch nicht
merklich besser.

Fr. v. Donnerh. Daß ich auch gerade
jetzt mein Riechfläschgen nicht bey mir habe? —

Ppp 4

Der Himmel steh' mir bey! Jettchen! hilfst
du denn gar nicht? —

(Stern hat sich gleich Anfangs zu Henrietten
geschlichen.)

Henriette. Verzeihung, beste Mama! —
aber da ich sah, daß meiner lieben Schwester
so plötzlich übel ward —

Stern. Geriethen die Lebensgeister des
Fräuleins Henriette ganz in Unordnung. Ein
Gang in die freye Luft wird alles wieder gut
machen. Wenn das Fräulein mir erlaubt,
sie in den Garten zu begleiten —

Fr. v. Donnerh. Sie sind äusserst gütig,
mein Herr! geh, liebes Jettchen! — armes,
mitleidiges Geschöpf! — Geh, liebes Kind!
geh mit dem Herrn.

Stern. Seyn Sie versichert, gnädige
Frau, ich werde die zärtlichste Sorge für das
sanfte Fräulein tragen —

(geht mit Henrietten durch die Glasthüre ab.)

Fritz. Wenn eure Gnaden ein wenig
Hirschhorn —

Fr. v. Donnerh. Auch mein Salz habe ich
auf meinem Nachttische stehen lassen — wie kann
man nur so dumm seyn! — He! Lieschen!
Lieschen! — Ist denn kein Mensch da? —
Ich muß nur selbst laufen, und es hohlen.

Sitz hübsch still, Julchen! ich bin gleich wieder da; und ich steh' dafür, es soll dir bald besser werden.

(geht eilends ab.)

Vierter Auftritt.

Fritz von Nordheim. Julie.

Fritz. Und nun, meine liebe Julie!

Julie. (aufstehend.) Husch! husch! still! — Sie haben mich so erschreckt, daß ich an allen Gliedern zittre. Ich habe nur soviel Athem, Sie zu fragen: woher sind sie gekommen? wer brachte Sie in unser Haus? wie lange bleiben Sie hier? und mit wem gehen Sie wieder fort?

Fritz. Ich komme aus der Hauptstadt — Ihr Vater selbst brachte mich hieher — ich bleibe bis Nacht; und gehe mit Ihnen, mein Engel, hinweg — Soviel zur Antwort auf ihre Fragen.

Julie. Mit mir? — Ich denke, dazu müßten Sie doch auch meine Einwilligung haben.

Fritz. O liebes Mädchen! wir haben jetzt keine Zeit mit Förmlichkeiten und Ziererchen zu verlieren. Ihre Mutter wird wird gleich wieder hier seyn, und dann kann es uns leicht

an schicklicher Gelegenheit fehlen. — Ihr
Vater kennt mich und meinen Freund nicht;
in dem Wirthshause des Städtchens raffte er
uns auf; lud uns aufs gastfreyeste zu sich ein;
packte uns in seine Kutsche, und schleppte uns
her. Aber theuerste Julie! Zaudern kann
einen verwünschten Zufall herbeyführen, und
unser ganzer Plan ist zum Henker. — Ich
finde, ihre Familie geht früh zu Bette: um
eilf Uhr soll eine Postkutsche an der Gartenmauer halten. Und nun, Julie, wenn wir
nur die Thüre eines gewissen Schlafzimmers
finden könnten —

Julie. O Jemine! in die Galerie müssen
Sie sich nicht wagen —

Fritz. Ha! in der Galerie also wäre diese Thüre doch wohl zu finden?

Julie. (verschämt.) Freylich —Sie und
Herr von Stern werden am äussersten Ende
derselben schlafen; denn das Zimmer ist für
alle Gäste bestimmt. Papa und Mama sind
gleich neben Ihnen, und dann komt mein
und Henriettens Zimmer —

Fritz. Herrlich! herrlich!

Julie. Um die Welt wagte ich mich
nicht heraus.

Fritz. Nein — aber wenn Stern und
ich uns hinein wagten?

Julie. O, es würde zu nichts führen. Wir werden damit nichts zu thun haben. Sie mögen immer im Finstern herumtappen, so lang Ihnen beliebt. —

Fritz. So grausam könnten Sie seyn, Fräulein? Umsonst hätten wir also so manches Abendtheuer, als mannhafte Ritter bestanden? mit Riesen gekämpft und Drachen überlistet? — Julie, und nun wollen Sie —

Julie. Wir werden Ihnen nicht beystehen, ich versprech' es Ihnen. Wir würden — nein — wir würden nicht einmal einen Stuhl vor die Thüre stellen, damit Sie unser Zimmer von den übrigen unterscheiden könnten —

Fritz. (umarmt sie.) Dank! tausend Dank! meine Liebe, süße, entzückende, bezaubernde Kleine — —

Fünfter Auftritt.
Frau von Donnerhall (eilig.) Die Vorigen.

Fr. v. Donnerh. Hier ist endlich das Salz — überall hab' ichs suchen müssen.

Fritz. (mit verändertem Tone, ohne Julien loszulassen) O, das ist sehr gut, gnädige

Frau!— Fräulein! stützen Sie sich auf mich;
ein wenig Herumgehen wird unendlich viel
wirken; ich bin überzeugt, Bewegung wird
Ihnen sehr zuträglich seyn.

Fr. v. Donnerh. Sie sind doch in der
That sehr gütig, mein Herr. — Wie ist
dir nun, Julchen?

Julie. Um vieles besser. Ich fühle mich
viel leichter, seitdem Sie uns verlassen haben, Mama — —

(macht sich von Fritzen los.)

Fr. v. Donnerh. Ja, ja; ich wußte
wohl, es würde bald vorüber seyn. — När-
risches Mädchen, durch so eine Kleinigkeit
sich aus der Fassung bringen zu lassen! —
Aber komm, wir haben den Herren schon zu
viel Mühe gemacht; wir wollen uns empfehlen, und uns für heute ankleiden. — Wegen einem Insekt so zu erschrecken! —

Julie. Ey, Mama, warum nicht?

Fritz. Gewiß, gnädige Frau, dahinter
steckt mehr, als sich Eure Gnaden vielleicht
einbilden.

Fr. v. Donnerh. Kann wohl seyn, obgleich ich's nicht begreife. Doch jetzt ist alles
wieder gut — Aber — ha! ha! ha! — Der
Papa wird schön darüber lachen — in einen

Seſſel zu faſſen — und — du wirſt doch
nicht vergeſſen, die drollige Geſchichte bey
Tiſche zu erzählen, hoff' ich —

Julie. Ich ſeh' es nun ſelbſt ein, ich
verdiene ausgelacht zu werden: es war när-
tiſch genug, das iſt gewiß. Kommen Sie,
Mama! — (Sie nimmt ihre Mutter beym Arm,
und ſieht Fritzen ſcharf an, indem ſie geht) Ich getraue mir zu behaupten, mein Herr, daß auch
Sie den Stuhl nicht vergeſſen werden.

(Frau von Donnerhall und Julchen gehen ab.)

Sechster Auftritt.

Fritz. Nun, das muß ich bekennen, dies
alles übertrifft meine wärmſten Erwartungen.
Das Mädchen iſt ein Engel — eine Göttin! —
So geſchwind ans Ziel zu kommen hätt' ich
nicht geglaubt. — Ich habe entweder gewaltig viel gute Eigenſchaften, oder das Mädchen iſt vor Liebe blind. Iſt das erſte falſch —
welches ich faſt ſelbſt nicht glaube — O, ſo mache Julien nie ſehend, lieber Himmel! ſonſt
möchte mein Eheſtand hienieden ſo gar luſtig
nicht ſeyn! — Doch weg mit Grillen! —
wenn Stern mit ſeiner Henriette Richtigkeit
macht, ſo ſind wir geborgen; aber der iſt ſo
eiskalt manchmal — wenn er ihr Zeit zum
Ueberlegen läßt, ſind wir verloren. Die

Weiber sind zum Ueberlegen nicht geschaffen — und wenn sie ja einmal dazu kommen, so brauchen sie ihr Nachdenken gewöhnlich, alle unsre Entwürfe zu verwirren — doch nun müssen unverzüglich Anstalten zur Flucht gemacht werden. Der Schurke Peter mag jetzt beweisen, ob wir für unser Geld keinen Dummkopf erhascht haben.

Siebenter Auftritt.

Fritz von Nordheim. Peter.

Fritz. (Petern erblickend.) Ha, Bursche! du kommst wie gerufen.

Peter. Ich suchte Sie eben auch! gnädiger Herr. Etwas wichtiges....

Fritz. Was ist's denn?

Peter. Nehmen Sie mir's nicht übel, gnädiger Herr!... Der alte Herr eilte so, als er in den Hof des Wirthshauses gefahren kam, sie abzuhohlen; Sie, meine gestrenge Herren! drängten den armen Peter so gewaltig, daß er nicht wußte, wo ihm der Kopf stand; und in der Verwirrung hab' ich....

Fritz. Was hast du denn Schurke?

Peter. Den Mantelsack vergessen.

Fritz. Dummkopf!

Peter. Es fiel mir auf dem Wege gar nicht ein; denn ich ward hinten auf der hoch= adelichen Kutsche so zusammengestoßen, daß ich nur an meine armen Knochen zu denken hatte. Nun erfahre ich eben von der Haus= hälterin, die schon die Betten weiß überzieht, daß sie diese Nacht hier bleiben werden; und ich lief gleich fort, Sie gnädiger Herr! zu suchen, und zu fragen, ob ich in den Gast= hof zurückgehen soll.

Fritz. In den Gasthof sollst du zurück= gehen; aber den Mantelsack laß nur dort; hier brauchen wir ihn nicht.

Peter. Das ist mir recht lieb; so hab ich doch keinen gar zu dummen Streich ge= macht.

Fritz. Hüte dich aber vor fernern. Pe= ter, höre: ich muß dir etwas vertrauen... Aber kann ich mich auf deine Treue verlassen?

Peter. Gnädiger Herr! Sie können Häuser darauf bauen.

Fritz. Hast du die Fräulein hier gesehen?

Peter. Ja wohl hab' ich. Es sind gar liebe, schöne Damen. Die alte Gräfin, bey der ich war....

Fritz. Geh zum Teufel mit deiner alten Gräfin, und höre mich jetzt an.

Peter. Auch das, gnädiger Herr!..

Fritz. Wenn du das, was ich dir jetzt
sagen will, gewissenhaft und pünktlich besorgst:
so behalte ich dich in meinen Diensten, und
du sollst lebenslänglich dein bequemes Aus=
kommen haben. Bist du aber ein Schurke,
so...

Peter. Reden Sie nicht aus, gnädiger
Herr, der ehrliche Peter kann so etwas nicht
hören. Befehlen Sie, und Eure Gnaden
sollen sehen...

Fritz. Wohlan! so eile in den Gasthof...

Peter. Den Mantelsack zu hohlen? Ich
meine, sie brauchten ihn nicht.

Fritz. Schafskopf! wer spricht vom Man=
telsack? — Eile in den Gasthof, und diesen
Abend um eilf Uhr bringe hinten an das Thor
des Gartens eine vierspännige Kutsche. Ver=
stehst du mich nun?

Peter. Ja — ja jetzt verstehe ich. Nun,
Eure Gnaden sollen mit mir zufrieden seyn.
Der gute Peter war immer wegen seiner Ge=
nauigkeit im Dienste berühmt.

Fritz. Aber reinen Mund!... Beden=
ke, was ich dir versprochen habe.

Peter. Fürchten Sie nichts, gnädiger
Herr! Peter wird seine Sache gut machen...

Die

Die Hausmagd ist ein gar niedliches Ding...
Wenn wir...

Fritz. Was brummst du da?

Peter. Ich denke auf Bequemlichkeit,
gnädiger Herr.

Fritz. Wie so?

Peter. Sehen Sie: wenn wir einen
Schlüssel zur Gartenthüre erwischen könnten, so brauchten wir keine Strickleiter...
Das ist ganz natürlich. Das Hausmädchen
ist beym Verwalter sehr gut angeschrieben,
und ich... nun, lassen Sie mich nur machen, gnädiger Herr.

Fritz. Herrlich, Peter. Aber eile jetzt.
Ich sehe jemanden kommen. Mit dem Schlag
eilf Uhr... Vergiß das nicht.

Peter. Eher vergesse ich mich selbst.

(beyde ab.)

Achter Auftritt.

Henriette. Baron Stern.

Stern. Aber, Henriette! warum martern Sie mich mit solchen nichtigen Einwürfen?

Henr. Nichtig! — Lieber Himmel! wie
kann ich ihre Vorschläge annehmen? die Un-
schicklichkeit, die Folgen dieses Schrittes, den

auch ihr Freund mit meiner jüngern Schwester
zu thun im Begriffe ist —

Stern. Bey meinem Leben, Fräulein! —
Die Ehre leitet uns; der unvermuthete Zufall,
die Gelegenheit, alles fodert uns auf, den
Vortheil des Augenblickes zu nützen. Der
Plan, den ich vorgeschlagen habe, ist — —

Henr. In ihrer jetzigen Lage verwegen,
bis zur Tollheit verwegen, die Zeit kann,
ohne solch ein hastiges Verfahren, für uns
günstige Umstände herbeyführen. Ein kleiner
Aufschub. —

Stern. Wird uns vielleicht auf ewig trennen. Henriette! Sie kennen meine Lage; wissen,
daß durch Klugheit sie wesentlich verbessert werden kann. Diese Tugend (mit Schamröthe
gesteh' ichs) habe ich bisher vernachlässigt;
aber die Qualen, welche ich bey fernerm Ver-
zuge werde erdulden müssen; die Verbindungen, welche einzugehen Sie der Befehl eines
Vaters zwingen wird; alles überzeugt mich,
wenn ihre Liebe noch dieselbe ist, werden Sie
meine heftesten Wünsche begünstigen. Noch
diesen Abend —

Henr. Unmöglich! Dringen Sie nicht
weiter in mich, ich bitte Sie. Die Zufriedenheit einer ganzen Familie hängt von meinem Betragen ab. Ich habe Pflichten gegen

meine Eltern, Herr Baron! und ich zittre schon bey dem Gedanken diese zu verletzen.

Stern. Aber eben diese Eltern haben Ihnen eine Heurath vorgeschlagen —

Henr. Die ich verabscheue, ich gesteh' es; allein tausend Zufälle können sie hintertreiben; und so lange ich nicht die äusserste Nothwendigkeit sehe, meine eigene Glückseligkeit zu sichern, darf ich die Glückseligkeit anderer nicht aufs Spiel setzen, die mir so nahe, so sehr nahe sind.

Stern. O Henriette! dieser Aufschub! — Warum machen Sie sich's zum Vergnügen, mich zu martern?

Henr. (mit Wärme) Nein, dies liegt nicht in meiner Natur: erzogen auf dem Lande, habe ich Grundsätze eingesogen, welche die Freyheit einer Stadterziehung romantisch nennen mag; denn ich habe Glückseligkeit dem Glanze vorgezogen. Ich erröthete nicht, Ihnen zu gestehen, daß die Liebe einer redlichen, edelmüthigen Seele bey mir mehr Gewicht habe, als die Anlockungen von Pomp und Grösse. Da Sie also, Herr Baron, nun von meinen Gesinnungen unterrichtet sind: so dringen Sie nicht weiter in mich, ich bitte Sie; suchen Sie nicht aus einer Partheylichkeit Vortheil zu ziehen, welche bey dem sehr schlecht angewendet seyn würde,

der mich zu solch unbesonnenem Betragen ver-
leiten wollte.

Stern. Ich bin beschämt! — Ja, ich
bin zu tadeln, mein Fräulein! Ich habe
mich zu sehr auf eine Partheylichkeit verlassen, die, wie ich sehe, die kleinsten Hindernisse nicht übersteigen kann. Ich habe Sie
beleidigt — ich werde bald ein Hauß verlassen, Fräulein! in dem meine Gegenwart
unangenehm ist — (will gehen)

Henr. Grausamer Mann! — Sie lesen
in meinem Herzen; sie sehen dessen Zärtlichkeit;
sie sehen, was dieser Widerstand mich kostet,
und doch... Aber die Vernunft zwingt sie zur
Abreise; so gehen Sie dann; ich kann — ich
darf Ihnen nicht folgen: meine Handlungen
sind nicht in meiner Willkühr. Ach! wären
sie es, ich würde alles mit Ihnen theilen,
um glücklich zu seyn.

Stern. Liebe, süße Offenherzigkeit! —
O Henriette, vergeben Sie mir; verzeihen
Sie einer Leidenschaft, deren Heftigkeit alle
Bande zerreißt. Ja, ja meine Henriette!
um Ihrentwillen will ich vernünftig seyn. Nein,
ich muß Sie nicht verlieren; meine Wünsche
und Hoffnungen sehen glücklichern Zeiten entgegen.

Henr. Diese Zeiten - werden kommen, ich versichere Sie. Mein Vater kann ja auch wohl diese Heurath aufgeben.

Stern. Wenn er sie aber beschleunigte — wie dann?

Henr. Freylich, alsdann... Nein, nein, sprechen Sie nicht so, Sie kennen meine Schwachheit.

Stern. Ich will dann zufrieden seyn; Sie müssen endlich noch mein werden. (ergreift ihre Hand.) Bis dahin will ich mit ängstlicher Sorgfalt Sie bewachen; meine Hoffnungen nähren, oder sie nach ihrem Winke bezähmen. Die Vernunft soll über meine Leidenschaft herrschen; die Vernunft, meine Henriette! die gleich diesem Fächer des Busens Hitze mäßigt, aber niemals erkaltet.

Henr. So nehmen sie ihn: (gibt ihm den Fächer.) behalten Sie ihn als ein Sinnbild ihres Betragens; und wenn ich ihn zurück fodre, welches ich eines Tages gewiß thun werde, es sey nun wegen gehobenen oder an= wachsenden Schwierigkeiten, oder wegen sonst einer Ursache — wenn ich ihn einst wieder fodre: dann bin ich die Ihrige.

Stern. Liebenswürdiges Mädchen! O möchte dieser Tag — —

Neunter Auftritt.

Herr von Donnerhall. Die Vorigen.

Donnerh. (noch hinter der Bühne.) Holla! Mädchen! — Sapperment! wo beym Teufel — (tritt herein.) O ho; ihr seyd hier — Ey, schon bekannt — das ist recht: er ist so angenehm, wie ein vielversprechender Zweig von einem — was hat er dir gesagt? Etwas Empfindsames? hat er von mir geredet?

Stern. In der That, wir sprechen gerade von Ihnen, Herr Baron.

Donnerh. Das glaub' ich gern. Aber warum haben Sie denn das Mädel so in einen Winkel getrieben?

Stern. Ich erklärte dem Fräulein Henriette etwas, Herr Baron.

Donnerh. Ich weiß es; ist sie nicht ein gelehriges Kind? — hat alles von mir: sie bleibt an einem Punkte hängen; bleibt hartnäckig bey einer Sache; — horch, Jettchen! — Neuigkeiten, gewaltige Neuigkeiten für dich — sieh einmal, ein Brief aus der Stadt.

Henr. An mich, Papa?

Donnerh. Er betrifft nur dich — ist voll Feuer und Flamme. — Einrichtungen, Standhaftigkeit, Kontrakte, Nadelgeld —

und die Heurath ist gemacht. Da ist er —
lies ihn selbst. (zeigt den Brief.) eine allerlieb=
ste Mixtur von Liebe und Formalitäten; nichts
als Harmonie und Geschäfte; grade wie eine
Trommel, alles Musik und Pergament. (zu
Stern.) Sie warten doch die Hochzeit ab,
wollen Sie? he?

Stern. Ich besorge, es wird nicht in
meiner Macht seyn.

Donnerh. Pah! Pah! ich bitte — sie
wird nicht lang dauren; machen Sie uns doch
so ungeheuer glücklich. Ihr Freund und
Sie — ha! — sollten nun darum gar kei=
nen grossen Lermen machen — Grade eine ge=
schlossene Gesellschaft — Nur wenige Freunde,
ein gebratener Ochse, ein blinder Musikant,
und ein Ehrentänzchen auf der Terrasse.

Stern. Darf ich nach dem Namen des
Glüklichen fragen?

Donnerh. Baron Eiskron. Kennen Sie
ihn?

Stern. Nur von sehen; seine Gestalt ist
nicht sehr empfehlend. Seine Gnaden sind
etwas zäh, auch sehr kurz, Herr Baron.

Donnerh. Ha! ha! ha! die Hoffnung
zu wachsen ist vorbey; mein künftiger Herr
Schwiegersohn wird bis Petrikettenfeyer fünf
und vierzig — ich weiß es.

Stern. Das ist vielmehr ein reifes Al=
ter, um anzufangen, den Liebhaber zu spielen.

Donnerh. Recht, wir sollen keinen Au=
genblick verlieren. Die ganze lange Zeit
über hat er nur Geld zusammengescharrt —
jetzt ist er reich, wie ein Kornjude, und kann
also stündlich heurathen.

Stern. Herr Baron, ich fürchte, Geld
ists nicht allein, was zum Heurathen nöthig ist.

Donnerh. Nicht? was denn sonst.

Stern. Zu Zeiten die Allgewalt Cupido's.

Donnerh. Verdammter Cupido! er hat
keinen Pfenning, sich Hosen zu kaufen. Bey
meiner Seele, eine verliebte Heurath bringt
Ihnen nicht einmal Oel in die Lampe — ich
weiß es.

Stern. Indessen ist doch ein dummer,
ungestalteter Ehemann —

Donnerh. Ich weiß schon: — wie eine
schwere, altmodische silberne Platte... immer
hübsch, wenn er reich ist.

Henr. (hat den Brief gelesen.) Morgen
schon, wird er hier seyn — Gott! das ist so
schnell, so unerwartet.

Donnerh. Recht, der beste Weg von
der Welt in diesen Fällen. — Alles ist in
Richtigkeit, bis auf die Trauung; auch das

wollen wir, so geschwind es möglich ist, zu
Ende bringen. — Heurathen, Jettchen! ist
eine Art von kaltem Bade; man muß nie
lange zaubernd am Ufer stehen: frisch daran! —
Ein Sprung — ein leichter Schauer, und die
Geschichte ist vorbey.

Henr. Aber, Sie wissen, Papa, ich
habe den Baron kaum gesehen: es ist so schnell.

Donnerh. Ich weiß es — thut nichts...
heurathete auch so, Jettchen. Ich hätte mein
liebes Weib in meinem Leben nicht bekommen,
wenn ich nicht so hastig gewesen wäre. Alles
war richtig gemacht, ehe wir einmal einander
sahen. Eine Viertelstunde nachher, als ich
sie gesehen hatte, wurden wir getraut. Wir
kamen zusammen, wie die Leute beym Me-
nuettanzen; ich machte einen Bückling, sie einen Knicks, und — bey meiner Seele! im
Augenblick hatte ich sie bey der linken Hand.

Stern. Aber hier ist ein andrer Fall.
Die gnädige Frau hatte nur wenige Gründe,
Aufschub zu wünschen; ja, wenn alle Ehemän-
ner ähnliche Eigenschaften besäßen —

Donnerh. Freylich, das ist etwas; Nicht
alle Männer sind sich ähnlich; nicht jeder hat
so eine Art — so — he? — Wenig solche
Figuren, wie ich. —— Aber Jettchen ist

ernſthaft und tiefſinnig. Nun du kennſt ja
den Baron. Sobald er komt —

Henr. O Papa! laſſen Sie ſich erbitten,
ſeyn Sie nicht ſo eilig: laſſen Sie mir ein
wenig Zeit —

Donnerh. Zeit! Ey, ey! die Zeit iſt
zu geſchwind, Jettchen! ſie läßt ſich zum
Ueberlegen nicht feſthalten. Morgen reißt der
Baron ab; um Mittag iſt er hier; dann geht's
in die Kirche, und auf den Abend — He!
was fehlt dir? — Du ſiehſt roth und blaß
aus, wie —

Henr. Das Wetter, Papa! nichts mehr —
die groſſe Hitze —

Donnerh. Es iſt wahr, es iſt wahr! —
daran dacht' ich nicht.

Henr. In der That, die Hitze hat mich
ſo überfallen... (verlegen) Es fehlt mir —

Stern. Ihr Fächer, Fräulein?

Donnerh. Ja, recht; dies Mittel wird
ſie den Augenblick wieder zurecht bringen.

Stern. Hier iſt ein Fächer, Fräulein!
Sie erlaubten mir eben, Ihnen ſolchen nach=
zutragen.

Donnerh. Ey! that ſie das? — Geben
Sie ihn hin. — Nimm ihn Jettchen.

Henr. Soll ich, Papa?

Donnerh. Ohne Anstand. Ich denke, du kannst ihn jetzt sehr gut brauchen... Eine schöne Erfindung für euch Weiber — das Ding hilft euch in allen Gelegenheiten.

Henr. Wenn Sie denn bey dieser Gelegenheit mir ihn zurückgeben wollen — —
(verlegen.)

Stern. Mit dem größten Vergnügen — glauben Sie es mir, mein Fräulein!
(überreicht ihr den Fächer.)

Donnerh. Wohlgethan, bey meiner Seele! Schlag alles mit dem Zauberstabe weg, Jette — Mit so ein paar Luftstreichen macht ihr vieles gut.

Henr. (sich Wind machend.) Ach! wie erfrischend ist das —

Donnerh. Ja, das bedeutet etwas; sehen Sie — nicht wahr? he?

Stern. Gewiß — es ist — es bedeutet etwas, Herr Baron.

Donnerh. Ich weiß es ja wohl. Ohne diesen Talismann können die Weiber nichts. Alle ihre Mienen, alle ihre Reize hängen davon ab; ihre Art, ihr Witz, ihr Gesicht, ihre Blicke, ihre Launen, ihre Schelmereyen, und hundert andre Sachen, die ich nicht kenne.

Henr. (immer mit dem Fächer sich kühlend.)
Es würde sich auch für Sie nicht schicken, Papa! diese Dinge alle zu kennen.

Donnerh. Ich glaub's wohl. — Aber
laßt uns gehen, und unsre Brieftasche auskramen. Wie wird sich meine Frau über die
schönen Neuigkeiten freuen! — Sie wird in
einer höllischen Verlegenheit seyn. Ein schöner
Lermen mit Zurüstungen für Morgen, dafür
bin ich gut: ich müßte mein Weib nicht kennen. Herr! da geht's über die Braten,
Kleider, Enten, Juwelen, Gänse, Hühner,
Bänder und Pasteten her, daß es eine Freude
ist. — Komm Jette, sey hübsch artig, gehorsam. (gehend.) Bald küßt dein Schäfer
dir die Hand. (Stern küßt sie.) Komm mit,
bring deinen Kram fein bald in Ordnung. Julchen soll nächstens auch heurathen. Gottlob,
ich habe nun keine Sorge mehr; und nun kann
ich schwören, daß ich der Unzufriedenheit den
Rang abgelaufen habe.

(Sie gehen ab. Pantomine zwischen Stern und
Henrietten hinter Herrn von Donnerhall.

Dritter Aufzug.

Erster Auftritt.

(Zimmer des Gasthofes.)

Herr v. Nordheim stützt sich auf David.
Ein Aufwärter leuchtet.

Hr. v. Nordheim.

Sachte! sachte, guter David! die abscheu-
lichen Postkutschen! — alle Rippen sind
mir entzwey! — und die Sumpfluft — und
das Nest hier —

David. Setzen Sie sich, gnädiger Herr!
So, so — sachte; — halten Sie sich fest —
So... Und nun, willkommen in Deutschland.
Wir sind bisher, wie Kameleone, mit fran-
zösischer Luft gefüttert worden, und doch sind
Sie so gesund und stark wie ein Kameel ge-
worden.

Hr. v. Nordh. Aber nichts destoweniger
habe ich eine ungeheure Last von Sorgen
auf dem Rücken.

David. Nur Gesundheit ist das grosse
Ding, um welches man sich bekümmern soll.

Ey, Sie sehen so frisch und klar aus, als jemals.

Hr. v. Nordh. Wirklich! glaubst du das, David?

David. Glauben! ich weiß es gewiß.

Hr. v. Nordh. Ja, die Reise ist mir zuträglich gewesen. Vorher, ehe ich nach Frankreich ging, war ich so bleich und so aufgedunsen — das Fleisch ohne Farbe, und mein Gesicht guckte immer unter einem Pack Tücher hervor.

David. Wie eine Mumie sahen Sie aus — wahrhaftig, gnädiger Herr.

Hr. v. Nordh. Wie? siehst du jetzt nicht...?

David. O, gnädiger Herr! ganz etwas andres, ganz etwas andres

Hr. v. Nordh. Ganz etwas andres! — du — — du Tölpel — ich befinde so mich wohl, als jemals in meinem Leben... einige kleine Schmerzen ausgenommen — Podagra und Husten.

David. Sehr wahr, gnädiger Herr.

Hr. v. Nordh. Sehr wahr! warum bist du dann so geizig mit deinen Glückwünschen? — — O! das südliche Frankreich

ist der beste Arzt von der Welt — wenn es gleich-
wohl nicht immer helfen kann, so bringt es
doch die Leute selten ums Leben — und das
ist mehr, als die meisten Doktoren von sich
mit gutem Gewissen sagen können. Und dann
die angenehme Zeit, die wir miteinander zugebracht haben; ich pflegte mich, und du leiste-
test mir Gesellschaft in meinem Zimmer, so lange
ich krank war — und das noch dazu in einem
milden, bezaubernden, warmen Klima.

David. Ja wohl, gnädiger Herr! das
waren glückliche Tage. Besonders schön waren die Spaziergänge, die ich in der Einbildung genoß, wenn ich zu unsrem Fenster hin-
aussah Ich hätte manchmal hinausspringen
mögen.

Hr. v. Nordh. So! und du wünschtest
also, spazieren zu gehen; dich draussen zu belustigen; indessen ich armer Teufel zu Hause
Arzneyen fressen mußte? — Das heiß' ich
Freundschaft! — Ein schöner Dank für das
Vergnügen, welches ich fand, dich den ganzen lieben langen Tag an meinem Bette fest-
zuhalten! — Lieber Gott! wie wenig Geschöpfe gibt es doch, die für ihre leidenden
Mitmenschen etwas fühlen. Jeder denkt nur
an sich!

David. Nein, ich versichre Sie, gnädiger Herr! ich litt soviel, wie Sie selbst.

Hr. v. Nordh. Gut, gut; ich glaube du
bist noch einer von den Besten unter dem Ge-
sindel — der einzige Mann, mit dem ich aus-
komme. Was mag wohl die Ursache davon
seyn, David?

David. Ohne Zweifel die Aehnlichkeit
unsrer Neigungen, Leibesbeschaffenheit, Denkungsart, und so weiter; dann ich rede, esse,
trinke und denke genau so, wie eure Gnaden.

Hr. v. Nordh. Ja — es mag wohl so
seyn: ich glaub's ... Aber es ist doch entsetzlich: ich habe so manche große Verbindungen;
meine Familie ist edel und sehr angesehen: ich
kann einem wichtige Vortheile verschaffen —
es ist entsetzlich, sag' ich, daß ich — ich so
wenig Leute finde, die mir gleichen, die mit
mir sympathisiren. Ich bin geplagt mit einem
liederlichen Hunde von einem Sohne, der nun
denkt, nichts dürfe ihn in seinen wilden
Ausschweifungen hindern; weil ich mir kleine
Vergnügungen erlaubt habe. Wahrhaftig,
Kinder sind ärger als ein Fieber; sie erhalten
das Blut in einer unheilbaren Hitze, und kosten obendrein noch erstaunlich viel Geld —
erstaunlich viel, mein lieber David!

David. Ich hoffe doch, hier ist noch eine
Aussicht, geheilt zu werden?

Hr. v. Nordh. Nein, nein — Alles
vorbey, sag' ich dir. Der Hund wird verteufelt

teufelt mißvergnügt seyn, mich so gesund wieder zu sehen, vermuthe ich — (hustet) He!
David?

David. Unmöglich, gnädiger Herr; so
verderbt kann sein Herz nicht seyn. Ich un-
terstehe mich sogar zu behaupten, er wird vot
Freude ausser sich seyn, Sie wieder zu sehen.
Ich, für meinen Theil, bin überzeugt davon.
(gibt sich ein Ansehen.)

Hr. v. Nordh. Ja, ja — du bist eine
gute, einfältige Seele, David — du weißt
nicht, wie weit der Undank geht — wenigstens glaube ich, daß du es nicht weißt, weil du
mir es immer sagst. Aber er — du plauderst
mir vom Morgen bis in die tiefe Nacht von
nichts vor, als von seiner Liebe und Hoch-
achtung gegen mich — und er hat in seinem
ganzen Leben nicht sechsmal so etwas gesagt.

David. Wo ist denn gegenwärtig der
junge Herr Baron?

Hr. v. Nordh. Vermuthlich schwärmt er
mit seinem Freund Stern in der Hauptstadt
herum, ohne einen grosen Thaler in der Ta-
sche zu haben; lebt wahrscheinlich, wie andre
Glücksritter und Modebürschchen von dem,
was ihm am Ende übrig geblieben ist, von
seinem Kopfe; lacht aber jeden, der Verstand
genug hat, nicht so zu handeln, sich nicht so

Rrr

zu kleiden, wie er — und das ist heut zu Tage
Ton, Mode. Der Teufel hohle mich, wenn
er zu irgend etwas in der Welt taugt — was
soll ich nun mit ihm anfangen, David?

David. Hm! stecken Sie ihn unter ein
Regiment —

Hr. v. Nordh. Das wär' freylich das
Beste; aber es geht nicht.

David. Warum nicht? Eine Kompag-
nie, denke ich —

Hr. v. Nordh. Dummkopf! die Zeiten
sind vorbey. Ja, ehedem konnte ein Vater
seinem liederlichen Buben eine Fahne oder
sonst eine Stelle bey der Armee kaufen, und
damit war er ihn los. Aber jetzt — jetzt
ist man leider! auch darin klüger geworden.
Man verlangt, ein Offizier soll etwas wissen,
soll immer noch mehr lernen, um seinem Vaterlande zu nützen. Vormals war Exerziren und
auf die Wache ziehen alles, was einer zu
wissen nöthig hatte — das hätte nun wohl
mein Taugenichts auch noch lernen können —
aber es ist nicht mehr so.

Zweyter Auftritt.
Die Vorigen. Roll.

Hr. v. Nordh. Ha! sein Diener, Herr
Roll! wie geht's?

Roll. Unterthänigster Knecht, gnädiger Herr! — Ich bin unendlich erfreut, Eure Gnaden so wohl zu sehen.... Eure Gnaden sehen aus wie's liebe Leben — tausendmal frischer, als da ich das letztemal die Gnade hatte, Eure Gnaden hier in meinem schlechten Hause zu bewirthen.

Hr. v. Nordh. (zu David) Sieh nun, wie andern Leuten die Veränderung auffällt, die mit mir vorgegangen ist — (hustet)

Roll. Sie reißten, glaub' ich, damals eben nach Frankreich; lieber Gott! da sahs windig mit Eurer Gnaden aus — ich sagt' es auch zu meiner Frau.

Hr. v. Nordh. Schon gut. — Nichts neues, Herr Wirth, hier im Lande?

Roll. Nicht viel besonderes, gnädiger Herr! ausgenommen, seitdem Eure Gnaden hier angekommen sind —

Hr. v. Nordh. Nun, was ist denn geschehen? Hat jemand nach mir gefragt? wo ist er?

Roll. Ja, zwey sehr neugierige Herren haben sich nach Hochdenselben erkundigt.

Hr. v. Nordh. So? wo sind sie denn? woher kommen sie?

Roll. Aus der Hauptstadt, vermuthe
ich. Sie logiren im Stier... wer sie nur
dahin gewiesen haben mag. Es ist bey meiner Seele das elendeste Wirthshaus weit und
breit. —

Hr. v. Nordh. Was haben sie aber gesagt?

Roll. Sie haben sich sehr angelegentlich,
wie ich schon die Ehre hatte zu sagen, nach
Eurer Gnaden erkundigt; und schienen gewaltig erfreut zu seyn, als sie hörten, Hochdieselben wären hier.

Hr. v. Nordh. Sehr höfflich, in der
That. Aber, Herr Roll, dabey finde ich
nichts besonderes.

Roll. Und ich glaube, sie haben sogar
nach einem Gerichtsdiener geschickt.

Hr. v. Nordh. Nach einem Gerichtsdiener? ist er toll? — Nach mir gefragt, und
nach einem Gerichtsdiener geschickt — Er ist
ein Esel, Herr Wirth! — Er...

Roll. Halten zu Gnaden — es ist gewiß —

David. Unmöglich, sag' ich ihm; weswegen denn?

Hr. v. Nordh. Ja — weswegen?

Roll. Hm! vielleicht halten Sie Eure
Gnaden für einen — Spion.

David. Gott sey uns gnädig! Sie werden uns beyde als Ausreisser ergreiffen.

Hr. v. Nordh. Ich glaube, du bist ein Esel — Ausreisser! he! — ich kann kaum sehen, und nichts ausspähen ohne Brille. Aber, beym Henker! wo soll das hinaus?

Roll. Ich denke hin, ich denke her — aber ich finde keinen andern Grund — denn warum sollte man Hochdieselben gefänglich einziehen wollen, da Sie eben erst aus Frankreich zurück kommen? — Und das ist gewiß, seiner Hochfrey-herrlichen Gnaden, dem Herrn von Nordheim, der ein jährliches Einkommen von 15000 Thalern hat, kann es nicht an Gelde fehlen.

Dritter Auftritt.

Eine Gerichtsperson. Ein Gerichtsdiener. Die Vorigen.

Gerichtsperson. Mein Herr, heißen Sie Baron von Nordheim?

Hr. v. Nordh. Gesetzt, ich hieße so?

Gerichtsp. So werden Sie die Güte haben, mir zu folgen.

Hr. v. Nordh. Den Teufel werd' ich, Herr! —

Gerichtsp. Sie sind arretirt —

Arr 3

Hr. v. Nordh. Und warum?

Gerichtsp. Auf nothgedrungene Klage und rechtliche Bitte des Herrn Banquier Wolf und Komp. wegen einem schon vor zwey Monaten verfallenen Wechsel à 3000 Reichsthaler.

Roll. Um Gotteswillen! der gnädige Herr wegen Schulden arretirt! — es kann nicht seyn.

David. Es wär' eher möglich, daß man mich arretirte.

Gerichtsp. (auf David zeigend.) Und Herr Baron von Stern hier für dieselbe Summe.

David. Baron Stern! — — Wer? ich?

Hr. v. Nordh. Stern! beym Jupiter, Fritzens Spießgeselle! — Ich und der arme David wegen des Hunds Schulden in Verhaft, sobald wir nur einen Fuß in Deutschland setzen — wart, Taugenichts! Schurke! ich will dich — Einen Augenblick, wenn es Ihnen gefällig ist, mein Herr — Roll!

Roll. Was befehlen Eure Gnaden.

Hr. v Nordh. Komm er her. — — Er sieht, was hier vorgeht?

Roll. Sehr deutlich.

Hr. v. Nordh. Weis er etwas von einem Baron Stern, von dem der Herr da gesprochen hat?

Roll. Poztausend; das sind die zwey jungen Kaufleute, so wahr ich Gastwirth zum Schiff bin, die der Herr von Donnerhall diesen Morgen in seiner Kutsche mit sich genomen hat.

Hr. v. Nordh. Kaufleute?

Roll. Ja, nun fällt mirs wieder bey; einer nannte den andern Stern.

Hr. v. Nordh. Gut, gut, er sieht das Misverständniß — — er muß in diesem verdammten Handel für mich Bürge werden.

Roll. Wer? ich? — O gnädiger Herr,—

H. v. Nordh. Nun, nun, verlier' er nicht viel Worte. Wer ist der Herr von Donnerhall?

Roll. Freyherr Donner auf Donnerhall — wohnt nur eine Viertelmeile von hier.

Hr. v. Nordh. Bestell' er mir eine Postkutsche. Ich will gleich hin.

Roll. Aber Eure Gnaden, es ist schon spät. Zehen Uhr ist vorbey.

Hr. v. Nordh. Thut nichts. Ich wecke das ganze Haus auf. Sapperment! ich will den Tod aus dem Schlafe pochen; dem Ding will ich bald auf den Grund kommen: und wenn er Anstand nimmt, Herr Wirth, für mich Bürgschaft zu leisten — so laß ich mei-

Arr 4

nen ehrlichen David als Geisel hier, bis ich
zurückkomme.

David. Ich wollte Ihnen lieber Gesellschaft leisten, gnädiger Herr. Wie leicht
könnte Ihnen etwas zustoßen — —

Roll. Da es dem Anschein nach blos
ein Misverständniß ist, und ich Euer Gnaden
schon so lange von innen und außen kenne —
und ihr Reichthum — —

Hr. v. Nordh. Gut... er leistet also
Bürgschaft für mich — Schaff' er mir diese
Bursche da vom Halse — — Mein Herr,
sind Sie mit Rolls Bürgschaft zufrieden?

Gerichtsperson. Völlig.

Roll. Nun so kommen sie, meine Herren;
wir wollen unterdessen bey einer Flasche des
gnädigen Herrn Zurückkunft erwarten, wenn
es Ihnen gefällig ist.

(geht mit der Gerichtsperson und dem Gerichtsdiener ab.)

David. Gott sey uns gnädig! was für
ein Ausweg!

Hr. v. Nordh. Ausweg? — Der Schurke! der Taugenichts! — Was denkst du von
allem dem, David?

David. Denken? — ja, freylich —
was denken Sie?

Hr. v. Nordh. Daß du ein Dummkopf
bist, nicht zu sehen, wo das alles hinaus-
will; daß mein Sohn ein Dummkopf ist, sich
so zu betragen; und daß ich der größte Dummkopf bin, weil ich das leide. Sapperment!
ich kann kaum länger an mich halten — Ich
will sein Angesicht nie wieder sehen — Komm
mit, David — Ich will ihm über den Hals
kommen, ehe er sich's vermuthet, glaub' ich:
ich will den Fuchs aus dem Loch treiben, ich
stehe dafür: — Ich will ihm entsagen; ich
will ihn verstoßen — Donnerwetter! wie will
ich ihm sein Plänchen verrücken — Ich will ihn
enterben. Er soll mir in einem Kerker fau-
len, oder man soll mich hineinwerfen. Ich
will ihn lehren, was das ist, in Person
Schulden machen, und andre dafür arretiren
lassen. Komm, David!

David. Sachte, sachte, gnädiger Herr!
(beyde ab.)

Vierter Auftritt.

(Eine Galerie in Donnerhalls Schloße. Im Hintergrunde sieht man vier Thüren in gleicher Entfernung von einander. An der ersten Thüre rechter
Hand steht ein Stuhl. Es ist sehr dunkel.)

Frig. (öfnet die zweyte Thüre linker Hand.)
So! alles ist ruhig; es regt sich nichts mehr.

Rrr 5

(komt vorwärts) Herr von Donnerhall, der gute Mann, Dank sey es den Frühestunden, schnarcht im nächsten Zimmer, daß es eine Freude ist. Ich hörte ihn, gleich einem Sturmwind, durch die Spalten des alten Familiengetäfels. Er träumt sicher nichts von dem, was geschehen soll, ehe er erwacht. — — Wo mag aber Stern die ganze Zeit bleiben? — Er versprach, auf der Wache zu seyn, sobald als alles still wäre; aber er ist so verdammt lau und schläfrig in allem was er thut — Wär' ich nicht völlig überzeugt, daß ein einziges Weib schon genug ist, einem ehrlichen Kerl zu schaffen zu machen: so hätte ich beynahe Lust, seine Nymphe mit fortzuführen, ohne auf ihn zu warten. — Es ist auch so verdammt dunkel hier, daß ich seine Thüre nicht finden kann. — Wahrhaftig! der Stuhl war ein glücklicher Gedanken; ohne ihn, glaub' ich, hätten wir einen schönen Wirwarr gemacht. — Wie, beym Teufel, soll ich's nun anfangen, daß er mich hört, ohne jemanden aufzuwecken.

Stern. (öffnet die erste Thüre links.) St! — St!

Fritz. Stern!

Stern. Fritz, bist du's?

Fritz. Ja — Sachte! — alles ist wie begraben. Der Alte schläft fest, wie ein Bär.

Stern. Und seine Frau?

Fritz. Pöckelt, glaub' ich, unten in der Speisekammer Fleisch ein. Des alten Weibes Kopf ist so voll von der unsinnigen Heurath, von welcher ihr Mann ihr gesagt hat, daß sie vermuthlich drey Viertheile der Nacht mit ihrem Hausmeister aufbleiben wird, Zubereitungen für die Hochzeit zu machen.

Stern. Donner! dann werden wir entdeckt: wir kommen in unsrem Leben nicht hinaus, ohne daß sie uns hört.

Fritz. Bist du noch nicht fertig mit Zweifeln und Einwürfen?

Stern. Bey meiner Ehre, ihr Aufbleiben ist ein Einwurf von Gewicht.

Fritz. Gewiß. Sie ist von grossem Gewicht im Hause — deswegen hält sie sich jetzt auch ganz unten auf. — Sie muß verteufelt feine Ohren haben, wenn sie uns dort hören will; denn wir kommen ihr auf eine Meile nicht zu nahe. — Aber hast du nichts von Petern gehört?

Stern. Nein; wartest du auf ihn?

Fritz. Ja, ich schickte ihn ins Städtchen, um die Pferde und den Wagen hinten an die

Gartenthüre zu bringen. Eilf Uhr ist gewiß schon vorbey. Sieh doch nach, wenn du willst.

Stern. Da müßt' ich Katzenaugen haben; es ist ja so dunkel, wie in einem Sack.

Fritz. Wahrhaftig, daran dacht' ich nichts aber er wird bald hier seyn! ich bin genöthigt gewesen, das Geheimniß ihm anzuvertrauen. Er hat uns einen Schlüssel zur Hinterthüre verschaft, und wird sich in mein Zimmer schleichen, uns Nachricht zu geben. Er hat Gelegenheit gehabt, es zu bemerken, wie er sagt.

Stern. Wohl, wenn er nur pünktlich ist —

Fritz. O! verlaß dich ganz auf ihn; aber bis er komt, könnten wir wohl unsre schöne Gefährtinnen vorbereiten. Ich will's versuchen, ob ich den Stuhl finden kann, welcher an der Thüre ihres Ankleidzimmer steht, und wo sie uns erwarten. (tappt umher.) Ihr Schlafzimmer ist weiter; und so kann ich hineingehen, ohne die Regeln des Wohlstandes zu verletzen.

Stern. Wär' es nicht besser, wenn ich mit dir ginge?

Fritz. Nein, nein; halte du hier Wache; ich werde bald wieder da seyn.

Stern. Nur sachte... mir jetzt keinen dummen Streich.

Fritz. Sey unbesorgt — Ha! hier ist der Stuhl.

Stern. Vergiß nicht — das Losungswort ist Vorsicht.

Fritz. Ja — und auch Ausführung. Du weißt, das Schicksal hat einmal beschlossen, daß die liebe Familie getrennt werden soll: je eher wir also die Galerie räumen, desto besser.

(Tappt im Dunkeln. Die Thüre öffnet sich, und er geht in der Fräulein Zimmer.)

Stern. (allein.) Wie tölpelhaft benehme ich mich bey der Sache! Es ist das erstemal, daß ich mich in einen solchen Plan eingelassen habe, und nun bin ich überzeugt, kein Mensch denkt ans weglaufen, ohne verdammt furchtsam zu seyn.

(Peter singt draußen.)

Horch! was ist das? Ha, ein Licht! — Teufel! wie find² ich jetzt mein Zimmer wieder? — Es komt näher und immer näher — Es muß gewagt seyn. Drey Fälle sind möglich, keinen dummen Streich zu machen; und ich kann wohl sagen, meine unglücklichen Sterne, (oder vielmehr mein Mangel an allen Sternen) werden mich grade in des al-

ten Papa's Zimmer führen. — Ha! hier ist
ein Zimmer; ich muß hinein, es erfolge,
was da wolle.

(Er geht in dasselbe Zimmer, woraus er gekommen ist.)

Fünfter Auftritt.

Peter (berauscht; eine Blendlaterne in der Hand,
und singend.)

Endlich bin ich hier! — Da muß man sich
durch eine Menge krummer Gänge und Trep-
pen durcharbeiten, um in die alte baufällige
Galerie zu kommen, daß ich so schwindlich wie
eine Gans geworden bin. — Nun zu meinen
Herren — — der Teufel hohle meine Herren!
flieh, Peter! lauf davon! — Es geht nicht —
nein, schickt sich nicht für mich. Gebt mir
eine ehrbare, mäßige, stille Familie für mein
Geld.... aber all mein Geld ist fort — Ich
habe den alten Hausknecht im Gasthofe trak-
tiren müssen; sonst hätte er mir die Laterne
nicht gegeben, und ich hätte über die Palli-
saden purzeln können. Baron Nordheim —
ja recht! jetzt fällt mirs wieder ein — er hat
mir befohlen, hieher zu kommen, wenn es
dunkel wäre. — Hm! dunkel! — Bey
meiner Seele, die Herren bekümmern sich doch
um die Hälse ihrer Bedienten nicht im ge-
ringsten. — Aber still! still! — keinen Ser-

men! — Ich muß in das Zimmer gehen,
ihm zu sagen, daß die Postkutsche schon da
ist.... Laß sehen — es ist die vorletzte Thüre
an einem Ende der Galerie; aber der Teufel
hohle mich, wenn ich mich besinne, ob sie rechter
oder linker Hand ist. Halt! — (er dreht sich
herum und zählt die Thüren.) Eins — zwey —
drey... Verdammt! die Thüren tanzen ja herum! — So wahr ich lebe, ich werde nie
die rechte finden, wenn sie sichs in den Kopf
setzen, so untereinander herumzulaufen. —
Ha! jetzt fällt mir ein Mittel ein — (er ergreift
den Stuhl und zieht ihn hinter sich nach) — als
ich noch bey meiner alten Gräfin war, setzte
sie sich immer ganz ruhig auf dem Bal hin,
um ihre Gesellschaft zu finden. Da es nun
diesen Herren hier (zeigt auf die Thüren) gefällig
ist, einen Walzer zu tanzen; so kann ich nichts
besseres thun, als mich eben so ruhig, wie
die liebe Gräfin, in die Mitte setzen und warten, bis mein alter Bekannter näher komt.
(er rückt den Stuhl an die nächste Thüre, und setzt
sich nieder) Potz — tausend! wie fest alles
schläft — — Herr von Donnerhall vielleicht —
Aber was fang ich nun an? Soll ich mir den
Kopf entzwey schlagen lassen, wenn ich meinen Herren nicht rufe? — Oder soll ich mir
Arme und Beine brechen lassen, wenn ich unglücklicher Weise einen andern statt seiner rie-

se?... Nein, Peter ist klüger.... Da der
Fall so ist: will ich Niemanden rufen... nein!
bey meiner Seele! — Ich will wieder an die
Kutsche hinunter gehn, und da warten, bis
sie mich hohlen. — — So! — sachte! —
hübsch ordentlich! —

(geht taumelnd und singend ab.)

Sechster Auftritt.

Baron Stern öffnet nach einer Pause seine Thüre.

Es ist wieder alles ruhig. Ich kann nicht
begreifen, wer so lange mit einem Lichte in
der Galerie gewesen ist — das beste wäre,
ich gäbe Fritzen Nachricht von dem, was hier
vorgefallen ist, damit er auf seiner Hut seyn
kann, wenn wir allenfalls belauscht werden. —
Hier herum muß die Thüre seyn — (geht an
die Thüre, zu der Fritz hineingegangen ist) Ha!
kein Stuhl — Teufel! das ist Donnerhalls
Zimmer! da hätt' ich einen schönen Streich
gemacht! — (geht an die nächste Thüre.) O,
da ist die rechte. (er pocht leise an) Was für
eine Menge Zufälle hat dieser Kunstgriff verhütet! — Aber zum Henker! warum hält
er sich so lange auf? — (pocht wieder; Herr
von Donnerhall im Schlafrocke und der Nachtmütze
macht die Thüre auf.)

Donnerh.

Donnerh. Wer ist da?

Stern. St! ich bin's.

Donnerh. Ich?

Stern. Still! still! — Sapperment, du bist so unvorsichtig! folge mir. — Geschwind! geschwind! folge mir nur, und du sollst alles hören.

(geht in sein Zimmer zurück.)

Donnerh. Folge mir! — Verdammt will ich seyn, wenn ichs thue. — Kann keinen Schritt gehen, ohne Gefahr zu laufen, die Nase zu brechen. — Verflucht seltsam! — Ein Kerl im Dunkeln ohne Namen — ein Spitzbube vielleicht, der plündern will — Lieber Gott! das Ding hat mich in eine entsetzliche Angst versetzt.

Siebenter Auftritt.

Fritz von Nordheim komt mit einem Pack aus dem Zimmer der Mädchen.
Herr v. Donnerhall.

Fritz. St! St! — —

Donnerh. He!

Fritz. Ich bin's.

Donnerh. (bey Seite) So! da ist's andre Ich.

Fritz. Wo bift du denn? — Hier,
nimm den Pack. (gibt ihm denfelben) Ich glaube gar, du zitterft? — Frierft du?

Donnerh. (bey Seite) Lieber Himmel!
ein Dieb! — Er wird mir die Gurgel ab-
fchneiden, wenn ich fchreye.

Fritz. Pfui! fchäme dich! bey folch einer Kleinigkeit aus der Faffung zu kommen.

Donnerh. (bey Seite) Kleinigkeit! —
O, der Spitzbube!

Fritz. Aber wir werden eine ganze
Schiffsladung zu fchleppen haben. — Bleib
ftehen, wo du jetzt bift. Geh nicht von der
Stelle, bey deinem Leben! — ich werde den
Augenblick wieder da feyn. Wir find bald zu
Ende, ich verfichre dich.
(geht in das Zimmer der Mädchen zurück.)

Donnerh. Ich hoffe es. — Gott gebe
dir ein feyerliches, feliges Ende am Galgen.
Ums Himmelswillen! wie komme ich da weg! —
Der Hund hat mir da einen Pack aufgeladen,
fo dick wie ein Wechfelbalg. — — Man
wird mich wegen einer neuen Art von Dieb-
ftahl einftecken — in Ketten werfen, weil
ich in mein eignes Haus eingebrochen habe;
und hängen, weil ich mich felbft habe beftoh-
len helfen. — Ach, ich vermuthe, meine
liebe Frau ift unten eingefperrt; mit dem

alten Hausmeister Rücken an Rücken gebunden, oder mit den übrigen Weibsleuten ge-
knebelt und gemißhandelt... . Die arme, sanft-
müthige Seele! — Wenn ich nur einen Ausweg finden könnte. — (fühlt umher.)

Stern. (streft den Kopf zur Thüre heraus.)
Holla!

Donnerh. O, der Teufel! da ist in jedem Winkel einer — eine ganze Spitzbuben-
bande, die Verstecken spielt. (bey Seite.)

Stern. Komm, komm.... Laß die Possen jetzt! ich habe dir etwas zu sagen.

Donnerh. (bey Seite.) Der Kerl kennt
mich im Finstern nicht. Ich will ihn betrügen.

Stern. Nein, dieser Aufschub —

Donnerh. Husch!

Stern. Was giebt's? kommt jemand?

Donnerh. Ja — ja —

Stern. Wir sind verrathen. Hinein!
hinein! — (macht die Thüre zu.)

Achter Auftritt.

Hr. v. Donnerhall. Fritz v. Nordheim.

Donnerh. Wenn ich jetzt nur die Hin-
tertreppe hinunterschleichen könnte —
  (begegnet Fritzen, der herauskomt, und beyde
  laufen an einander.)

Sss 2

Fritz. Nun, mein lieber Stern, alles ist geschehen.

Donnerh. (bey Seite.) Sapperment; jetzt weis ich's — es sind die zwey Kaufleute!

Fritz. Alles ist eingepackt —

Donnerh. So!

Fritz. Unsre zwey Schönen sind zur Flucht gerüstet.

Donnerh. Meine Jette? —

Fritz. Ja, und meine Julie — — den Augenblick werden sie in unsern Armen seyn, Junge! und dann haben wir weiter nichts zu thun, als uns mit ihnen in die Kutsche zu setzen, und so schnell davon zu eilen, als Liebe, Geld und Pferde uns fortschaffen können. — Sagt' ich dir es nicht, alle deine Zweifel und Bedenklichkeiten wären Unsinn? aber du bist darin so eigensinnig; die Furcht hat sich deiner so bemeistert, daß — warum bist du nicht, wie ich — ganz Entzücken, ganz Leidenschaft?

Donnerh. (in sichtbarer Bewegung) Hm!

Fritz. Ja, nun ists recht; jetzt ist alles, wie es seyn sollte. Aber ich will gehen und die Mädchen heraushohlen. (geht; komt wieder zurück.) Ha! ha! ha! ich muß lachen, wenn ich daran denke, was für einen abscheu=

lichen Lermen der alte Donnerhall bald machen wird. Und dann sein fettes, rundes Weib, glucksend um das Haus, wie eine alte Henne, die ihre Jungen verloren hat — Und Er — hast du je in deinem Leben so einen langweiligen Kerl gesehen? — Aber ich will gehen und unsre Ladung herbeyführen.... Noch etwas — ist Peter nicht hier gewesen?

Donnerh. Nein.

Fritz. Ein nachläßiger Schurke! — aber ich denke, wir werden ihn am Thore bey der Kutsche finden. — Nun frisch an's Werk! — Laß uns jetzt unsre Fräulein aus den Klauen eines eigensinnigen Narren von einem Vater erretten. Ein rechter Tölpel! glaubt er könne die Mädchen verkuppeln, wie es ihm gefällt! — Nein, nein: wenn eine verbotene Frucht da ist, so kann der Mensch nicht ruhig seyn, als bis er sie gekostet hat — das ist ganz natürlich. (sucht die Thüre)

Donnerh. Leckerhafte Hunde! —
(zieht sich zurück.)

Neunter Auftritt.

Baron Stern (komt heraus) Fritz von Nordheim. Herr v. Donnerhall.
(hinten.)

Stern. Es rührt sich nichts: alles ist so ruhig — Fritz!

Fritz. Hier.

Stern. Seyd ihr fertig?

Fritz. Ja, ja; hab' ich dirs denn nicht gesagt? wir kommen.

Stern. Gut, gut. Peter ist nicht hier gewesen.

Fritz. Zum Teufel! ich weiß es: du hast mirs ja schon gesagt.

Stern. Ich? wann?

Fritz. Wann? den Augenblick; aber du bist so außer dir, daß du nicht weißt, was du plauderst. — Du hast doch den Pack besorgt, hoff' ich?

Stern. Pack? was für einen Pack?

Fritz. Den, welchen ich dir eben jetzt gab.

Stern. Eben jetzt! du hast mir wahrhaftig nichts gegeben. — Du selbst bist im Kopfe verwirrt.

Fritz. Ich sag dir, den Pack, den ich aus dem Zimmer brachte; den Pack —

Stern. Der Teufel hohle den Pack! Ich habe keinen gesehen.

Fritz. Das ist zum rasend werden! — wie magst du nur jetzt so verdammt eigensinnig seyn? Ich gab dir ihn selbst in die Hände, und du zittertest, als wenn du ein Fieber hättest.

Stern. Zittern! ich glaube, dein Gehirn hat das Fieber.

Swiß. Ich hätte geschworen, ich hätte ihn dir gegeben; aber wir müssen uns nun bey Kleinigkeiten nicht aufhalten — — Die Zeit ist kostbar —

(öffnet die Thüre, Henriette und Julie kommen heraus.)

Zehenter Auftritt.

Henriette. Julie. Fritz v. Nordheim. Baron Stern. Herr v. Donnerhall.

(hinten.)

Fritz. Hieher, hieher... Nun, Fräulein! wir erwarten Sie.

Julie. Es ist stockfinster.

Fritz. Fürchten Sie nichts.

Henr. Himmel! wie ich zittre!

Stern. Muth, meine Henriette! bald können wir jeder Gefahr Trotz bieten.

Fritz. Wohlgesprochen, Muth! — wohlgesprochen, Cäsar, bey meiner Seele! — Wenn Sie jetzt zurücktreten, Fräulein, so verderben Sie alles. — Ich stehe Ihnen dafür, ich bringe Sie glücklich durch.

Henr. Ich fürchte, ich werde es nicht aushalten — Der Schritt, den ich thue — die Verwirrung, die Angst meiner Seele —

Fritz. Vapeurs! Vapeurs, weil Sie im Dunkeln sind, mein Fräulein; sonst ists nichts, glauben Sie mir.

Henr. Und meine Mutter — wie sehr wird es sie kränken!

Stern. O, sprechen, sie nicht weiter davon.

Julie. Die Mama wird toben und schreyen, dafür bürge ich. Papa wird's oft genug hören müssen, daß er Sie in das Haus gebracht hat.

Donnerh. (hinten) Sey ruhig; ich weiß es.

Julie. Ja, das sieht ihm ähnlich auf ein Haar. O Jemine! ich werde immer und ewig den Weg nicht finden.

Fritz. Bleiben Sie! — Nehmen Sie meinen Arm. Kommen Sie, mein Fräulein — Stern — Arm in Arm alle vier, und dann: vorwärts Marsch!

Donnerh. (bey Seite.) Marsch, wartet, ich will Musterung unter euch halten —

(er schleicht hinten hervor und komt zwischen sie. Julie faßt ihres Vaters und Fritzens Arm; Henriette den Arm ihres Vaters und Sterns; alle Arm in Arm, und Herr von Donnerhall in der Mitte.)

Fritz. So! — Nun komt heran, ihr Zauberer und Carabossen! — Das muß ein listiger und verwegener Kerl seyn, der diese Kette zu trennen gedenkt.

(Sie gehen. Es wird stark gepocht und geklingelt.)

Stern. Horch! — Es ist jemand an dem Thore.

Henr. Himmel! man wird uns entdecken.

Julie. Ach! da ist ein Licht! — Hinweg! fort! ums Himmelswillen! — Es ist die Mama, so wahr ich lebe.

Donnerh. (laut) Nein, nein! — Bleib,
wo du bist... Frau! Frau, hieher! — Ein Licht
wird uns sehr nützlich seyn! — Frau, ein Licht!
ein Licht!

Eilfter Auftritt.

Die Vorigen. Frau von Donnerhall.
(mit einem Lichte)

Donnerh. Gehorsamer Diener, meine Herren und Damen! — Ey, sobald ausgeschlafen?
he?...

Fr. v. Donnerh. Um Gotteswillen! — Herr
v. Donnerhall! — Mädchen! — meine Herren! —

Stern. Höllische Verwirrung!

Fritz. Herr Baron! —

Donnerh. Ja, da sind wir — herumgesprun-
gen, wie ein Haufen Kaninchen; alle unsre Höhlen sind leer.

Fr. v. Donnerh. Aber so sag doch, was bedeutet denn das alles? — Ich begreife nicht...

Donnerh. Halt's Maul. — Was es bedeutet? — Verrätherey — uns zu betrügen — dunkle
Nacht — Strickleitern — Gartenthüre — davon-
laufen — das bedeutets. — Begreifst du's bald?

Fr. v. Donnerh. Wie? ist das der Dank —

Donnerh. Schweig. — Ja das ist der
Dank für meine offene, gastfreye, ehrliche Einladung — ich habe euch zu essen und zu trinken gegeben; ich habe auf eure ehrliche Gesichter euch
getraut; ich habe euch alles gegeben, nur Dankbarkeit nicht... Ihr sollt aber auch dafür büssen.

Fr. v. Donnerh. Und die, Herren kamen
also hieher mit einem fein ersonnenen Mährchen—

Donnerh. Fein ersonnen! — Der Teufel hohle mich, wenn sie nicht zum letzten-
mal damit betrogen haben. Und ihr! (zu
den Mädchen.) Du! (zu Henrietten) die ich
mit einem Edelmanne verheurathen wollte; zu
gehen und einen stiftsmäßigen Kavalier für einen
Krämer aufzugeben — für einen Krämer! —
für den Kerl da, der wie ein Meerkrebs vom
Salzwasser lebt; ein Bursche, der Pfeffer und
Gewürze auseinander sucht; der mit Fischthran
und Wallfischrippen aus Grönland, oder mit
Porzelántöpfchen aus China handelt, oder gar
auf Dorfjahrmärkten herumzieht —

Stern. Teufel! was ist das alles?

Fritz. Herr Baron, wenn Sie uns erlauben
wollen, zu —

Donnerh. Erlauben! Donnerwetter, ihr habt
die Erlaubniß genommen, ohne zu fragen —
wart á la mode françoise auf und davon gegangen, wenn ich nicht gewesen wäre; hättet meine Waaren im Dunkeln ausgeführt, und endlich
hätte euch ein schwarzer Spitzbube zusammen-
geschmiedet. — Eine schöne Verbindung, bey
meiner Seele! meine zwey reiche Röschen da
an ein paar arme erbärmliche Disteln gebunden.
Aber, Sapperment! ich will Genugthuung haben.

Fr. v. Donnerh. Ums Himmelswillen, mein
Lieber! — mäßige deinen Zorn ein wenig.

Donnerh. Schweig. Ich bin ein alter Edelmann; hab immer das Herz auf dem rechten
Fleck gehabt; ließ mich von meinesgleichen nicht
schief angucken, und soll mich nun mäßigen,

wenn ein paar Landstreicher, ein paar Lumpen=
hunde — (man hört kommen) He! was gibts?

Zwölfter Auftritt.
Herr von Nordheim. David.
Die Vorigen.

Hr. v. Nordh. (noch draussen) Komm, Da=
vid! — so spät es auch ist, der junge Herr kann
mir nicht mehr entwischen, glaub' ich — (kom=
men herein) Heda! die ganze Familie beysammen!

Fritz. Mein Vater! — jetzt haben wir unsre
Sache gut gemacht.

Hr. v. Nordh. Ich bitte um Vergebung we=
gen meiner Zudringlichkeit — Aber wenn Herr
von Donnerhall hier ist, und sieht, welche Ge=
legenheit —

Donnerh. Ich weiß es; sehe schon alles:
eine schöne Gelegenheit, wahrhaftig: und auch
Sie — (zu Herrn v. Nordheim.) sind ein Mitver=
schworner, he? — Ein alter Mann — pfui Teu=
fel! sich mit bösen Buben in schlechte Streiche
einzulassen — Pfui, schämen Sie sich!

Hr. v. Nordh. Wie?

David. Mein würdiger alter Herr will —

Donnerh. Halt's Maul — Ist er ein alter
Herr, ist er? dann denkt er mit meiner Frau
davon zu laufen, vermuthe ich.

Fr. v. Donnerh. Ich meine, es sollte ihm
doch etwas schwer werden, mich wegzutragen.

Hr. v. Nordh. Davon laufen? — Ich will
nicht davon laufen. Ich bin hieher gekommen,
ein paar junge Bursche —

Donnerh. So? da sind sie. Nehmen Sie
sie mit: ein so feines Pärchen, als irgend eins im
Lande — ein würdiges Gespann. Sie können sie
mit ganz Europa verheurathen, bey meiner Seele!

Hr. v. Nordh. Ha! ihr seyd ja zwey brave,
saubere Herren: nicht wahr? (zu Fritzen) Und
du, Taugenichts! wie kannst du es wagen, mir
nach deinen liederlichen Streichen noch ins Ge=
sicht zu sehen? — Nicht zufrieden, ungeheure
Schulden zu machen, spielst du Hund, deinem
Vater noch den verwegenen Streich, daß er we=
gen deinen Verschwendungen arretirt wird.

David. Ja, und ich obendrein.

Fritz. Mein Vater! wie soll ich das verstehn?—

Hr. v. Nordh. Der Schurke (Wolf und
Komp. heißt er, glaub' ich) versteht es recht
gut. Da drüben in dem Neste haben sie mich
und den armen David vor einer Stunde Statt
deiner in Verwahrung genommen; weil du über=
all im ganzen Lande Lumpenhändel gemacht hast.
Hätte der Wirth nicht für mich gut gesagt: so
hätte ich nicht einmal das Vergnügen haben
können, mein frommes Söhnchen hier aufzu=
suchen.

Fritz. Mein Vater!....

Hr. v. Nordh. Schweig, Schlingel!.. siehst
du David! das ist der liebe Junge, denn du im=
mer vertheidigtest.... sprich noch ferner für ihn,
wenn du kannst... Aber der Schurke soll mich
nicht mehr ärgern! — Du hast deinen Vater
lange genug zum Narren gehabt, Bube! — doch
du selbst hast mich klüger gemacht. Geh jetzt zu
deinen lüftigen Gesellen; treibe was du willst;
ich will mich nicht wieder krank ärgern. Du bist
ein Taugenichts; ein-....

Donnerh. He! seyn Sie ruhig — Wenn Sie sein Vater sind, so sind Sie verdammt unsanft. — Sapperment! Sie haben mir ärger mitgespielt, als die Bursche da. — Hohle Sie der Teufel, Herr!... lassen sich für ihren Sohn einsperren, damit er und sein werther Freund Zeit gewinnen, mit meinen Töchtern davonzulaufen.

Hr. v. Nordh. Ich! — ich habe schon lange die Hand von ihm abgezogen, das versichre ich Sie.

Donnerh. Ein saubrer Herr — der Herr Sohn! — wenn ich nicht gewesen wäre, hätte er — —

Hr. v. Nordh. Wie? was hat er gethan? —

Donnerh. Nur ruhig — Ich bin der beleidigte Theil: lassen Sie mich sprechen.

Fr. v. Donnerh. Nein, Herr von Donnerhall! ich will — —

Stern. Um der Verwirrung ein Ende zu machen, will ich reden.

Fritz. (bey Seite.) Zum Henker! was kann der Zweifler nach allem dem noch sagen?

Stern. Sie, Herr Baron! sind am meisten zu tadeln.

Fritz. (bey Seite) Wo soll das hinaus? —

Donnerh. He! — Der junge Herr will sich, glaub' ich, gar noch lustig über mich machen.

Stern. Verzeihen Sie! — — Ihre unvorsichtige Güte gegen Fremde hätte noch schlimmere Folgen haben können. Ich sehe, Sie schlossen vom Hörensagen auf unsern Stand — hielten uns für Kaufleute; und wir dachten nie daran, diesen Stand zu ergreifen.

Donnerh. Verdammter Paul! — da hat
er mich wieder einmal belogen.

Stern. Freylich scheint die Art, mit der
wir ihre Gunst suchten, etwas zweydeutig...

Donnerh. Zweydeutig — Herr! ist das alles,
was hier vorgieng, zweydeutig?

Stern. Und doch, Herr Baron, können Sie
sich glücklich schätzen, daß Sie anstatt unwürdi-
ger Betrüger in uns Edelleute finden. Unser
Betragen ist nicht so sträflich, als Sie wohl denken. Ein Zufall, grade wie ihre gegenwärtige
Einladung, führte uns im Bade ihren Fräulein
Töchtern in den Weg; und unsre immer noch
feurige Liebe — (ich glaube, ich kann für meinen Freund bürgen) mag beweisen, daß unsre
Beweggründe nicht von schmutzigem Eigennutze
begleitet werden: und zum fernern Beweise davon, entsagen wir feyerlich allen Absichten auf
das Vermögen ihrer liebenswürdigen Töchter —
Geben Sie uns nur die Fräulein zu Gattinnen,
Herr Baron, und wir werden glücklich seyn.

Donnerh. Sapperment! das ist doch etwas edel.

H. v. Nordh. Wahrlich, ich fange an zu
glauben, daß Fritz doch kein so böser Bube ist,
als ich dachte. — He, David?

David. Ich bin ganz ihrer Meinung, gnädiger Herr.

Fr. v. Donnerh. Und was hat denn der
andre Herr für sich zu sagen?

Julie. Gewiß, liebe Mama — auch wir
sind nicht so sehr zu tadeln.

Fritz. Die Liebe, gnädige Frau! die all-
mächtige Liebe muß mich entschuldigen; eine

Leidenschaft, die einst gewiß auch in ihrem zärtlichen, und empfänglichen Busen Eingang gefunden hat.

Fr. v. Donnerh. Wahrhaftig, der junge Mann vertheidigt sich so gut, daß —

Fritz. Wenn Sie, gnädige Frau, und mein Vater das Vergangene vergessen könnten, und sich mit mir vereinigen wollten, Herrn von Donnerhall zu bitten, mich mit Fräulein Julie zu verbinden — so würde mein künftiges Betragen, hoffe ich —

Hr. v. Nordh. Hm! — freylich, Herr Baron, da die Sachen so sind — Die Familie der Nordheime muß Ihnen bekannt seyn — ich habe wichtige Connexionen — mein Vermögen ist ansehnlich —

David. 15000 Thaler jährliches Einkommen — Ich habe fünf Jahre die Rechnungen geführt, und muß es also wohl wissen.

Hr. v. Nordh. Und Herr Baron von Stern, der Freund meines Sohnes — ich bin glücklich, Ihnen das sagen zu können — ist in eben so guten Umständen.

Donnerh. Ist er? — Ja, da sich's so verhält — und Baron Eiskron leicht etwas Anstößiges bey dem Dinge finden könnte — das ihm nicht ganz gefiele: so denke ich, um uns mit Ehren aus dem Handel zu ziehen — dem verdammten Landgeschwäke, den schnatternden Mädchen, verleumderischen alten Jungfern und all dem Geschmeiße zuvorzukommen so denke ich, wir machen es, so gut wir können — He, Frau?

Fr. v. Donnerh. Wie du denkst, mein Lieber — Nun, Jettchen?

Henr. O, meine Mutter! wir find nun durch Pflicht und Neigung verbunden, ihren Befehlen zu gehorchen.

Julie. Ja, Mama! wir find beyde verbunden.

Donnerh. Wohlan denn! da — da — neh= me jeder die Seinige — und spart die Worte.

Fritz. Und nun, Julie, bin ich für ewig ihr Gefangener.

Hr. v. Nordh. Denk' an Wolf und Komp. — dort würdeft du nicht so gern ein Gefangener ge- wesen seyn.

Donnerh. Was? ein Wucherer! Ich kenne den Wolf — Beym Teufel, den wollen wir —

Hr. v. Nordh. O, laffen Sie das! — diese junge Herren find durch ihre Streiche uns auf Gnad' und Ungnade übergeben worden — mit diesen wollen wir nun sprechen. Bursche, de- ren Geschäft es ift, den Leichtsinnigen zu plün= dern, den Dürftigen auszusaugen, und vom Unglücke der Menschen zu leben, verdienen unsre Aufmerksamkeit nicht, selbft wenn sie unglücklich find. Beschäftigen wir uns nur mit unfren Kindern.

Donnerh. Recht so — ich weiß es — Alles ift jetzt wieder im Geleise. — Fort also mit ver- drüßlichen Gedanken — Seht, Kinder! Mittel und Wege find verschieden; aber der grade Weg führt doch am ehesten zum Ziele — Nun laßt uns heute noch luftig seyn — Nichts ift herrlicher, als bey Nacht eine Reihe froher Gesichter am Tische zu sehen.

(alle gehen ab.)

Beytrag

zur Lebensbeschreibung Otto des Erlauchten Pfalzgrafen bey Rhein,
Herzogs in Baiern.

Aus einer lat. N. des H. v. N. gezogen.

Oft ist die Nachwelt ungerecht gegen Fürsten, die ihr Leben dem Wohl ihrer
Völker widmeten; deren Thaten jede das Gepräge von Menschenliebe trug, und deren einziger Zweck Völkerheil war. Man vergißt sie
fast; sogar ihre eigenen Nachkömmlinge; die
Kinder ihrer Unterthanen kennen kaum mehr
ihre Namen. Der Ruf von der Größe des
erhabenen Otto verbreitete sich durch ganz
Europa. Er war seines Volkes Vater;
Held, dessen Rechte zu vertheidigen. Noch
nennet man Heinrich von Meissen, und den
Sächsischen Otto; die Nachwelt gibt ihnen
noch den Namen: die Erlauchten; und
diesen Otto vergaß sie fast, ihn, dem seine Zeitgenossen eben diesen edeln Namen
beylegten?

X tt

Otto ward im Jahre 1206 geboren. Seine Eltern waren Ludwig, Herzog von Baiern, und Ludomilla von Böhmen, die hinterlassene Wittwe des Grafen Albert von Bogen. Nebst körperlicher Schönheit hatte Otto einen hohen Geist; er war gütig, treu, und fromm. In dem achten Jahre seines Alters ward er mit Agnesen, der Tochter des Pfalzgrafen und Herzogs Heinrich von Sachsen verlobt, und vermählte sich wirklich mit ihr 1225, da er neunzehen Jahre alt war. Durch diese Heurath wurden die beyden Häuser aufs engste miteinander verbunden, und alle Pfälzische Besitzungen gegen jeden Eingrif gesichert.

Drey Jahre nachher, nämlich 1228, ward Otto auf dem Landtage zu Straubingen, den auch König Heinrich mit vier Herzogen und zehen Bischöffen besuchte, nach der Gewohnheit jener Zeiten nach Pfingsttage zum Ritter geschlagen.

Der Herzog Ludwig ertheilte noch in demselben Jahre seinem Sohne die Pfalz am Rheine, die er alsdann eigenmächtig beherrschte. Ludwig lebte noch drey Jahre, und ward 1231 mitten unter seinen Hofleuten zu Kelham von einem Meuchelmörder erstochen. Kai-

fer Friedrich beſtättigte nach dieſer ſchreckli-
chen Begebenheit Otto'n in der Würde eines
Kurfürſten und Herzogs.

Derſelbe Tag, der Ludwigen den Tod
brachte, war doch für die Baiern, die durch
Hungersnoth faſt aufgerieben waren, in
gewiſſer Rückſicht ein glücklicher Tag; denn
Otto öffnete alle Kornböden der Provinz, und
gab ſeinen ſchmachtenden Unterthanen das Leben wieder. Ein gleichzeitiger, ungenann-
ter Schriftſteller erzählt dieß mit falgenden
Worten.

„ Hoc anno, do ward Herzog Ludwig
„ von Bairn ain Cron, und ain Troſt alles
„ Lands, auch der beſten Fürſten ainer, der
„ dazumal lebet, erſchlagen zu Kellhaim
„ aines Abends von aim Stockher, das ſtif-
„ tet Kayſer Heinrich, als er das Selber
„ hernach bekannt, derſelb Ludwig blieb
„ lang unbeſungen, doch zuletzt beſang man
„ ihn mit faſt groſſen Ehren. Deſſelben Tags
„ thet ſein Sohn Herzog Otto alle Cäſten
„ mit Traidt auf, denn es war ain groſſe
„ Theure deſſelben Iars, daſs ain Schäffl

„ Korn galt fünf Pfund Pfenning. ” So
zeigte er sich schon als Vater, noch ehe ihn
sein Volk als Fürst und Herzog begrüßte.

Otto's erste Sorge bey dem Antritte der
Regierung war das Wohl seiner Staaten,
er untersuchte derselben Zustand, und machte
sich es zur Pflicht, sie auf die höchste Stufe
des Wohlstands zu bringen.

Um desto sicherer diesen erhabenen End-
zweck zu erreichen, schrieb er einen feyerlichen
Landtag nach Regensburg aus. Die Bischöffe und die Stände rüsteten sich schon zur
Abreise, als plötzlich König Heinrich den Bürgern der Stadt durch ein Edikt verbot, zuzugeben, daß der Landtag innerhalb ihrer Mauern gehalten werde; und er selbst verwehrte
Otto'n mit sechstausend Bewaffneten den Eingang. Er rechtfertigte dieses Verfahren dadurch, daß er vorschützte, die Stadt Regensburg wäre schon im Jahre 1182, durch das
Ansehen des K. Friedrich des Rothbarts der
Oberherrschaft Otto's von Wittelsbach ent-
rissen, und in diesem Jahrhunderte zu einer
freyen Reichsstadt erklärt worden. Heinrichs
Haß nicht noch mehr anzufachen, bestimmte
Otto Landshut zum Versammlungsorte. Indessen konnte er nicht verhindern, daß nicht

mehrere seiner Unterthanen wären erschlagen
worden, da Niemand Heinrichs nngestümmen
Einfall in Baiern vermuthet hatte. Noch
schrecklicher würden die Folgen gewesen seyn,
wenn nicht Otto, welcher in dieser Lage eher
mit Klugheit, als mit Waffen handeln zu
müssen glaubte, gelobt hätte, alles zu thun,
was man fodern würde, um den aufgebrach=
ten König zu besänftigen, und den Frieden
wieder zurückzuführen. Er bot sogar seinen
vierjährigen Sohn als Geisel an, und hoffet
sicher, diese Streitigkeit, derer Ausgang für
ihn so rühmlich war, würde bald beygelegt
seyn. Auch betrog er sich nicht in seiner
Meinung. Kaiser Friedrich schickte Gesandte
aus Italien, und befahl seinem Sohne die
Waffen niederzulegen, und Regensburg zu
verlassen. So ward Otto in sein altes Recht
wieder eingesezt, und hielt noch in demselben
Jahre einen feyerlichen Landtag in Regens=
burg, dem alle Bischöffe Baierns mit ihrem
Erzbischoffe von Salzburg beywohnten.

Baiern genoß nicht lange des sanften
Friedens; Friedrich der Kriegerische, Herzog
von Oesterreich störte die Ruhe, die Otto sei=
nen Baiern erst verschaft hatte: Friedrich
befestigte Schardingen mit einer Burg nicht
sowohl, um seine Länder zu vertheidigen, als

Ttt 3

das baierische Gebiet zu verheeren. Murin=
ger, ein bekannter Räuber, war der Befehls=
haber, und die Burg der Sammelplaz der
verworfensten Menschen. Diese durchstreif=
ten die Landschaft am Innflusse; machten
die Heerstraßen unsicher; plünderten Kirchen
und Klöster; raubten und mordeten weit umher.
Die Stimme des Jammers war Aufruf für
Otto'n, die verhöhnte Religion, und seine er=
mordeten und elend gemachten Unterthanen zu
rächen. Er fiel in Oesterreich ein, verwüstete die
Grenzen, verbrannte das Kloster Lambach,
stürmte und eroberte das Kloster Varnbach, wel=
ches damals eine Räuberhöhle war, verdammte
funfzig Mörder zum Stricke und Schwerte;
gab den Mönchen das Gotteshauß und seinen
Unterthanen die Ruhe wieder. Baiern freuete
sich des neuen Friedens; die Benachbarten
der wiederhergestellten Sicherheit, und alle
bewunderten den Sieger Otto.

Baiern war nun durch seines Fürsten
Tapferkeit gegen Räubereyen gesichert; die
Feinde waren weit von der Grenze gewichen, als
sich schon wieder eine neue Gelegenheit darbot,
wo Otto seine Treue und Standhaftigkeit zei=
gen konnte. Heinrich war heimlich mit den
Longobarden einverstanden, und, hingerissen
von den bösen Rathschlägen der Fürsten, ver=

schwor er sich zu Bopart gegen seinen Vater,
den Kaiser Friederich. Er wandte Drohungen, Versprechungen, Bitten und Geschenke
an, mehrere Fürsten zum Abfalle zu bewegen,
und auf seine Seite zu bringen. Die aber,
welche ihrem Eide treu blieben, ließ er auf
alle Weise seine Rache fühlen. Man kann
daher mit Grunde vermuthen, daß auch Otto
wegen seiner festen Treue Heinrichs Zorn sich
zugezogen habe. Der Markgraf von Baden,
der diesen Unfug nicht länger ansehen wollte,
reißte nach Sicilien zum Kaiser, und entdeck-
te ihm die verrätherischen Plane seines Sohnes. Der Kaiser verließ alsbald Apulien und
kam nach Aquileja; von da reißte er durch
Oesterreich in das jenseitige Deutschland, und
fand seinen Sohn, entblößt von Waffen, und
verlassen von den Fürsten, welche die unerwartete Ankunft des Kaisers in die äusserste
Bestürzung versetzt hatte. Hermann von Salza,
der Deutschmeister, ward abgeschickt, Heinrichen Verzeihung anzubieten, wenn er dem
vatermörderischen Bund abschwören, und alle
die Burgen übergeben würde; mit derer Hilfe
er seinen Hochverrath hatte ausführen wollen.
Heinrich willigte in alles, und flehte überdieß zu Worms um Gnade zu seinem Vater.
Allein sein böses Herz war nicht geändert;
er verzögerte die Sache durch mancherley

Ausflüchte, zauderte mit der Uebergabe der Burgen, und wollte sogar seinen Vater vergiften. Der Kaiser ließ ihn, gleich jedem Verbrecher, mit Ketten beladen, und übergab ihn Otto'n, um ihn in Heidelberg gefänglich zu bewahren. Die Sache ward auf dem Reichstage zu Mainz vorgenommen, und Heinrich nach Apulien gebracht, wo er entweder von den Schrecknissen des Kerkers und von dem Grame aufgerieben, oder (wie viele vermuthen) auf Befehl seines Vaters getödtet ward.

Als nachher Kaiser Friedrich mit dem Pabste Streitigkeiten hatte; ward Otto, wie wohl ohne seine Schuld, mit dem Bischoffe Konrad von Freysingen in Zwistigkeiten verwickelt: doch diesmal war Baiern glücklicher, man stritt mit den Waffen der Gesetze und der Vernunft, und kein Blut floß bey dem Vertheidigen der beyderseitigen Rechte. Wenn man den Vermuthungen glauben darf, so war Gerold, der vor Konraden den Bischoffsstuhl besessen hatte, ein verschwenderischer Mensch, die Ursache dieser Händel. Gerold hatte durch Verschwendung und aus Unwissenheit die Kirchengüter zerrüttet, daß endlich der Herzog von Baiern zum Schutzherrn von Freysingen ernannt ward. Konrad foderte

nachher, Otto sollte der Stadt ihre vorige
Freyheit wiedergeben; ja er gieng soweit, daß
er den frommen Otto mit dem Bannfluche belegte, und ihn zwang, bey dem Pabste Gregor Schutz gegen dieses ungerechte Verfahren
zu suchen. Der Pabst ließ die Sache von
dem Prior der Dominikaner in Freysingen untersuchen, und sprach Otto'n frey. Der Bi-
schoff ward dadurch so aufgebracht, daß er
an den Kaiser appellirte, und dem Pabste alles Recht in Deutschland absprach. Es fehlte wenig, daß nicht Konrad das Opfer seiner
unzeitigen Wuth geworden wäre.

Wegen der Geldsteuer, welche die frey-
singischen Domherren dem Herzoge von
Baiern gleichsam als einen Tribut bezahlten,
entstanden noch andere, obgleich nicht so heftige Zwistigkeiten. Otto that hierauf in einer
Urkunde zu Landshut im Jahr 1235 Verzicht, befreyte sie von dieser Auflage, und
behielt sich nur die oberste Verwaltung vor.

Alle diese Unruhen wurden endlich im
Jahre 1240 gütlich beygelegt. Otto gieng
jede Bedingung ein, und verwilligte überdieß
noch dem Bischoffe das Wahlrecht. Die Kai-
serlichen fällten, ohne Rücksicht auf Recht und
Billigkeit, ein Urtheil zu Gunsten des Bi-

Ttt 5

ſchoffes, und verdammten den unſchuldigen
Herzog zu einer groſſen Geldſtrafe. Alle Red=
liche mißbilligten dieſe Ungerechtigkeit; allein
Otto fügte, aus Liebe zum Frieden ſich darnach,
und wollte ſogar das Andenken dieſes Streites
vertilgen. Er warf alle die anzüglichen Schrif=
ten, die bisher waren gewechſelt worden, in
das Feuer, und nichts kam davon auf die Nach=
welt, als der Ruhm von der Mäßigung Otto's;
den die Flammen nicht vertilgen konnten.

In Baiern herrſchte nun der Frieden
wieder, als ein Wetter in der Ferne aufzog,
und auch über Baiern, wie über andere deut=
ſche Provinzen ausbrach. Pabſt Gregor der
IX., der mit dem Kaiſer Friedrich II. ſchon
lange in Streitigkeiten war, ließ 1239 öffent=
lich gegen denſelben den Bann verkündigen,
und ſprach die Unterthanen von ihrem geleiſte=
ten Eide los. Päbſtliche Nuntien wurden in
ganz Deutſchland geſchickt, dieſes Urtheil be=
kannt zu machen. Der Bannfluch ward von den
Kanzeln herabgedonnert, an die Thüren der
Kirchen angeſchlagen; man ſuchte die Leute
mit Glimpf zum Abfalle vom Kaiſer zu über=
reden; man brauchte Drohungen; die wider=
ſetzlichen zwang man mit Kirchenſtrafen.

Dieſes alles würde auf Baiern keinen
Einfluß gehabt haben; wenn nicht unglückli=

cher weise Albert von Böhmen, Erzdiakon
von Passau, der stürmische Herold des päbstli-
chen Fluches gewesen wäre, ein Mann mit
einem kleinen Geiste, aber mit vielem Stolze. Er betrat Baiern; und bey seinem Ein-
tritte wich die bisherige Ruhe. Er zeigte
Otto'n an, was sein Auftrag wäre, und foderte Hilfe und Unterstützung.

Otto, eingedenk der Ermordung seines
Vaters, war leicht dahin zu bringen, dem
Legaten bey dem Verkünden des Bannes Hilfe und Schutz zu gewähren. Er reißte sogar
in Eile zum Könige von Böhmen, der im
Begriffe war, mit Friderichen ein Bündniß
gegen den Pabst zu schließen, und suchte ihn
davon abwendig zu machen. Allein Bitten, Er-
mahnungen, Drohungen waren vergeblich.
Da Otto sah, daß er nichts ausrichten konnte, suchte er das Geschäft, welches er nicht
gänzlich abwenden konnte, bis auf eine beque-
mere Zeit aufzuschieben, daß Albert Zeit ge-
winne, dem Pabste zu berichten, in welcher Gefahr seine Gerechtsame in Deutschland schweb-
ten. Otto erreichte seinen Zweck. Die fer-
neren Urkunden des Bündnisses wurden
nicht ausgefertiget, und in Erwartung eines
Reichstages, wozu Otto dem Könige von
Böhmen Hoffnung gemacht hatte, verzögerte
dieser die Vollführung seines Entschlusses.

Albert unterdeſſen, der durch die Wich= tigkeit ſeiner Sendung immer ſtolzer und über= müthiger ward, exkommunizirte bald dieſen, bald jenen Biſchoff, der ihm nicht willig ge= horchte, verurſachte überall Verwirrung, und gab durch ein auffallendes Beyſpiel, wie weit die Unbeſonnenheit der Legaten zuweilen gieng. Aber niemand wollte den ausgeſprochenen Bannfluch gegen den erſten Fürſten der Chri= ſtenheit verkünden. Die Erinnerung an die vorigen Zeiten ſchreckte ſie, wo niemals ein Fürſt war exkommunizirt worden, daß nicht auch zugleich der öffentliche Friede geſtört, und ganze Reiche durch das Feuer des Krie= ges wären verheert worden. Daher waren faſt alle Prälaten der deutſchen Kirche auf der Seite des Kaiſers. Der Erzbiſchoff von Salz= burg trat ſogar die ihm aufgedrungene Ex= kommunikationsbulle mit Füſſen; der Biſchoff von Paſſau ſchlug den Boten, der ihm die Bulle überbrachte, mit der Fauſt, und ließ ihn in Ketten werfen; die Biſchöffe von Regensburg, Augsburg, Würzburg und Eichſtätt trotzten dem Bannſtrale.

Albert belegte ganz Baiern und die be= nachbarten Kirchſprengel mit einem Interdikte. Otto, der von der Kirche ſich nicht trennen wollte, ſah dieſen Verwirrungen in Sicherheit zu, und ward allein mit dem Banne verſchont.

Der Kaiser schrieb an Otto'n, und be-
schwerte sich heftig, daß er zugebe, daß Albert in Baierns Klöstern, Städten und Flecken seinen Namen so sehr schände. Er hielt
ihm die Wohlthaten vor, die er ihm erzeigt
hatte, und ermahnte ihn, zu bedenken, wem er
die Würde und den hohen Rang zu verdanken
habe, den er nun unter Deutschlands Fürsten
behauptete. Der Kaiser hofte, bey einer Pri-
vatzusammenkunft das zu erhalten, was sein
Schreiben bey Otto'n vielleicht nicht bewirke.
Er bat den Herzog, beschwor ihn freundschaft-
lich, sich in dieser Streitsache von dem Reiche
nicht zu trennen; er stellte ihm die Gefahren
und die Uebel vor, die er sich sonst zuziehen
würde. Otto wandte sich in dieser Verlegenheit an den Pabst, eröffnete ihm alles, zeigte
ihm die Gefahren, das Unglück, welches entstehen würde, und verlangte von demselben
guten Rath. Aber Gregor wuste sich selbst
nicht zu rathen, und konnte Otto'n also auch
keinen Rath ertheilen.

Otto wankte; aber Albert suchte ihn
durch Träume, Erscheinungen, und alle mög-
liche Mittel zu gewinnen; und drohte ihm
sogar mit dem Verluste der Kurwürde. An
des entsezten Friedrichs Stelle (so sprach
Albert) müßte ein anderer Kaiser gewählt wer-

den; Otto möchte sich vorsehen, daß er der
Stimme und der erhabenen Würde eines Kurfürsten nicht beraubt werde; denn leicht könnte
der Pabst seine Geschenke zurückfodern, wenn
er sähe, daß solche übel angewendet wären;
der Pabst könnte die deutsche Krone denen
wieder geben, die sie ehrmals getragen hätten u. d. m. Otto ward durch diese Drohungen weniger bewegt, als Albert vermu-
thete: er bekannte öffentlich: Er wollte gern
mit dem Verluste seiner Würden den allgemeinen Frieden erkaufen, wenn er nur wüßte, daß
dadurch die Ruhe wiederhergestellt würde. *)

---

*) Aventinus erzählet uns dieses mit folgenden
Worten: Cum Dominum meum ducem magno Con-
silio super statu Ss. romanae Ecclesiae convenissem,
et inter coetera inculcarem sibi soli, quod hac vice
jus electionis ipse et sui Coelectores amisissent ek
eo, quod intra tempus legitimum jus suum non
fuissent prosecuti, alium videlicet Regem eli-
gendo, et quod Ecclesia romana, quae advocato
Ecclesiae diu carere non potest, maxime cum ab
haereticis impugnetur, sibi providere poterit de
persona alius Gallici vel Lombardi, aut alterius in
Regem vel Patritium aut etiam Advocatum, Teu-
tonicis inconsultis, et per hoc posset imperium si-
cut prius ad exteras nationes pervenire, Dominus Dux leniter respondit: *O utinam Dominus no-
ster Pupa hoc ipsum jam fecisset; propter hoc enim
vellem utrique voci renuntiare videlicet Palatii et Du-
catûs, et dare super hoc Ecclesiae pro me et haeredibus
publicum instrumentum.*

Indeſſen wuchs des Kaiſers Parthey, ſie ward von Tag zu Tage mächtiger, und Baiern drohten ſchon alle Schreckniſſe des Krieges, Otto, beſtürmt mit Bitten von den Biſchöffen und der Geiſtlichkeit, verließ Alberten, und trat auf des Kaiſers Seite. Albert wütbete, und uneingedenk der Wohlthaten, die Otto ihm erwieſen hatte, klagte er ihn bey dem Pabſte an. Allein die Strafe des Undanks verfolgte ihn, verlaſſen von Otto'n floh er zum Grafen Konrad von Waſſerburg, und bald zwang ihn die Noth von Freunden ſeinen Unterhalt zu erbetteln.

Auch die Abtey Lorſch war die Veranlaſſung zu einem blutigen Kriege. Trithemius ſagt, Kaiſer Friedrich II. habe dieſe Herrſchaft mit allen Würden, Vaſallen, Städten, Burgen, Dörfern, Rechten und Einkünften, in derer Beſitze der Abt immer war, dem Kloſter abgenommen, und ſolche dem Erzbiſchoffe Siegfried und der Kirche zu Mainz auf ewig geſchenkt, und ihr Werth habe über 100000 Gulden betragen. Gregor IX. hätte dieſe Schankung beſtättiget, unter der Bedingung, daß die Benediktiner aus dem Kloſter vertrieben, und ſolches den Ciſterzienſern eingeräumet würde; welches auch geſchah.

Otto aber glaubte, Lorſch gehörte zu der Pfalz am Rheiney und lud Sigfriden vor Ge-

richt. Allein dieser ergriff die Waffen, zc
aus gegen Otto'n, und belagerte das Städ
chen Walhausen.

Albert, der damals als päbstlicher Lege
in Baiern sich aufhielt, bestimmte Sigfride
Heidelberg, um dort seine Rechte zu verthe
digen. Als dieser aber den 12. März 124
nicht erschien, entsetzte er ihn seiner Würde
that ihn zu Brünn in der Olmützer Diöce
Den 27. May in den Bann, der von der
Abte Meinward von Mallersdorf verkündig
wurde. Der Streit ward nachher beygelegt
indem das Kloster im Jahr 1246 den Prä
monstratensern eingeräumt wurde, die von
Berge Allerheiligen in den Strasburger Kirch
sprengel, waren berufen worden.

Herrmann von Baden, ein Sohn vor
Irmengarden, einer Schwester Agnesens
der Gemahlin Ottos, verlobte sich durch Ot
to's Unterstützung mit Gertruden, der Toch
ter Heinrichs, eines Bruders von Friedric
von Oesterreich. Otto verschafte ihm das Her
zogthum Oesterreich, welches Gertrude als
Morgengabe mitbrachte.

Im Jahre 1249 ward Friedrich, de
Kriegerische, der letzte Zweig des Babenburg
schen

schen Stammes, von seinen Bedienten ermordet; eben an dem Tage, als er zweymal
über seine Feinde, die Ungarn, gesiegt hatte.
Hermann von Baden nahm, unterstützt von
Otto'n, ohne Hindernisse Besitz von Oesterreich und Steyermark. Hermann starb nach
einigen Jahren, und sein Sohn Friederich
hätte ihm nach allen Rechten folgen sollen;
allein man achtete nicht auf ihn, obschon seine
Mutter und Otto alles für den noch minder-
jährigen Prinzen thaten Unter allerley Vor-
wand fielen die Ungarn, Böhmen und Kärnt-
ner in Oesterreich ein. Die Stände Oester-
reichs waren getheilt; diese Parthey verlangte den Markgrafen Heinrich von Meißen
zum Herzoge, die andere Heinrichen, den
Sohn Otto's. Es kam eine feyerliche Ge-
sandtschaft zu ihm, und bot ihm die Herzog-
liche Würde an. Allein der vorsichtige Otto
wollte vorher die Gesinnungen Bela's, des
Königes von Ungarn, erforschen, dessen Tochter, Elisabeth, Heinrichs Gemahlin war.
Aber Bela war sich geneigter, als seinem
Schwiegersohne, und griff sogleich zu den
Waffen, um dieses schöne Herzogthum mit
seinem Reiche zu vereinigen.
Indessen hatte sich Primislaus, der
Sohn des Königes von Böhmen, mit der äl-
tern Schwester des verstorbenen Friedrich,

U u u

der Wittwe jenes unglücklichen römischen Königes Heinrich, vermählt, die schon ziemlich alt war, und wollte sich bald hernach wieder von ihr scheiden lassen. Die Dame gefiel ihm nicht, wohl aber ihre Mitgabe. Primislaus, sich stützend auf das Erbrecht seiner Gemahlin, fiel in Oesterreich ein, und das Volk war auf seiner Seite. Alles ergriff die Waffen, und es entstand ein blutiger Krieg zwischen den Königen von Ungarn und Böhmen.

Otto, um nicht ganz unthätig zu seyn, befahl seinem Sohne Heinrich, ehe er ihm mit seinem Bruder Ludwig zu Altenötting das Schwert umgürtete, seinem Schwiegervater beyzustehen. Endlich ward zwischen den streitenden Partheyen Friede; Primislaus erhielt Oesterreich, und Bela Steyermark. Die Baiern erhielten nichts bey diesem Friedensschlusse, als daß das Gebiet an den Ufern des Ensflusses, welches durch uraltes Recht zu Baiern gehörte, von Friedrich dem Rothbarte aber im Jahr 1180 davon war abgerissen worden, wieder damit vereinigt wurde, welches Ludwig, Otto's Sohn, nachher in Besitz nahm.

Otto stellte sich den gegenwärtigen Uebeln, die seinen Staaten drohten, mit standhaftem Muthe entgegen, und wendete sie mit grosser Klugheit ab, oder sorgte väterlich, die Wun=

den zu heilen, welche seinen Unterthanen versetzt worden waren. Auch den künftigen
Uebeln suchte Otto vorzubeugen. Den Feind,
der in das Land gedrungen ist, zwingen, daß
er es wieder verlasse, ist tapfer; aber ihn ausser
Stand setzen, einen Staat auch nur anzugrei-
fen, ist weise.

Otto wußte, wie sehr ein Land durch Fe-
stungen und Burgen geschützt würde, und
sparte daher weder Mühe noch Kosten, solche
Schutzmauern in seinen Ländern zu erbauen.
Das schon von der Natur befestigte Schloß
Trosberg ließ er noch in einen bessern Ver-
theidigungsstand setzen, und erbaute nahe dabey eine Stadt. Um dieselbe Zeit ward auch
Dingelfingen erbaut.

Das Glück vergrösserte Otto's Macht,
ohne daß er nach dem blendendem Ruhme eines Eroberers getrachtet hätte. Das Jahr
1240, welches vielen Baierischen Familien
das Verderben brachte, war das glücklichste
für Otto'n. Die Stämme der Phalajenser,
Wasserburger, Gruenbacher, und Liebenauer
erloschen, und ihre Güter und Besitzungen
fielen dem Herzogthume Baiern anheim.

Albert IV. von Bogen, dessen Voräl-
tern mit denen von Andechs verwandt waren,
starb im Jahre 1242. Er war der letzte seines Stammes, und der Herzog Otto erbte

alle Herrschaften, welche die Familie von
Bogen dieß- und jenseits der Donau, von Paf=
sau bis Regensburg, besessen hatten.

Im Jahre 1248. erhielt Baiern wieder,
was Otto, König von Mähren, und Graf
von Burgund in Vindelicien diesseits der Alpen
im Besitze gehabt hatte. Seine übrigen Gü=
ter wurden zwischen den Franken, Venetia=
nern, dem Bischoffe von Bamberg und Wirz=
burg, und zwischen Meinharden von Görz
getheilt. Dazu kamen noch die Güter der Schen=
ken von Winterstätten, welche der Erzbischoff
von Salzburg für dreyhundert Mark gekauft
hatte; die Graffschaft Crayburg, die Herr=
schaft Hohenwarth, und ein grosser Strich
Landes in Schwaben, den der römische König
Konrad Otto'n Pfandweise überlassen hatte.

Mitten unter den Unruhen des ungari=
schen Böhmischen Krieges starb Otto den 29. des
Windmonats 1255, im sieben und vierzigsten
Jahre seines Alters, nachdem er den Tag
unter freundschaftlichen und häußlichen Belu=
stigungen mit seiner Gemahlin fröhlich hin=
gebracht hatte. Der Kaiser verlohr einen
Freund; das Reich eine Stütze, einen Ver=
theidiger seiner Würde; und das Vaterland
beweinte den Verlust seines Vaters. Otto,
starb im Banne, und so viel wir wissen un=
ausgesöhnt mit der Kirche; denn auch ihn und

zugleich ganz Baiern traf in jenen traurigen
Zeiten mit so vielen Fürsten und Bischöffen
der päbstliche Bannfluch. Viele wollten aus
seinem plötzlichen Tode daher auf besondere
Strafe des Himmels schließen; weil er die
Parthey des Pabstes verlassen hatte, der über
den ganzen Erdkreis herrschen wollte, und sich
zu dem Kaiser und Reiche schlug, die sich
dieser Eigenmacht mit männlichem Muthe ent=
gegen setzten. Allein diese Meinung von des
edeln Otto's Tode muß man jenen Zeiten zu gut
halten, wo es schwarze Sünde war, den un=
gerechten Eingriffen der Päbste und ihrer Le=
gaten Einhalt thun zu wollen.

Er ward in dem Erbbegräbnisse seiner
Ahnen im Kloster Scheuern beygesetzt. Zehen
Jahre nach Otto's Tode wollte Pabst Kle=
mens nicht zugeben, daß seine Asche allda
ruhe; und man würde die Gebeine des erha=
benen Fürsten aus dem Sarge gerissen haben,
wenn nicht die Bischöffe von Regensburg und
Freysingen, denen dieses Geschäft aufgetra=
gen war, ein Zeichen der Reue darin gefun=
den hätte, daß Otto kurz vor seinem Tode zu
München ein Hospital unter dem Schutze des
heiligen Geistes gestiftet, und demselben den
Zoll an der Iser zum Unterhalte eingeräumt
hätte. Und so ward auf Agnesens und ih=
rer Kinder Bitten Otto's Grab nicht ent=
weihet.

Otto erzeugte mit seiner Gemahlin Agnes fünf Kinder. Er hatte zwey Söhne,
Ludwigen und Heinrichen; jener ward im
Jahre 1229, dieser 1235, welche die Länder ihres Vaters bis 1255 gemeinschaftlich
beherrschten, und nachher unter sich theilten.
Ludwig erhielt Oberbaiern und die Pfalz am
Rheine mit dem Nordgaue; Heinrich aber
Niederbaiern. Seine ältere Tochter Elisabeth
ward mit dem römischen Könige Konrad vermählt, und war des unglüklichen Konradins
Mutter; Sophia war die Gemahlin des Grafen von Hirschberg; von Agnesen seiner dritten
Tochter melden uns, außer ihrem Namen,
die Geschichtschreiber nichts weiter.

Mannheim den 20. Jänner 1790.

An Mademoiselle Witthoeft, als sie die
Rolle der Gurli in dem Lustspiele: Die
Indianer in England spielte.

Wäre noch die goldne Zeit,
Da Göttinnen Menschen kosten,
Gurli's Dichter, säh' er dich,
Wie wir, Künstlerin, dich sehn,
Rief entzückt statt: „ Sie gibt schön
meiner Phantasie Gedicht!
Sie ists, Sie, die mir erschien,
Sie, die, als ich Gurli zeugte,
Mich umarmt, die holde Muse!

Mannheim den 3ten Hornung 1790.

An Madame Müller, als Amor in dem Baum der Diana.

Als du Nina spieltest, holde Schöne!
Da zerfloß in Thränen jedes Herz:
Nina, Nina scholl von allen Lippen,
Nina, Nina, o die Mächtigrührende!
Als mit Götterzauber du heut Amorn spieltest,
Und mit Cypris Reizen vor uns schwebtest,
Und mit deiner Stimm' aus dem Olympus sangest,
Und mit Amors eignen Blicken blicktest,
Da verfehltest du die Rolle;
Denn vergebens schossest du für Nymphen
Pfeile: Amors Siege wurden
Jetzt für Amorn selbst vergessen.

Rüge einer Recension in der allgemeinen deutschen Bibliotheck.

Aus Liebe zur Wahrheit und Billigkeit rügte ich jene Recension, die in dem 2. St. des 74 B. der allg. deutschen Bibliothek über den 1ten B. der Leben und Bildniße großer Deutschen erschien. Obschon diese Recension nichts athmete, als Partheylichkeit, Privathaß und Grobheit; so bediente ich mich doch in meiner Widerlegung einer Sprache, die von dem pöbelhaften, schimpfenden Tone jenes Recensenten weit entfernt war, ich sprach mit Gründen, und hatte also nicht nötbig, Sitten und Anstand zu beleidigen.

In mehrern Journalen und gel. Zeitungen Deutschlandes wurde diese Widerlegung, die unter dem Titel: Anhang zu dem zweyten Stücke des vier und siebenzigsten Bandes der allgemeinen deutschen Bibliothek, von Georg Römer erschienen ist, mit ehrenvollem Beyfalle belohnt, und in kurzer Zeit mußte davon, wie auch von dem Werke: Christian Nikolai wichtige Entdeckungen auf einer gelehrten Reise durch Deutschland. Bebenhausen 1788, die zweyte Auflage gemacht werden.

Diesen Anhang finde ich in dem 1ten St. des 88 B. der a. d. Bibl. S. 256 beurtheilt — doch nein! nicht beurtheilt: — in dem ganzen Aufsatze ist nicht eine Stelle aus meiner Widerlegung angeführt, die Rec. gründlich beleuchtete. Hr. Nicolai oder sein Miethling müssen die Wichtigkeit der Gründe sehr gefühlt haben, weil sie blos zum Schimpfen ihre Zuflucht nahmen.

Doch eine Stelle berührt Recensent; aber (wie es nicolaische Recensenten oft thun) er verfälscht sie. S. 257 sagt er: "Ich riethe S. 30. daß er (Klein) "aus dem Verlage des Herrn Nicolai ein gutes "Buch nachdrucken solle, um sich wegen jener Recension zu rächen." Diese Worte sind größer gedruckt, um glauben zu machen, es seyen meine eigenen Worte.

Nachdem ich in meinem Aufsatze gezeigt hatte, daß die a. d. Bibl. im 74ten B. 1. St. S. 201 den äußerst schlechten Nachdruck eines Werkes rühme, sagte ich S. 30. "Indessen halten er (Herr Klein) und "ich selbst den Nachdruck nicht in jedem Falle für Sünde. "Z. B. Herr Nicolai fügte dem Verlage des Herrn "Klein durch den Druck boshafter Recensionen einen "wichtigen Schaden zu; so könnte es ihm Niemand "verdenken, wenn er sich durch den Druck Nicolaischer Werke seines Schadens erhohlte. Freylich "müßte dann Herr Nicolai, um solcher Absicht einen "Gegenstand zu geben, bessere Sachen schreiben, "als seine Reisen, den Johann Bunkel vergessenes "Andenkens und dergleichen."

Man muß sehr niedrig denken, alles Gefühl für Billigkeit und Ehre erstickt haben, eine Stelle so zu verdrehen, um ihr jenen Sinn zu geben, den ihr Bosheit und Privathaß zu geben wünschen. Doch mich beruhigt die Ueberzeugung, daß der Beyfall jedes biedern unpartheyischen Mannes, der die Sache prüft, mich rechtfertigen wird. Nur die Genugthuung war ich mir selbst noch schuldig, der Welt diesen neuen Beweis von der Wahrheitsliebe jener — Recensenten vorzulegen. Mannheim den 12. Lenzmonat 1790.

G. Römer.

Engel (K. L.) Wir werden uns wiedersehen, eine Elegie, 8. Frankfurt und Leipzig. 1787. 45. kr.

Entwurf einer Hausrechnung in doppelten Posten, 4. 1769. 24. kr. (Trattner.)

— — Abhandlung von deutschen Briefen, zum Gebrauch der Vorlesungen, gr. 8. Wien, 1760. 10. kr. (Trattner.)

— — Der Rechnung und der Fabrik = Bücher, gr. 4. fl. 1. 12. kr.

— — zur Einrichtung der theologischen Schulen, gr. 8. Wien, 1784. (Sonnl.)

Epistel an Schubauer, 8. Durlach. 12. kr. (Müller.)

Erinnerung des Tods und der Ewigkeit mit 52. Kupfer, fol. Linz, 1779. fl. 3. (Akadem.)

Etwas von Nikolai in Bebenhausen, und etwas von Hrn. Römer in Mannheim, gr. 8. Fr. und Leipzig, 1789. 59. kr.

Eulers (L.) Theorie der Planeten und Kometen, gr. 4. Wien, 1781. fl. 2. 24. kr. (Trattner.)

Fäsch (G. K.) des Königs von Preussen Majestät Unterricht von der Kriegskunst an seine Generäle, 8. Wien, 1786. fl. 1. 30. kr. (Trattner.)

Feddersen (J. F.) Christliches Sittenbuch für den Bürger und Landmann, 8. München, 45. kr. (Strobel.)

Feder (J. G. H.) Lehrbuch der praktischen Philosophie, 8. Wien, 1779. fl. 1. (Trattner.)

Felbiger (J. J. von) kleine Schulschriften, 3. Thl. 8. Wien, 1775. fl. 1. 12. kr. (Trattner.)

Fischgeheimnisse (wohlbewährte) oder Unterricht von dem großen Nutzen der Fischerey, 8. Wien, 1785. 36. kr.

Fourbonnais (H. von) Säze und Beobachtungen
    aus der Oekonomie, 4ter Thl. gr. 8. Wien,
    1767. fl. 1. 30. kr. (Trattner.)

Freymaurer Schriften.

Abhandlung über die allgemeinen Zusammenkünste der
    Freymaurer. 8. 1784. fl. 1. 15 kr. (Vrbnner.)

Anleitung eine deutsche Freymaurer = Bibliothek zu
    sammeln, 16. Stück, 8. Stendal, 1783.
    (Große.)

Apologie des Ordens der Freymaurer, 8. Berlin,
    1783. (Stahlb.)

Freymaurer Bibliothek, 2. Stücke, gr. 8. Berlin,
    1782. (Stahlbau.)

Friedels (I.) gesammelte Schriften, 8. 1784.
    fl. 1. 20. kr.

Gedichte.

Blumauers Glaubensbekenntniß eines nach Wahr-
    heit Ringenden, 8. Herrenhuth, 1786. 8. kr.

Heinzens Lyrische Gedichte, 1ter Thl. 8. Linz.
    40. kr.

—— vermischte —— 2. Thl. 8. 1780. ——
    fl. 1.

Musenalmanach (Salzburger) von L. Hübner.
    12. Salzburg, 1786. 36. kr.

Ostans Gedichte, 3. Bände, 8. Mannheim, fl. 1.
    45. kr.

Ramlers (K. W.) lyrische Blumenlese, 2ter
    Thl. 8. Wien, 1784. fl. 1. 12. kr.

—— (K. W.) —— Gedichte, Wien, 1783.
    30. kr. (Trattner.)

Ratschky (J. F.) Gedichte, gr. 8. Wien, 1785.
    48. kr. (Gräffer.)

Gellerts (C. F.) sämmtliche Schriften. 9. Thl.
    8. Wien, 1782. fl. 9.

       (Die Fortsetzung folgt.)

www.ingramcontent.com/pod-product-compliance
Lightning Source LLC
Chambersburg PA
CBHW030857270326
41929CB00008B/453